Von Marko Pogačnik sind außerdem erschienen:

Die Erde wandelt sich
Elementarwesen
Erdsysteme und Christuskraft
Schule der Geomantie
Wege der Erdheilung

Über den Autor:

Marko Pogačnik, geboren 1944 in Kranj/Slowenien, studierte Bildhauerei und erwarb sich auf dem Gebiet der Konzeptkunst und Land-Art internationalen Ruhm. Hieraus entwickelte er die Kunst der Geomantie zur Entschlüsselung der in der Erde verborgenen Weisheit. Seit 1991 leitet er Seminare zur Heilung von Orten und Landschaften überall in Europa.

Marko Pogačnik

Erdwandlung als persönliche Herausforderung

Besuchen Sie uns im Internet: www.droemer-knaur.de
Alle Titel aus dem Bereich MensSana finden Sie im Internet unter
www.knaur-mens-sana.de

Originalausgabe 2003

Copyright © 2003 Knaur Taschenbuch
Ein Unternehmen der Droemerschen Verlagsanstalt
Th. Knaur Nachf. GmbH & Co. KG, München
Alle Rechte vorbehalten. Das Werk darf – auch teilweise – nur mit
Genehmigung des Verlags wiedergegeben werden.
Redaktion: Christine Stecher
Umschlaggestaltung: ZERO Werbeagentur, München
Umschlagabbildung: Marko Pogačnik
Satz: Pinkuin Satz und Datentechnik, Berlin
Druck und Bindung: Nørhaven Paperback, A/S
Printed in Denmark
ISBN 3-426-87190-4

2 4 5 3 1

Gewidmet all den bekannten und unbekannten Mitarbeitern und Mitarbeiterinnen weltweit, die sich – als Einzelne in aller Stille oder zusammengeschlossen in Erdheilungs- und Geomantiegruppen – der wahren Erde öffnen und in das Gespräch mit ihren Lebensreichen vortasten.

Inhalt

Einleitung 9

Mensch, wandle dich! Erlebe dich neu! 11
   Die Botschaft des inneren Kindes 11
   Das Holon Mensch 33
   Elementar- und Geistaspekte der Identität 41
   Selbsterkenntnis im Spiegel der Erdwandlung 47
   Helfer stehen bereit 51

Die Ursachen der Katastrophe vom
11. September 2001 58
   Das unerwartete Geschenk der Katharsis 58
   Die Kräfte, die der Erdwandlung entgegenwirken .. 74

Nach der Katastrophe:
die innere Neuorganisation des Menschen 83
   Der kosmische Doppelgänger 83
   Die verschollenen Energiekanäle 93
   Das Herz ist die Mitte 106

Die entscheidende Umstülpung des Raumes
im Februar 2002 116
   *Der genetische Code der sich vorbereitenden
   Umstülpung* 116
   *Wie die Umkehrung des Raumes in das
   gewohnte Leben einbrach* 124
   Ein erneuerter Erdkosmos 141
   Die heilbringenden Zentren 145

Nach der Umstülpung: der reißende Strom
der großen Reinigung 151
   Der Schattenaspekt des Doppelgängers 151

Die List der Gegenkräfte 167
Eine klare ethische Haltung 179
Klare Emotionen 180

Das Erdbewusstsein organisiert seine
Gefühlsebene neu 182
Elementarwesen im Dienst der Nächstenliebe 182
Besondere Wandlungen des Erdbewusstseins 200
Das verwandelte Ego des Menschen 211

Das nächste Ziel des Wandlungsprozesses 221
Die Ankunft der Erlöserin 221
Die nächste Wandlungsphase wird vorbereitet 234
*Der künftige Schauplatz der Wandlung:
die geistig-emotionale Ebene* 239

Der aktuelle Stand der Dinge 249
Probleme mit dem überspitzten Yang 249
Noch eine Warnung 253

Anhang 259
Die Übungen im Überblick 259
1. Das innere Kind 259
2. Das Holon Mensch 265
3. Die verschiedenen Ausdehnungen
   des Wesens Mensch 273
4. Das Herz ist die Mitte 279
5. Die Umstülpung des Raumes 282
6. Die Klärung und Umwandlung von
   Schattenaspekten 284
7. Die sieben Grundsteine der neuen Ethik 289
8. Die gewandelten Elementarwesen 290
9. Die Entdeckung der geistig-emotionalen Ebene ... 293
Nachwort 298
Literatur 303

Einleitung

Das Buch beschäftigt sich mit der von den meisten Menschen völlig übersehenen Tatsache, dass unser Planet seit einigen Jahren eine intensive innere Wandlung durchläuft. Der Wandlungsprozess scheint zurzeit noch keine gravierenden Auswirkungen auf unseren Alltag zu haben. Dies ist insofern trügerisch, als durch die sich gerade vollziehende Erdwandlung die Zukunft unseres gemeinsamen irdischen Lebensraumes neu bestimmt wird. *Die Erde wird nie mehr so sein, wie sie noch vor einigen Jahren einmal war.*
Ich habe das Glück, einen seltenen Beruf auszuüben, durch den ich mich ständig auf die verschiedenen Ebenen und Dimensionen des Erdraumes einstimme und ihre Qualitäten beobachte. Ich beschäftige mich mit Landschaftsheilung und Lithopunktur – und damit verbunden mit geomantischen Untersuchungen verschiedener Orte, Städte und Länder. Mit dieser künstlerisch anmutenden Arbeit befasse ich mich seit mehr als zwei Jahrzehnten. Dabei habe ich entdeckt, dass die Erde als ein Gesamtbewusstsein im Jahr 1997 einen Selbstheilungsprozess initiiert hat, durch den sie schon im Vorfeld der Gefahr einer durch den Menschen verursachten Weltzerstörung ausgewichen ist – eine gute, jedoch für den Verstand schwer nachvollziehbare Nachricht.
Mein Buch ist mehrschichtig aufgebaut. Die Grundschicht ist aus rund vierzig Träumen komponiert, durch die ich Einsichten in die noch verborgenen Prozesse der Wandlung von Erde und Mensch gewonnen habe. Darin eingewoben ist die Schicht meiner Wahrnehmungen und Erfahrungen; durch sie werden die Traumbotschaften geerdet. Hinzu kommen rund fünfzig Zeichnungen, durch die ich die nonverbale Kommunikationsebene einbeziehen möchte. Um dem Leser die Möglichkeit zu geben, die einzelnen Themen persönlicher zu erle-

ben und zu verkörpern, werden in manchen Kapiteln Übungen vorgeschlagen. Diese und weitere Übungen, durch die jeder selbst in die Erfahrungen eintauchen kann, von denen das Buch erzählt, sind im Anhang zusammengefasst.

Das vorliegende Buch schließt an meine drei Bücher an, die sich mit den ersten vier Jahren des überraschenden Erdwandlungsprozesses befassen. In dem Buch *Erdsysteme und Christuskraft* werden die ersten Monate dieses Prozesses behandelt (1997 bis 1998). Das Buch *Die Erde wandelt sich* bezieht sich auf die Jahre 1998 bis 2000. In *Die Tochter der Erde* werden unter anderem die Wandlungen, die sich im Jahr 2000 vollzogen haben, thematisiert. In diesem neuen Buch geht es um die Wandlungsperiode von Frühjahr 2001 bis Sommer 2003 – eine spannende Zeit, in der die Erde ganz neue und unerwartete Wendungen in den Wandlungsprozess eingeführt hat, die eine komplexe persönliche Herausforderung darstellen.

Noch ein Hinweis: Es wird schwierig sein, dieses Buch ausschließlich über den Kopf zu begreifen. Ich bin Künstler, und meine Sprache ist vor allem eine bildhafte Sprache, die sich erst durch den begleitenden Strom der Gefühle und Imaginationen vollständig entfaltet. Gleichzeitig bin ich ein *Mann* und bemühe mich, auch dem Verstand, der männlich geprägten linken Gehirnhälfte, viele Informationen zu bieten.

Um das Buch genießen zu können, empfehle ich also meinen Lesern, sich dem Strom der Erzählung zu überlassen. Der Verstand mag durch das Versprechen beruhigt werden, er könne beim nochmaligen Lesen über die Einzelheiten nachsinnen.

Šempas, 9. Dezember 2002
Marko Pogačnik

Mensch, wandle dich! Erlebe dich neu!

Die Botschaft des inneren Kindes

Seitdem sich die inneren Wandlungen der Erde vollziehen, wiederholt sich das folgende Muster: Kaum habe ich Klarheit über die laufende Phase persönlicher Wandlungen erreicht und mich im Geflecht dieses komplizierten Prozesses zurechtgefunden, schon werde ich erneut in die Unsicherheit gestoßen. Zeichen, Träume und Ereignisse tauchen auf, die mir das Gefühl vermitteln, dass die Entwicklung bereits eine neue Richtung genommen hat und dass die kaum erkämpfte Sicherheit schon wieder loszulassen ist.

Aber in welcher Richtung geht es nun weiter? Welche Ebene des Seins wird diesmal berührt? Was kann man tun, um sich auf den neuen Kurs einzustimmen? Man möchte zwar die erneut drohenden inneren Konflikte und Brüche vermeiden, aber wie?

Dieses Muster wiederholte sich für mich im Frühjahr 2001. Mitten in den reichen Strom meiner kreativen Aufgaben platzte ein eindrucksvoller Traum. Ich hatte gerade das Manuskript des Buches *Die Tochter der Erde* abgegeben, in dem ich den gegenwärtigen Wandlungsprozess der Erde als eine selbst initiierte Wiedergeburt des Planeten darstelle. Selbstverständlich fühlte ich mich in der Thematik gut bewandert. Doch genau dies stellte der Traum infrage.

Je länger ich mich in die Bilder der Traumhandlung und in die sie begleitenden Gefühle vertiefte und mir den Kopf über die möglichen Deutungen zerbrach, desto weniger passten sie in die mir bislang bekannten Urbilder der persönlichen Wandlung. In meinem Tagebuch hielt ich fest, dass es offenbar um eine bevorstehende Entdeckung einer Dimension des menschlichen Selbst gehe, von der wir kaum eine Ahnung hätten.

In der Traumvision, die ich am 16. Mai 2001 in Luzern erlebte, sehe ich zuerst eine Vielzahl von nackten Männern, die in einer langen Reihe hintereinander marschieren. Es sind eher sehr alte als junge Männer. Hinter dem Rücken eines jeden Mannes marschiert, genauso nackt, ein kleines Kind. Plötzlich sprengt ein Mann den Rhythmus dieser Ordnung. Ich erkenne, dass sein Bauch ungewöhnlich aufgeblasen ist, als ob er schwanger wäre. Er dreht sich schnell um, hebt das hinter seinem Rücken marschierende Kind auf und bricht aus der Reihe aus. Er ist offensichtlich entschlossen, mit dem Kind in den Armen eigene Wege zu gehen.

Zusammen mit meiner geliebten Frau an meiner Seite beobachte ich die Szene. Das Handeln des unbekannten Mannes weckt unsere Aufmerksamkeit. Wir beraten schnell, ob wir in das Geschehen eingreifen sollen, da die Möglichkeit besteht, dass der Mann ein Kind raubt, das gar nicht zu ihm gehört. Doch wir entscheiden uns, so zu tun, als ob wir nichts Ungewöhnliches bemerkt hätten.

Sinnlos erschien mir der Traum keineswegs. Als ich mich vor einigen Jahren mit dem Projekt des Buches *Erdsysteme und Christuskraft* auseinander setzte, führte für mich kein Weg am Thema »inneres Kind« vorbei. In allen Evangelien taucht das Symbol des Kindes in verschiedenen Zusammenhängen auf, gar nicht zu reden von den Mutter-Gottes-Darstellungen, von denen die katholisch geprägten Welträume voll sind. Auf Schritt und Tritt hält uns sozusagen die Madonna unser inneres Kind vor die Nase.

Dem Traumthema am nächsten kommt wohl die Aussage Jesu Christi aus dem Thomas-Evangelium: »Jesus sprach: Zögert ein hochbetagter Mann nicht, ein kleines Kind von sieben Tagen nach dem Ort des Lebens zu fragen, so wird er (ewig) leben. Denn viele Erste werden die Letzten sein, aber sie werden alle zu Einem werden.«

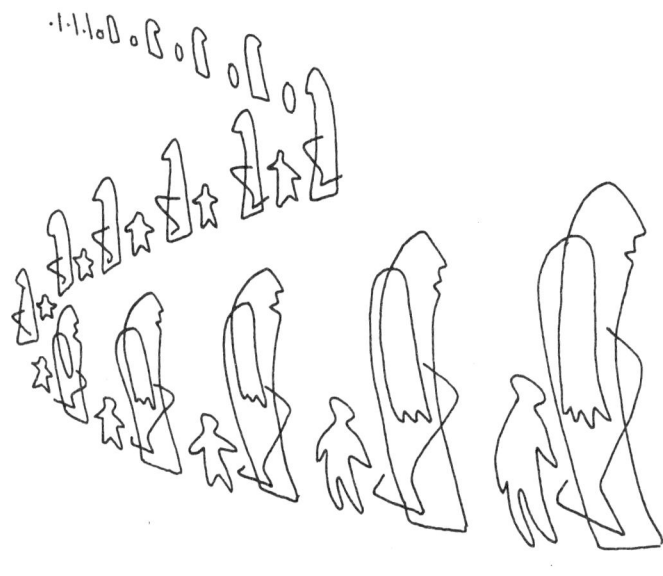

Das Traumbild zeigte eine Reihe von vorwärts marschierenden alten Männern, hinter deren Rücken sich jeweils ein Kind befand

Grundsätzliche Elemente dieser Aussage erscheinen auch in meinem Traum. Zunächst denke ich an das tiefe Gefühl, das die Vereinigung des alten Mannes mit dem kleinen Kind begleitete. Obwohl ich im Traum die Rolle eines distanzierten Beobachters einnahm, entging mir nicht die Schicksalhaftigkeit der sich vor meinen Augen abspielenden Begegnung.

Das »kleine Kind von sieben Tagen«, das durch den fremden Mann hochgehoben und auf den Arm genommen wird, repräsentiert die Dimension der Ewigkeit innerhalb des Wesens Mensch. Bevor wir den Verkörperungs- und Geburtsprozess antreten, haben wir unbeschränkt an der Ewigkeit teil und sind ganz selbstverständlich in die Polyphonie der kosmischen Klänge eingegliedert. Sobald wir als Mensch geboren werden, kommt es zu einer Umstülpung des Raumes, bei der das Innere zum Äußeren wird. Die Freiheit des universellen Geistes wird in die Begrenzung der Verkörperung »umgebogen«. Wir müssen uns von nun an in einer relativ engen, aus Raum und Zeit komponierten Struktur zurechtfinden. Räumlich wird die neugeborene Menschenseele in die Koordinaten der Materie und zeitlich in den begrenzenden Rhythmus des Chronometers eingebunden.

In diesem Zusammenhang steht ein »kleines Kind von sieben Tagen« für die noch bewusst erlebte Fülle der kosmischen Allverbundenheit. Es trägt das ganze Wissen von unserem wahren Ursprung und vom Sinn unseres Lebens in sich, dazu die Kraft, dieses Wissen frei von räumlichen und zeitlichen Begrenzungen in das Sein umzusetzen. Erst durch Erziehung und eine daraus resultierende »erpresste Anpassung« an die kulturellen und gesellschaftlichen Normen und Muster verlieren wir als Kinder die Unverfälschtheit eines »kleinen Kindes von sieben Tagen«, sprich: die Fähigkeit, die Ganzheit des Kosmos widerzuspiegeln.

Schwerpunkt des Wortes Jesu ist, die Täuschung unseres Verstandes zu erkennen, durch die, wie wir glauben, die kosmische Qualität des Kindes in uns durch den Prozess von Er-

Eine griechische Ikone aus dem 14. Jahrhundert liefert ein Beispiel für den Prozess der Umstülpung: Die Fontanelle des Jesuskindes wird in Beziehung zu seiner Fußsohle gebracht

wachsenwerden und Altern verloren gegangen ist. Sie geht jedoch nie verloren. Sie pulsiert weiterhin in unserer Mitte als der göttliche Kern unseres Wesens. Vom Standpunkt des Verstandes her gesehen, wird diese Qualität aber in eine Dimension entrückt, die für den verkörperten Menschen fast unerreichbar ist. Diese nun entrückte Ausdehnung unseres Wesens wird auch höheres Selbst genannt.

Das Wort Jesu versichert uns, dass der Mensch seinen Ewigkeitsaspekt unmittelbar erreichen kann. Es ist dem Menschen in jedem Moment gegeben – selbst wenn er sich als erwachsen oder sogar als alt erlebt –, die zeitlose Weisheit seines höheren Selbst zu genießen. Jesus, der Meister der westlichen Kultur, benennt auch das Werkzeug, durch das das Einswerden mit der Ewigkeit innerhalb der Strukturen von Zeit zu erreichen ist. Er deutet auf das Prinzip der Umkehrung hin: »Viele Erste werden die Letzten sein.« Es handelt sich offenbar um ein nichtlogisches Prinzip des Denkens und Handelns, das fähig ist, uns in das universelle Einssein hinüberzuleiten: »Sie werden alle zu Einem werden.«

Aber wie kann man dieses Prinzip in die tägliche Praxis umsetzen?

Im Fall meines Traumes wird die viel versprechende Umkehrung symbolisch am Beispiel des Rückens dargestellt. Um sich mit der Qualität der Ewigkeit wieder zu verbinden, muss der Mensch umkehren und in seinen Rückenraum hineingreifen. Dort wird das innere Kind gefunden, durch das die Rückbesinnung auf die Quelle des Seins möglich wird.

Hier steht der Rückenraum für das Unbewusste – als Gegensatz zu dem durch unsere Sinne leicht kontrollierbaren vorderen Raum unseres Körpers, der die Logik des wachen Bewusstseins symbolisiert.

Übersetzt in die Sprache des Alltags, würde die Aussage Jesu dazu ermutigen, uns einen Moment lang vom Licht des Verstandes zu lösen und in das dunkle Unbewusste einzutauchen, um dadurch die Ewigkeit zu berühren und sie in die

Zeit hineinzuholen. Das »Erste«, das heißt das Licht des Verstandes, wird also zum »Letzten«, das symbolisch für das Unbewusste steht. Durch diese rücklaufende Umstülpung wird schließlich das Einssein mit der universellen Ganzheit erreicht.

Dabei muss betont werden, dass es sich um kein bloßes Zurückkehren in das Reich des Unbewussten handelt. Eher ist es eine Umkehrung im wahrsten Sinne des Wortes, durch die nicht nur das »Erste«, wie geschildert, zum »Letzten« wird, sondern dies auch umgekehrt geschieht. Wir lernen nach und nach, die Qualität der Ewigkeit im Licht des von logischem Denken geprägten Alltags zu verkörpern.

Die Aussagen Jesu bezüglich des inneren Kindes klingen zu Recht wie die Grundlagen eines »westlichen Yoga« und ermutigen dazu, den persönlichen geistigen Weg zu gehen. Dabei gibt es jedoch ein gravierendes Problem, das in der Traumvision durch meine Person dargestellt wird.

Statt an der Wiedervereinigung Anteil zu nehmen und mich darüber zu freuen, stehe ich im Traum abseits und beobachte das Geschehen höchst kritisch. Ich äußere sogar meine Besorgnis, dass es sich um eine verbrecherische Tat handeln könnte. Fast rufe ich die Polizei. Gleichzeitig müsste ich eigentlich zugeben, dass ich im »schwangeren« Mann meine eigene nackte Gestalt erkenne, wie ich sie sonst im Badezimmerspiegel erblicke. Diese unverstanden bleibende Selbstbetrachtung ist auch der Grund, warum ich letztlich nicht Alarm schlage, sondern mich für das Nichtbeachten entscheide.

Und tatsächlich gelang es mir, den Traum mehr als einen Monat lang zu ignorieren. Nicht, dass ich die Beobachtungen nicht in meinem Tagebuch festgehalten und darüber philosophische Betrachtungen angestellt hätte. Die Ignoranz lag in der Behauptung, ich wisse nicht, was meine Aufgabe in diesem Zusammenhang sei. Die schicksalhafte Gegensätzlichkeit meiner beiden Rollen im Traum und meine daraus resultierende innere Spaltung wurden nicht ins Bewusstsein gehoben.

Die Bewusstwerdung geschah unerwarteterweise am 20. Juli desselben Jahres. An diesem Tag hielt ich im Rahmen unserer »Ausbildung in Geomantie und persönlicher Entfaltung«, die in Slowenien stattfindet, zusammen mit meiner Tochter und Mitarbeiterin Ajra Miška ein Seminar. Ajra hatte schon vor mir verschiedene Übungen zum Thema des inneren Kindes entwickelt, und eine davon wurde unserer Gruppe zur Erfahrung angeboten. Verkürzt dargestellt läuft die Übung so ab, dass man sich vorstellt, im dunklen Zimmer am Fenster zu stehen und dabei zu beobachten, wie man selbst als kleines Kind draußen im Garten spielt. Im instinktiv richtigen Moment entscheidet man sich, die Tür zu öffnen, in den Garten zu treten und auf das Kind zuzugehen. Dabei sollte man genau beobachten, wie das Kind auf einen reagiert.

Als ich auf diese Weise begann, meinem inneren Kind zu begegnen, hatte ich die Empfindung, dass ich mehrere Meter groß sei. Genauer gesagt, je näher ich dem Kind kam, desto höher wuchs meine Gestalt. Das Kind schien weit unten verloren zu sein. Dann berührte das Kind mit seinen zarten Händen meine unendlich hohen Beine. Sie waren zu meinem Entsetzen hölzern und steif.

Das zum Himmel schreiende Missverhältnis zwischen meiner durch den trockenen Verstand beherrschten Persönlichkeit und dem gefühlsmäßig fein eingestimmten inneren Kind erschütterte mich. In diesem Augenblick entschied ich mich, mein Leben völlig umzukrempeln – mit dem Ziel, die Macht des mentalen Bewusstseins einzudämmen und der Stimme der Ewigkeit in mir Raum zu geben.

Die Entscheidung schien auf fruchtbaren Boden zu fallen, denn drei Tage später wurde mir eine Übung zuteil, durch die ich dem Ziel näher kommen konnte.

Die Art und Weise, wie mir die Übung in den Schoß fiel, ist bezeichnend: Ich war auf dem Weg von Ljubljana nach Reykjavik, da ich in Island eine geomantisch inspirierte Reise leiten sollte. Um rechtzeitig am Flughafen zu sein, sollte ich in Ljubljana bei der Familie meiner Tochter Nike übernachten. Ich sei willkommen, hatte man mir gesagt, aber leider sei kein Bett frei, nur das schmale Nachtlager meines sechsjährigen Enkelsohnes Nejc.

Zusammengerollt im Kinderbett schlief ich die erste Nachthälfte traumlos durch. Dann erwachte ich mitten in der Nacht und spürte etwas Sanftes und Warmes in meinem Bauchbereich. Ich streckte mich aus, und auf dem Rücken liegend konnte ich das innere Kind erspüren, das im Bereich meines Bauches lag. Indem es seinen Scheitel an mein Schambein anlehnte, lag es dort in der vorgeburtlichen Position. Es war mir sofort klar, dass die Erfahrung ein Geschenk des kleinen Knaben war, in dessen Bett ich übernachtete.

Ich lag still, um genau zu erspüren, was für eine Dimension sich in mir öffnete. Plötzlich begann ein Prozess des Umstülpens. Das Kind machte so etwas wie einen Purzelbaum rückwärts – das alles im wässrigen Bereich meines Unterleibes –, drehte sich um wie ein Fisch im Wasser und stieg auf, um in der Mitte meines Oberkörpers zu landen. Sein Scheitel war im Bereich meiner Kehle zu spüren, sein Wurzel-Chakra im Bereich meines Solarplexus. Das Wasser war verschwunden. Die Präsenz des inneren Kindes entsprach nach meinem Gefühl dem wachgerufenen inneren Selbst, das nun im Herzzentrum fokussiert war.

Mehr als ein Jahr später führte ich eine andere Seminargruppe nach Medjugorje. Es liegt in einem Land namens Herzegowina, das zusammen mit Bosnien einen der neuen Staaten bildet, die – so wie mein Heimatland Slowenien – nach dem Zerfall von Jugoslawien entstanden sind. Der Ort ist weltbekannt geworden, nachdem vor fünfzehn Jahren an einem nahe gelegenen Hügel die Mutter Gottes einer Gruppe von Kindern erschienen war. Dieses Gespräch zwischen den zwei Welten wird bis heute weitergeführt. In Zusammenhang mit unserem Thema des inneren Kindes sei darauf hingewiesen, dass die Kinder, durch die damals diese Kommunikation beginnen konnte, inzwischen erwachsene Menschen mit Familie und alltäglichen Verpflichtungen sind.

Bezeichnenderweise hat sich die universelle Göttin in Medjugorje nur bei der ersten Erscheinung mit ihrem göttlichen Kind gezeigt. Offenbar war ihr daran gelegen, dass die Menschenkinder aus Herzegowina sie mit dem ihnen aus der Kirche bekannten Bild der Mutter Gottes identifizieren konnten. Seitdem erscheint sie regelmäßig ohne Begleitung, um die klare Botschaft zu übermitteln, dass es an der Zeit ist, dass jeder von uns die Verantwortung für das geistig-seelische Selbst übernimmt. Sie will es nicht mehr stellvertretend für uns alle in ihrem Schoß halten.

Die revolutionäre Entscheidung der göttlichen Jungfrau ist am rechten Seitenaltar der Basilika von Medjugorje in bildhafter Weise dargestellt. Maria schwebt in der Mitte der Altarkomposition in ihrem blauen Mantel und hat beide Hände frei, um für das Schicksal der Menschheit beten zu können. Diese Freiheit ist ihr gegeben, weil daneben ein Mann steht, der heilige Antonius, und voller Glück ihr Kind in den Armen halten darf.

Die Komposition hat mich dazu inspiriert, die Teilnehmerinnen und Teilnehmer des Seminars in die Kirche von Medjugorje zu führen und ihnen folgende Übung vorzuschlagen:

- Sie sitzen einige Minuten lang vertieft in die innere Stille. Wenn Sie bereit sind, das göttliche Kind im Schoß zu halten, strecken Sie die Arme leicht aus und bitten die Mutter der Ganzheit, die göttliche Jungfrau, es Ihnen zu übergeben.
- Eine Zeit lang halten Sie das Kind, um die kosmische Qualität zu erspüren, die aus dem Innern des Christuskindes strahlt.
- Plötzlich sieht das Kind in Ihrem Schoß scheinbar etwas Hochinteressantes am Boden und beugt sich nach unten,

Ein Detail des Altars in der Basilika von Medjugorje: Die Jungfrau Maria hat ihr Kind dem heiligen Antonius gereicht, um ihre Hände frei zu haben und für den Weltfrieden beten zu können

um es zu berühren – so weit, dass der Scheitel des sich vorbeugenden Kindes schließlich in Richtung Erdmitte zeigt. Es kommt dadurch zu der Umstülpung, von der das Wort Jesu berichtet: Das Oberste wird zum Untersten, und dadurch wird das Tor zur Ewigkeit aufgestoßen.
- In diesem Augenblick stellen Sie sich vor, dass der Körper des Kindes sich nun rasch umwendet wie beim Purzelbaumschlagen und durch Ihre eigene Körperstruktur nach oben steigt. Es handelt sich um eine Bewegung, die dem Geburtsvorgang genau entgegengesetzt ist. Sie werden sozusagen erneut geboren, aber diesmal nicht durch den Geburtskanal der leiblichen Mutter, sondern durch eine bewusste Umkehrung auf dem eigenen Weg.
- Nun befindet sich das Kind mitten in Ihrem inneren Raum. Sie sind aufgefordert, Formen und Vorstellungen nach und nach loszulassen und sich auf das Erleben der emotionalen, seelischen und geistigen Qualitäten zu konzentrieren. Wie fühlt sich der erwachte göttliche Kern in Ihnen an? Was bringt Ihnen der damit verbundene freie Zugang zum Urraum der Ewigkeit?

Zwei Monate später wurde mir eine Vertiefung dieser Übung gezeigt. Während der Vorbereitungen zu meinem zweiten Stadtheilungsseminar in Prag entdeckte ich unweit des Hradschin, der Prager Burg, ein Heiligtum der schwarzen Madonna. Das ehemalige Frauenkloster Maria Loreto, ein weiblicher Kontrapunkt zu der mächtigen Burg, birgt in seiner Mitte eine Kapelle mit einer Skulptur der schwarzen Madonna und dem auferstandenen Kind. Bei dieser Komposition kommt es zu einer feinen Berührung zwischen der rechten Hand der Madonna und der Fußsohle des göttlichen Kindes. Sie vollzieht sich im intimen Bereich ihres Unterbauches, um ganz diskret die Umkehrung anzudeuten, bei der das Obere zum Unteren wird. Man hat zudem den Eindruck, dass die Finger der Madonna einzelne Akupressurpunkte an der Fuß-

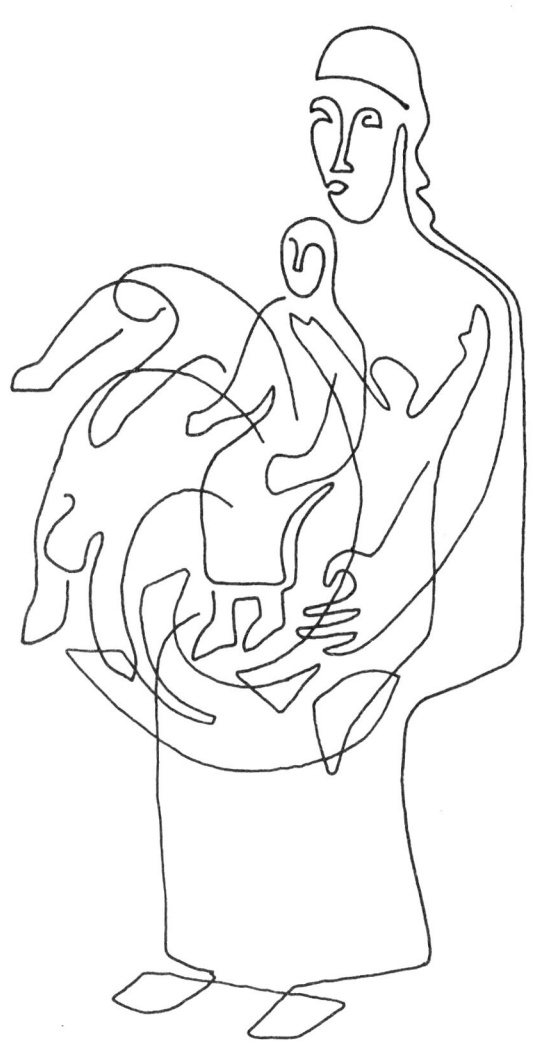

Eine romanische Madonnenskulptur aus Südfrankreich war Vorbild für die Übung der Umstülpung des inneren Kindes

sohle des inneren Kindes berühren, um sich bewusst mit verschiedenen Kräften und Qualitäten des Göttlichen in Verbindung zu setzen.

Mich inspirierte diese Darstellung zu einer Weiterführung und Vertiefung der beschriebenen Übung.

- Sie stellen sich vor, dass das innere Kind in seiner vollen Präsenz in Ihrer Mitte steht.
- Dann berühren Sie in Ihrer Vorstellung mit den sensiblen Spitzen der Finger beider Hände verschiedene Punkte an den Fußsohlen des Kindes. Es ist bekannt, dass die einzelnen Zonen der Fußsohlen mit verschiedenen Körperorganen und -funktionen in Resonanz stehen. Übertragen auf die Fußsohlen des göttlichen Kindes hieße es, dass diese Punkte mit den »Organen« und »Funktionen« der universellen Ganzheit in Resonanz stehen, genauer gesagt mit den verschiedenen Kräften, die das Universum beseelen.
- Sie verbinden und verankern sich durch die Fußsohlen des inneren Kindes mit der Mehrdimensionalität des Lebens.

Es sei noch erwähnt, dass es in Prag sogar ein Heiligtum gibt, das dem inneren Kind geweiht ist. Der Überlieferung nach kam eine kleine Skulptur des Jesusknaben, das so genannte Prager Jesulein, aus Spanien als Geschenk nach Prag und hat in den vergangenen Jahrhunderten leidenschaftliche Verehrung erfahren. Es befindet sich in der Kirche der heiligen Mutter vom Siege, Santa Maria de Victoria. In wenigen anderen Kirchen ist eine Einzeldarstellung des Jesuskindes zu finden – ohne Maria oder Josef an seiner Seite, für sich allein stehend in seinem autonomen Raum und in seiner vollen Würde.

Es sollte inzwischen deutlich sein, dass das Jesuskind die Vollkommenheit und die ursprüngliche Kraft unseres wahren Selbst symbolisiert.

Ich plante, die Seminargruppe in diese Kirche zu führen und dort, in der Stille des Heiligtums, die Übung mit der Umstül-

pung des inneren Kindes zu praktizieren. Kaum hatte jedoch jeder von uns seinen Platz gefunden, um sich in die Übung zu vertiefen, begann eine Gruppe von englischsprachigen Pilgern mit einem durch Lautsprecher verstärkten, donnernden Gebet. Zwei Welten prallten hier aufeinander. Einerseits gab es unsere Gruppe, die versuchte, die Wirklichkeit des inneren Kindes zu erleben, während andererseits dasselbe göttliche Prinzip mit viel äußerem Getöse angebetet wurde. Eigentlich sollten beide Wege zum selben Ziel führen, doch ihre Diskrepanz war kaum auszuhalten.
Bedrängt durch den Lärm der Lautsprecher, legte sich das innere Kind – nach meinem Erleben – in eine Hälfte einer samenähnlichen Hülle und bedeckte sich mit der anderen Hälfte.
Ich begann, mit den Augen der Seele um mich zu schauen. Meine Wahrnehmungen waren recht ermutigend: In jedem Anwesenden – auch in dem, der als nichtsahnender Tourist nur in der Kirche umherspazierte – sah ich so einen Samen mit dem inneren Kind, das innerhalb seiner Hülle schlummerte, pulsieren. Es wartet dort geduldig, um entdeckt und in das Bewusstsein gehoben zu werden.
Die Botschaft meines Traumes mit dem »schwangeren« Mann heißt demnach, dass eine Zeit kommt – oder für viele schon gekommen ist –, in der das innere Kind nicht mehr damit zufrieden ist, in der inneren Kammer des Menschen zu schlummern. Es will erweckt und in die individuellen Lebensprozesse integriert werden. Darüber hinaus heißt die Botschaft, dass man sich den Herausforderungen der fortschreitenden Erdwandlung gar nicht stellen kann, wenn das eigene innere Selbst nicht wach wird.
Leider wird die Suche nach dem inneren Kind in der modernen Gesellschaft zu oft zur Pädophilie pervertiert. Statt am Abbau der Blockaden zu arbeiten, die den Betreffenden vom seligen Gefühl der Vereinigung mit dem eigenen inneren Kind trennen, wird das Bedürfnis nach Ganzheitserfahrung

nach außen projiziert. Erwachsene Männer, die kleine Kinder »lieben«, haben den Weg verfehlt. Sie sind dabei, die inneren Qualitäten, nach denen sie sich sehnen, in der Materie zu ersticken. Pädophilie ist ein Schatten, der die allgemeine Entfremdung des modernen Menschen begleitet, dessen Beziehung zu seinem innersten Kern fast ausgelöscht ist.

Indem wir vor unserer inneren Wahrheit fliehen, trägt jeder von uns zu diesem Schatten bei – nicht nur diejenigen, die Kinder sexuell oder andersartig misshandeln. Gehört dazu nicht auch, dass man das »Kind von sieben Tagen« zwar äußerlich anbetet, es aber nicht gleichzeitig im eigenen Innern sucht?

Eine Voraussetzung für die weitere Suche nach dem inneren Kind besteht darin, sich über die Gefahr des eigenen Beitrags zum Schatten der Pädophilie im Klaren zu sein. Hierzu mein Traum vom 9. Dezember 2002, als ich schon eifrig am vorliegenden Kapitel schrieb:

Das Traumbild bezieht sich auf den oben beschriebenen Prozess der Umstülpung des inneren Kindes. Die purzelbaumähnliche Umkehrung wird in meinem Traum so extrem verlangsamt, dass ich dabei das Geschlecht des Kindes nicht übersehen kann. Es handelt sich nicht um einen Knaben, sondern um ein Mädchen.

Das Urbild der Mutter Gottes mit dem heiligen Knaben im Schoß ist in der westlichen Kultur so tief eingeprägt, dass das innere Kind stets mit dem Jesuskind gleichgesetzt wird. Es wird übersehen, dass der kosmische Archetyp des inneren Kindes so wie das Leben selbst zwei Gesichter zeigt: sowohl einen männlichen als auch einen weiblichen. Beide sind gleich wichtig.

Im Unterschied zum männlichen Prinzip in uns und in der Schöpfung ist das weibliche ein nichtlogisches Prinzip. So vereint die heilige Maria als die Verkörperung des weiblichen Urbildes des Westens unterschiedliche, oft sogar gegensätzliche Rollen in sich. So geschah es auch stets bei den viel älte-

Detail eines gotischen Freskos in der Kirche von Kosec, Slowenien: Christus als Vater hält die Seele seiner Mutter Maria in Gestalt eines kleinen Mädchens im Schoß

ren Göttinnengestalten. Wenn die Rolle des weiblichen Göttlichen darin besteht, all die Gegensätzlichkeiten der verschiedenen Ebenen des Seins in einer harmonischen Einheit zusammenzuhalten, ohne ihre Unterschiedlichkeiten zu verletzen, dann muss die Göttin unbedingt die Linearität der Logik abgestreift haben. Man kann sich vorstellen, welche Mühe die alten Theologen damit hatten, dem Verstand die Ungereimtheiten bei den verschiedenen Rollen und Aspekten der heiligen Maria zu erklären. Sie verkörpert zum Beispiel gleichzeitig die göttliche Mutter und die göttliche Jungfrau, was der Logik widerspricht.

Es gibt noch eine weitere, für das rein verstandesorientierte Denken des modernen Menschen schwer verdauliche Darstellung des weiblichen Archetypus. Es handelt sich um die Darstellung des erwachsenen Sohnes der Jungfrau Maria, Jesus Christus, der seine eigene Mutter in Mädchengestalt auf dem Schoß hält. Mutter Maria wird dabei als ein »Kind von sieben Tagen« abgebildet. Diese seltene Darstellung kennen wir aus dem Mittelalter. Man sieht sie vor allem in der Ikonenmalerei, in der Darstellung des Todes der göttlichen Jungfrau: Unten am Bildrand erkennt man das Sterbebett Marias, das von den weinenden Aposteln umgeben ist. Darüber schwebt die Gestalt des Christus mit einem Mädchen auf dem Arm. Die offizielle Erklärung lautet, dass das kleine Mädchen die Seele der heiligen Maria darstelle; der Sohn empfange nach dem Tod von Maria ihre Seele in seinen Armen.

Lassen Sie uns bei unserer Suche nach dem inneren Kind einen Moment lang die Todesszene der heiligen Maria betrachten. Das Mädchen Maria im Schoß oder in den Armen des göttlichen Vaters (Christus) symbolisiert den Augenblick nach dem Tod eines Menschen, wenn die Wiedervereinigung seiner Seele mit dem höheren Selbst – vertreten durch die Christusfigur – stattfindet. Es wird hierbei der geistig-seelische Aspekt des Menschen emporgehoben, durch den er nach dem Tod in die Ewigkeit zurückgenommen wird.

Es handelt sich um den Kontrapunkt zum Urbild der göttlichen Mutter (Maria), die den kleinen Christusknaben im Schoß – oder im Arm – hält. Der »kleine Knabe von sieben Tagen« im Schoß Marias wurde gerade erst geboren. Er symbolisiert das Einssein des Menschen mit seinem Ewigkeitsaspekt, das im Moment nach der Geburt noch ganz präsent ist.

Übersetzt in die Alltagssprache wird durch die beiden Urbilder bestätigt, dass der Mensch nach dem Tod und auch unmittelbar nach der Geburt in die Ewigkeit eingebettet ist und dadurch seine Ganzheit ungehindert erfahren kann. Das Problem liegt darin, dass die Erfahrung der Ewigkeit dazwischen – zwischen Geburt und Tod – durch den egozentrischen Verstand und durch gesellschaftliche Normen unterdrückt wird. Die Suche nach dem inneren Kind stellt einen Weg dar, die verschollene Ganzheit des eigenen Wesens wiederzufinden und sie erfahrbar zu machen, *ohne dafür erst sterben zu müssen.*

Nun können wir zu unserer Grundübung zurückkehren.

- Diesmal wird die Quelle der Inspiration durch Christus als Vater vertreten, der das kleine Mädchen Maria im Schoß hält. Bitten Sie ihn, Ihnen das Mädchen zu überreichen. Erspüren Sie, wie es ist, das Urbild Ihrer Geistseele im Schoß zu halten.
- Dann gehen Sie zur oben besprochenen Umstülpung über. Verfolgen Sie aufmerksam, wie die Ausdehnung der neuen, beseligenden Qualität innerhalb Ihres Wesens diesmal zustande kommt. Geschieht es womöglich unterschiedlich oder sogar komplementär zu der Weise, wie der männliche Aspekt des inneren Kindes sich in Ihnen offenbarte?

Letztendlich ist der Verstand doch an der Aufgabe gescheitert, eine extrem unlogische Zusammenlegung der urbildlichen Rollen der heiligen Maria und des Jesus Christus zu rechtfertigen. So hat das Tridentinische Konzil, das im 16.

Jahrhundert tagte, die bildliche Darstellung der Anna selbdritt verboten. Die meisten Abbildungen der heiligen Anna mit Jesus und Maria im Schoß wurden damals verbrannt; nur wenige haben den Bildersturm überlebt.

Das Bedeutsame dieser Darstellung liegt darin, dass Anna, die Mutter Marias, zwei kleine Kinder im Schoß hält: zum einen den Knaben Jesus und zum anderen das Mädchen Maria. Wie kann es sein, dass Jesus und Maria als kindliche Altersgenossen dargestellt werden, wenn gleichzeitig Maria auch die Mutter Jesu ist?

Es handelt sich um die gleichzeitige Anwesenheit des inneren Knaben und des inneren Mädchens »von sieben Tagen« im Wesenskern des Menschen. Dort sind sie eins. Der Knabe symbolisiert die geistige Identität des Menschen, das Mädchen seine ewige Seele.

Um die Unterschiede zwischen den beiden Urbildern unseres inneren Selbst zu erforschen und zu erfahren, kann man – im Rahmen einer Imagination – die heilige Anna bitten, einem die beiden Kinder nacheinander zu reichen.

Als ich im November 2002 an der geomantischen Entschlüsselung der Stadtlandschaft von São Paulo tätig war, fand im dortigen Museum für sakrale Kunst gerade eine Ausstellung von Mariendarstellungen aus Brasilien statt. Um die Gelegenheit zu nutzen und den Seminarteilnehmern die verschiedenen mit dem Prinzip des inneren Kindes verbundenen Urbilder zu zeigen, haben wir die Ausstellung gemeinsam besucht. Doch hinsichtlich des Urbildes der Anna selbdritt erlebten wir eine Enttäuschung. Die ausgestellten Kunstwerke waren alle den Beschlüssen des Tridentinischen Konzils und damit den Bedürfnissen des Verstandes angepasst. Solche Abbildungen zeigen dann die heilige Anna als Großmutter an der Seite ihrer halb erwachsenen Tochter Maria, die den Jesusknaben – ihren Sohn und das Enkelkind Annas – als Säugling in den Armen hält.

Erst als wir die Ausstellung verlassen hatten und zufällig in

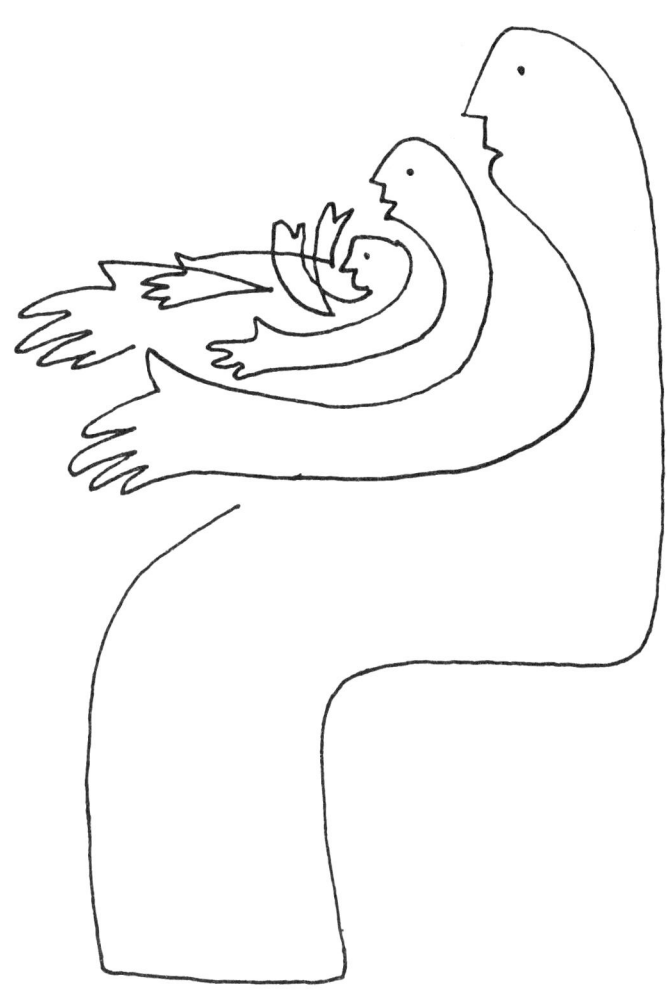

Nach einer Skulptur in São Paulo: Die heilige Anna selbdritt als Repräsentantin der Muttergöttin hält ihre Tochter Maria im Schoß, die wiederum ihren Sohn Jesus wiegt

die Räume der ständigen Sammlung des Museums gerieten, entdeckte ich eine kleine Holzskulptur, die die heilige Anna auf dem »Thron der Großen Göttin« sitzend zeigte. Sie hielt die heilige Maria in der Gestalt eines jungen Mädchens im Schoß. Die kleine Maria wiederum wiegte ebenfalls ein Kind in ihrem Schoß, den kleinen Jesus.

Aufgrund des Anna-selbdritt-Archetypus ist eine Übung entstanden, durch die man anderen Menschen helfen kann – Menschen, die leiden oder die einen Schock erlitten haben oder die lediglich einer liebevollen Umarmung bedürfen:

- Sie nehmen in der Vorstellung Ihr inneres Kind in den Schoß und verbinden sich gefühlsmäßig mit ihm. Danach strecken Sie Ihre Arme leicht aus und stellen sich dabei vor, dass Ihre Hände mit den zarten Händen des Kindes eins sind.
- Nun folgt der nächste Schritt, bei dem Sie zusammen mit Ihrem inneren Kind gemeinsam das innere Kind der betreffenden Person in den Schoß nehmen.
- Um sich zu vergegenwärtigen, wie es dem betreffenden Menschen geht, ist es als Erstes nötig, dessen Präsenz an Ihrem vereinten Herzen zu erspüren.
- Dann ist die Zeit reif, ihm Ihrer beider Geschenk zu übergeben: Mit Ihren vereinten Händen segnen Sie von der linken und von der rechten Seite her das innere Kind jener Person. Beobachten Sie gleichzeitig die Wandlungen, die am inneren Kind des betreffenden Menschen erlebbar werden.
- Nach einer gewissen Zeit wird das innere Kind jener Person dadurch verabschiedet, dass es ihr zurückgereicht wird.
- Ihre Hände sollten dann in einer Dankesgeste gefaltet werden.

Das Holon Mensch

Meine intensive Beschäftigung mit dem inneren Kind dauerte zwei Monate an. Dann lenkte ein recht banaler Traum meine Aufmerksamkeit in eine andere Richtung. Dieser Traum vom 14. Juli 2001 spielte auf einer Baustelle:
Die Sonne ist schon hoch gestiegen, und es ist warm geworden. Ich bin dabei, meine dicke Weste auszuziehen, in deren Taschen ich gewöhnlich meine Dokumente aufbewahre. Jetzt habe ich die Papiere aus der Tasche geholt und sie auf der Haube eines niedrigen gelben Baggers abgelegt, der in der Nähe steht. Da erreicht mich die Nachricht, dass mein Einsatz an einer anderen Ecke der Baustelle nötig ist. Ich laufe dorthin und erinnere mich erst nach einer Weile wieder an die Dokumente. Nun weiß ich jedoch nicht mehr, ob ich sie eingesteckt oder auf der Haube des Baggers liegen lassen habe. Ich will zurücklaufen, um mich zu vergewissern, aber unglücklicherweise ist der Bagger inzwischen in Betrieb genommen worden, und ich sehe ihn gerade noch hinter einer Geländeerhebung verschwinden. Es ist offenbar nicht möglich, die Maschine einzuholen.
Der Traum berührt erneut die Frage der menschlichen Identität. Die persönlichen Dokumente sind zweifellos ein Symbol der Identität, aber diesmal geht es nicht um die Ewigkeitsaspekte des menschlichen Selbst. Die gedrungene, niedrige Form des Baggers, der die Dokumente fortträgt, weist darauf hin, dass es sich um die Wandlung der körperlichen Aspekte des Wesens Mensch handelt. Die Frage ist, ob damit nur das Materielle des menschlichen Körpers gemeint ist oder auch seine Mehrdimensionalität.
So wie die Erde nicht nur eine materielle Kugel ist, die durch das All kreist, so ist auch der Mensch keine bloße Ansammlung von Knochen und Muskulatur. So wie die Erde von einer sensiblen Atmosphäre umgeben und von Kraftfeldern durch-

drungen ist, so ist auch der Mensch in die feinen Wolken seiner Gefühls- und Gedankenfelder eingehüllt und mit den persönlichen Energiesystemen ausgestattet. Und so wie der irdische Kosmos von Schutzhüllen umgeben ist – man denke zum Beispiel an die Ozonschicht –, um den autonomen Raum seiner Evolutionen zu wahren, so ist auch die Ganzheit Mensch von einer Schutzhülle umgeben. Sie repräsentiert den Rand unseres autonomen Raumes, in dem unsere persönliche Entwicklung in der Zeitspanne zwischen Geburt und Tod stattfindet. Dieser autonome Raum wird in der Geomantie Holon genannt, wobei der Ausdruck aus der griechischen Überlieferung stammt. Das Wort »holistisch« wird zum Beispiel aus derselben Wurzel abgeleitet.

Das Holon Mensch ist in seiner Mehrdimensionalität nicht minder vollkommen als das Holon der Erde. Man kann sogar sagen, dass das Holon eines jeden Menschen auf der Erde ein Fraktal – ein holografisches Bruchstück – des Holons Erde ist. In diesem Sinne ist es leicht nachzuvollziehen, warum die Menschen der Urvölker sich selbst als Kinder der Erde bezeichnen. Es handelt sich nicht nur um einen Ausdruck für die liebevolle und fürsorgliche Beziehung zur Mutter Erde, sondern er beruht auch auf dem genauen Wissen darum, dass das Holon eines jeden einzelnen Menschen ein Spiegelbild des gigantischen Holons des Planeten Erde ist.

Wenn ich vom Holon der Erde spreche, denke ich an ihre kosmische Ganzheit, zu der sowohl der sternähnliche Kern des Planeten gehört als auch das Himmelsgewölbe mit dem Mond, der Sonne und all den anderen Sternen, die Einfluss auf die Erde ausüben. Zwischen diesen zwei Polen befinden sich alle sichtbaren und unsichtbaren Schichten des irdischen Holons, die die einmalige Gestalt des lebendigen Planeten Erde ausmachen.

Statt sich vor der Kritik des Verstandes zu schämen, sollte man stolz darauf sein, (wieder) an das alte geozentrische Weltbild glauben zu dürfen. Aus geomantischer Sicht ist die

Erde ein abgerundetes Ganzes, das in der eigenen Mitte zentriert ist. Um diese Mitte herum sind sowohl die groben stofflichen als auch die feinen geistigen Schichten des irdischen Daseins organisiert. Die Erde ist im Sinne eines Erd-Kosmos autonom und vollkommen.

Erst auf der nächsten Potenzebene ist unser Planet ein winziger Teil des viel größeren Holons des Sonnensystems. Dieses wiederum ist ein Bruchstück des galaktischen Holons. Möglicherweise wird mit dem Begriff Gott oder Göttin das umfangreichste Holon bezeichnet, das es überhaupt geben kann. Es schließt die gesamte Schöpfung und auch die Nichtschöpfung ein, um sie liebevoll zu umarmen.

In der Euphorie des verstandesgeprägten Zeitalters wurde die Idee eines in der Erdmitte zentrierten Holons verworfen. Sie wurde durch die Vorstellung ersetzt, dass wir uns zusammen mit den anderen Lebensreichen der Erde auf einem Planeten befinden, der seine eigene Mitte verloren hat. Aus dem Blickwinkel des Verstandes sieht es so aus, als ob die Erde von einem weit außerhalb von ihr liegenden Machtzentrum – von der Sonne – abhängig wäre. Dieser unglücklichen Entfremdung entspricht die Gestalt des modernen Menschen, der ebenfalls seine innere Mitte verloren hat; er wird zum machtlosen Spielzeug in der Hand verschiedener Ideologien, Wirtschaftssysteme und quasiwissenschaftlicher Deutungen seiner Lebensaufgabe.

Spiegelbildlich zu der Erde, die im Prozess der gegenwärtigen Wandlungen wieder dabei ist, ihre eigene Mitte zu offenbaren, sollte auch der heutige Mensch umkehren und sich um die eigene Mitte herum neu organisieren. Um ein Vorbild für diese Umkehr zu finden, benutze ich das Modell des so genannten kosmischen Kreuzes. Es gehört zu den ältesten Urbildern verschiedener Kulturen der Erde und zeigt ein gleichschenkliges Kreuz, das von einem Kreis umschlossen wird. Der Punkt, an dem sich die vertikale und die horizontale Achse schneiden, stellt die Mitte des Holons Mensch dar.

Diese Mitte lässt sich gewöhnlich im Bereich zwischen dem Solarplexus- und dem Herz-Chakra lokalisieren. Sie können aber auch die Empfindung haben, dass sie höher oder tiefer liegt. Es ist bekannt, dass die östlichen Kulturen dazu neigen, tiefer im Bauch zentriert zu sein, die westlichen jedoch höher im Bereich des Herzens.

Es kann aber auch geschehen, dass man den Punkt der eigenen Mitte gar nicht zu erspüren vermag oder dass er zur Seite gerückt scheint, irgendwo seitlich der vertikalen Achse, die entlang der Wirbelsäule verläuft. In solchen Fällen gilt es, langfristig an der eigenen Zentrierung zu arbeiten – zum Beispiel mit Hilfe der Übungen im Anhang –, um jederzeit den Platz im eigenen Innern finden zu können, wo man sich »zu Hause« fühlt. Es handelt sich um den Punkt des inneren Friedens, den man in keinem noch so dramatischen Moment des Lebens verlieren sollte.

Die abgerundete Hülle des menschlichen Holons wird durch den Kreis repräsentiert, der das Zentrum des kosmischen Kreuzes umgibt. Sie wird oft mit einem Schutzmantel gleichgesetzt. Damit bin ich jedoch nicht ganz einverstanden, weil Schutz eine sekundäre Funktion des Holons ist. Seine primäre Rolle besteht darin, den abgerundeten Raum zu schaffen, in dem eine lebenslange Interaktion stattfinden kann – zwischen der ewigen Seele einerseits und den vital-energetischen, emotionalen, physischen und mentalen Ausdehnungen des Wesens Mensch andererseits. Es handelt sich um den persönlichen Kraftraum des Menschen, durch den sein Geistselbst – das innere Kind – sich nach und nach verkörpern kann, um die Frucht des Zusammenspiels zwischen den Licht- und Schattenseiten des Lebens genießen zu können.

Es ist dieser autonome Kraftraum eines jeden Menschen, der durch verschiedene Schichten von feinstofflichen Hüllen umgeben ist. Sie stellen den persönlichen Schutzmantel dar. Einerseits bewahren die Schutzhüllen die Unantastbarkeit des persönlichen Raumes, andererseits ermöglichen sie die Kom-

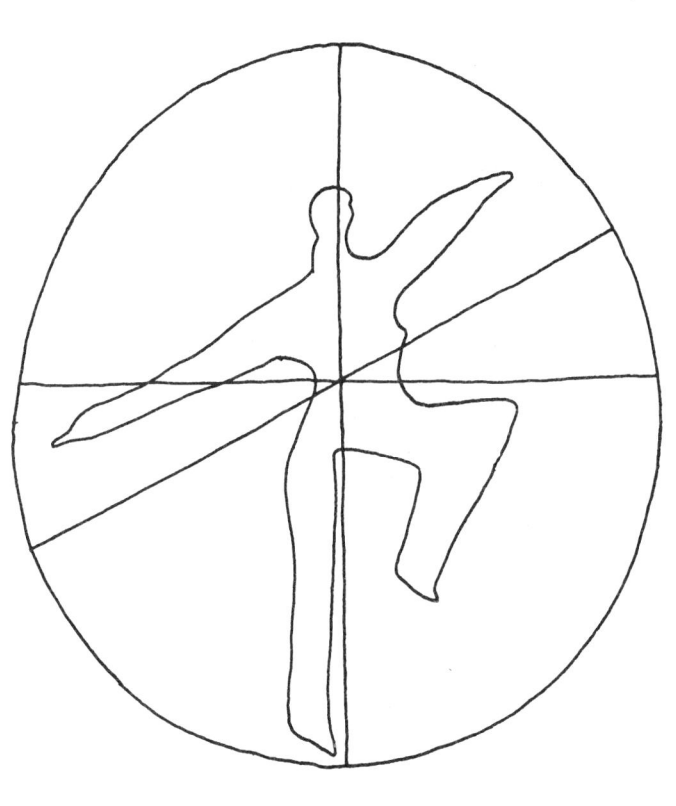

Das Holon Mensch mit den drei Hauptachsen

munikation mit dem Umfeld. Man kann sie mit feinen Membranen vergleichen, die ihre winzigen Öffnungen nach Bedarf schließen.

Die vertikale Achse des Holons Mensch verläuft entlang der Wirbelsäule, um in ihm Himmel und Erde zu verbinden. Einer Himmelsleiter ähnlich ermöglicht die vertikale Achse den geistigen Kräften unseres Wesens, tief in die Materie hinabzusteigen. Umgekehrt wird durch die vertikale Achse den irdischen Lebenskräften die Möglichkeit geboten, sich hoch in die geistigen Sphären der Seele hinaufzuschwingen.

Da das Holon des Menschen eher einer Kugel gleicht, gibt es zusätzlich zu der vertikalen noch zwei horizontale Achsen. Betrachten wir zuerst die Links-rechts-Achse, die den Yin- mit dem Yang-Pol unseres Wesens verbindet. Innerhalb des physischen Mannes pulsiert eine unsichtbare Frau, und innerhalb der physischen Frau pulsiert auch die Qualität des Mannes. Die Yin-Yang-Achse macht den kreativen Austausch zwischen den gegensätzlichen Polen unseres eigenen Wesens möglich. So empfiehlt es sich zum Beispiel, lieber zu prüfen, ob die Beziehungen zwischen Mann und Frau innerhalb des eigenen Holons stimmen, bevor man seine Partnerbeziehung an zwischenmenschlichen Problemen zerbrechen lässt:

- Wenn Sie ein Mann sind, dann stellen Sie sich vor, dass in Ihnen auch eine feinstoffliche Frau wohnt. Ihr Gesicht schaut in die entgegengesetzte Richtung als Ihres. Wenn Sie eine Frau sind, ist es umgekehrt.
- Versuchen Sie, Ihrem inneren Partner/Ihrer inneren Partnerin so viel Raum zu geben, wie er/sie braucht: Wie fühlt sich seine oder ihre Präsenz in mir an, wie reagiere ich darauf? Was kann ich in meinem Leben oder in meiner Denkweise ändern, damit beide, die Frau und der Mann meines Holons, glücklich werden? Sie sollten auf eine Art miteinander umgehen können, die zu einer gegenseitigen Bereicherung führt.

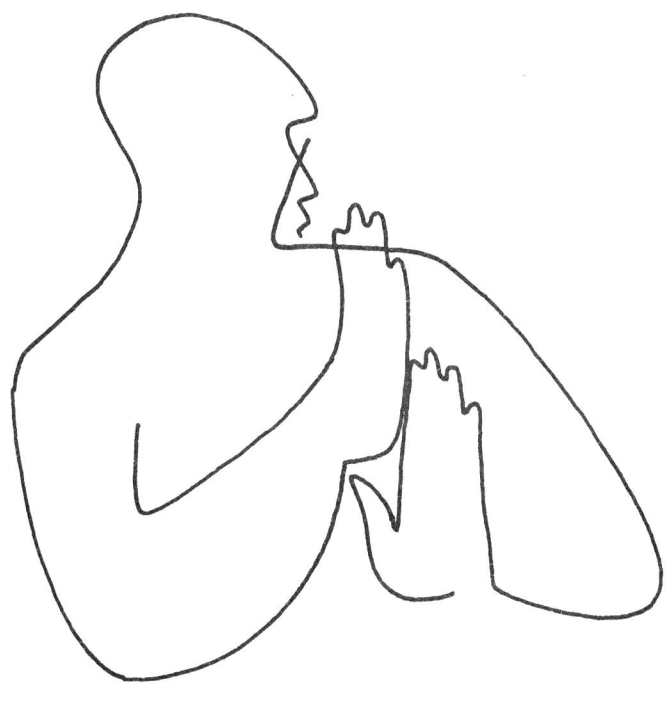

Das Handkosmogramm zur Verbindung der Vorderseite des Körpers mit dem Rücken, das mir die erhabenen Wesenheiten eines Berges gezeigt haben

Die Aufgabe der zweiten horizontalen Achse wäre, die lichtvolle Raumhälfte vor mir mit der dunklen Raumhälfte hinter mir zu verbinden. Da die Aufmerksamkeit unserer physischen Sinne ständig auf die vordere Raumhälfte unseres Holons gerichtet ist, empfindet man den im Rücken liegenden Raum als dunkel und sogar als abwesend. Beide Hälften sind jedoch gleich wichtig.

Während der vordere Raum das wache Bewusstsein darstellt, ist der Raum hinter dem Rücken der Sitz des urbildlichen Bewusstseins und ein Speicher der Urkräfte. Wenn man sich vorstellt, dass sich die Folgen unserer kreativen Absichten im vorderen Raum zeigen, so sind die Ursachen und die dazu nötigen Kräfte im hinteren Raum zu suchen.

Der heutige Mensch lebt fast ausschließlich in seinem Vorderraum. Der Rückenraum wird als Abstellkammer des Unterbewusstseins entwertet. Demgegenüber ist es mein Anliegen, den kreativen Austausch zwischen den beiden Hälften unseres Holons wieder herzustellen. Die eindrucksvollste Übung, die ich dazu anbieten kann, haben mir die erhabenen Wesenheiten eines heiligen Berges, des Hohen Meißners, gezeigt. Hierbei werden die Hände eingesetzt, denn die Hände sind ein Holon für sich und ähnlich wie das Holon Mensch aufgebaut. Mit Hilfe der Handinnenseite kann der Mensch Schöpferisches leisten. Demgegenüber erscheint der Handrücken unbrauchbar, aber er ist, wie beim gesamten Körper, nicht minder wichtig. Vom Handrücken aus werden die feinen Bewegungen der Finger gesteuert.

- Legen Sie Ihre Hände vor der Brust an den Handkanten aneinander, wobei einmal die Handinnenseite und einmal der Handrücken nach vorn zeigt. Die Hände entsprechen so dem Yin-Yang-Zeichen, das heißt, die Vorder- und die Rückseite ergänzen sich.
- Dann beginnen Sie mit dem Rand einer Hand, um den Rand der anderen zu kreisen, sodass die Handkanten einander ständig berühren. Wie zwei Mahlsteine kreisen

die beiden Hände umeinander. Die Richtung ist nicht wichtig.
- Nach einer Weile stellen Sie sich vor, dass die »Mahlsteine« nicht im Raum vor Ihnen kreisen, sondern in Ihrem Brustraum.

Die öfter wiederholte Übung hilft, die Blockaden zu »zermahlen«, die den vorderen Raum der Verwirklichung vom Speicher der Urkräfte am Rücken trennen.

Elementar- und Geistaspekte der Identität

Die Wandlungsimpulse sind bei der gegenwärtigen Erdwandlung so organisiert, dass sie zwar nacheinander in Erscheinung treten, aber ihre Verwirklichung parallel geschieht. So habe ich mehr als ein Jahr lang gebraucht, um alle Übungen zum Neuaufbau des Holons Mensch auszuarbeiten (sie sind im Anhang ab Seite 265 zu finden).
Nach dem Traum vom erdverbundenen gelben Bagger kündigte sich der nächste Wandlungsimpuls schon in der folgenden Nacht an. Auch diesmal war der Auslöser ein geheimnisvoller Traum:
Ich erlebe mich als ein Kind, das sich in einem halb unterirdisch gelegenen Raum versteckt hat. Der Raum gleicht einem runden Keller. Ich bin mir völlig sicher, dass mich dort niemand finden kann. Der Keller hat nämlich keine richtigen Öffnungen, sondern nur eine Art Luftloch für die Kommunikation nach außen. Aber auch diese Öffnung ist außen mit Kletterpflanzen überwuchert und dadurch unsichtbar. Im Grunde ist der ganze Kellerraum von einem Pflanzenteppich überzogen, sodass das mitten im Wald gelegene niedrige Gebäude leicht zu übersehen ist. Voller Stolz auf mein perfektes

Versteck krieche ich näher an das Luftloch, um hinauszuschauen. In diesem Moment sieht ein Knabe meines Alters durch das Loch in mein Versteck hinein. Unsere Blicke treffen sich. Ich bin verzweifelt: Wie kann es jemanden geben, der das Geheimnis meines Verstecks so selbstverständlich kennt? Der Einzige, der den Zugang zu dem Geheimnis haben könnte, wo das innere Kind in uns versteckt schlummert, ist das persönliche Elementarwesen. Doch das persönliche Elementarwesen gehört zu den Tabuthemen in einer Kultur, deren Menschen durch die Mechanismen des Verstandes dauernd dazu aufgefordert werden, sich von der »dunklen« und »tierischen« Seite ihrer Natur abzugrenzen. Das Licht des Verstandes versucht, sich selbst als den einzigen Vertreter der menschlichen Identität darzustellen. Es nennt sich selbst Ego. Nach dem Wortsinn würde Ego »Der, der ich (als Mensch) bin« heißen.

Mein Traum will daran erinnern, dass es mindestens zwei Aspekte des Holons Mensch gibt, die viel mehr das Recht hätten, den Anspruch auf die Krone des Selbst zu erheben. Sie werden jedoch – jeder auf seine Weise – durch das Ego unterdrückt. Einerseits geht es um den geistigen Aspekt der menschlichen Identität, der im Kellerraum des Unterbewusstseins eingekerkert wird, und andererseits um das Naturbewusstsein in uns. Letzteres, das im Herzen der Natur wurzelt, wird erbarmungslos aus dem persönlichen Holon herausgedrängt und in die so genannte Umwelt verbannt. Der Natur ist zwar erlaubt, um uns herum zu walten. Dass sie aber an unserer Identität teilhaben soll, ist vom Standpunkt des Verstandes etwas Ketzerisches.

Obwohl sich der Verstand noch so sehr dagegen sträuben mag – wir Menschen sind eine Art Bäume, die gelernt haben, ihre Wurzeln hochzuziehen und im Wald der Lebenserscheinungen umherzulaufen. Mehr noch: Wir Menschen gleichen in bestimmter Hinsicht den hoch entwickelten Tieren, die die geradezu fantastische Fähigkeit entwickelt haben, in jedem

Moment instinktiv in der Ganzheit des Alls eingebettet zu bleiben. Wir sollten uns dessen nicht schämen, sondern auf die wunderbaren Gaben stolz sein, die wir von der Natur geerbt haben.

Wenn man die Frage nach dem wahren Selbst des Menschen stellt, dann sollte man nicht nur die Wesenheiten der manifestierten Natur, sondern auch Elementarwesen – Feen, Gnome und Nymphen – in den Kreis unserer engen Verwandten einbeziehen. Sie verkörpern das Gedächtnis der Erde und ihre Fähigkeit, die Lebensprozesse mit Bewusstsein zu steuern. Es handelt sich dabei allerdings nicht um ein mentales, vom Verstand geprägtes Bewusstsein wie bei uns Menschen. Bei den Elementarwesen wird man eher von einem gefühlsmäßigen Bewusstsein reden, das keine Trennung kennt. Es ist ein Bewusstsein, das jede Einzelheit durch die Umarmung der Ganzheit denkt.

Gerade wegen unserer gegenwärtigen Unfähigkeit, ganzheitlich zu denken, sollten wir uns auf unsere Verwandtschaft mit den Elementarwesen besinnen. Es gilt, das Erbe dieser Verwandtschaft wieder in unser Bewusstsein zu integrieren. Oder anders gesehen: Man kann die Angst des Ego-Bewusstseins vor unseren Bruder- und Schwesterbeziehungen zu den Wesenheiten der Natur zwar verstehen, weil dadurch die vermeintliche Überlegenheit der Ratio innerhalb der menschlichen Welt bedroht wird. Aber gleichzeitig werden wir durch die Liebe des Naturwesens in uns zu Recht aufgefordert, die Alleinherrschaft des Ego im Rahmen der menschlichen Identität infrage zu stellen.

Mein Traum vom 15. Juni 2001 deutet auf diese nicht anerkannte Verwandtschaft hin: Sobald der eine Knabe dem anderen in die Augen schaute, wusste ich sofort, dass sie Brüder waren. Der durch den Verstand im Kellerraum versteckt gehaltene Knabe erschien mir wie von Licht durchflutet. Das Gesicht seines Bruders, der durch das Luftloch in den Keller blickte, war durch die Blätter der Kletterpflanzen verschattet

und deswegen ins Dunkel getaucht. Die Knaben stellen somit den lichten (kosmischen) beziehungsweise den dunklen (irdischen) Aspekt unseres wahren Selbst dar.
In einer schlaflosen Nacht kam mir die Idee zu einer Übung, die es ermöglicht, die Balance zwischen den beiden Teilaspekten unseres inneren Selbst zu erfahren:
Ich liege auf dem Rücken ausgestreckt im Bett und merke, dass innerhalb meines Körpers ganz still zwei kleine Knaben liegen – bei einer Frau werden es zwei Mädchengestalten sein. Der hellhäutige Knabe reicht mit seinem Scheitel bis an meine Kehle. Sein dunkelhäutiger Bruder berührt mit seiner Fontanelle meine Knie und reicht mit seinen Fußsohlen bis in meinen Sexualbereich hinein. Dort werden seine Sohlen an die des hellhäutigen Knaben gelehnt. Die sensible Berührung der beiden Fußsohlenpaare sollte ganz genau erspürt werden. Es ist die paradiesische Berührung, durch die die Geburt unseres wahren Selbst möglich wird. Hurra! Halleluja! Der neue Mensch wird geboren!
In Zusammenhang mit dem Urbild des inneren Kindes gibt es in der westlichen Kultur ein Symbol, das auf das friedliche Miteinander der zwei Knaben hinweist. Es handelt sich um die selten zu findende Darstellung der Madonna mit zwei Knaben. Der eine Knabe sitzt auf dem Schoß der Mutter und ist aufgrund seiner segnenden Hand eindeutig als Christuskind zu identifizieren. Der zweite steht auf dem Boden und ist meist in ein Tierfell eingehüllt.
Warum diese Darstellung zweier Knaben? Um anzudeuten, dass gleichzeitig mit der Offenbarung des Geistselbst des Menschen sich auch sein komplementärer naturbezogener Aspekt zeigen möchte?
Meine Deutung, nicht aber die offizielle Erklärung, zielt in diese Richtung. Nach der gängigen Interpretation handelt es sich um das Kind der heiligen Elisabeth, das zeitgleich mit Jesus auf die Welt kam und als Johannes der Täufer bekannt wurde.

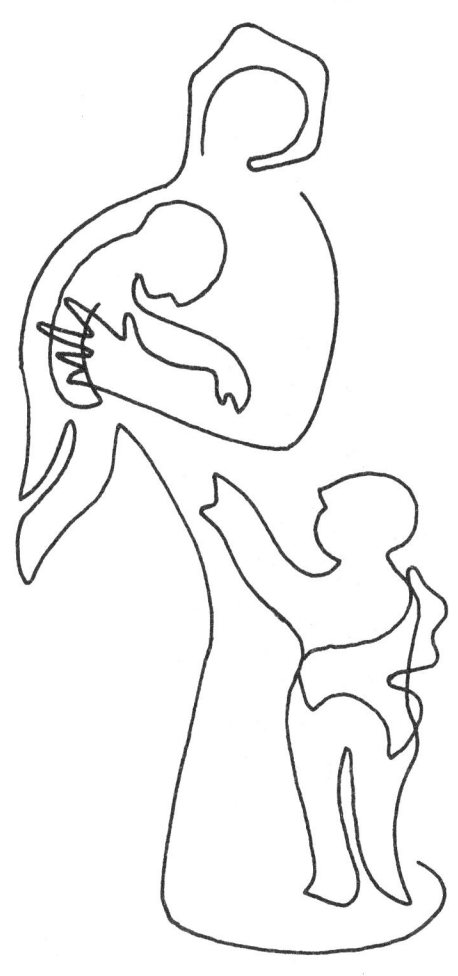

Die zwei Knaben, Jesus (Christus) und Johannes (der Täufer), stellen den geistigen und den elementaren Aspekt der menschlichen Identität dar – nach einer Renaissanceskulptur in der venezianischen Kirche San Sebastiano

Dem Geheimnis des in das Tierfell eingehüllten Knaben bin ich eine Woche später näher gekommen. Ich befand mich damals in Rastenberg im österreichischen Waldviertel, wo ich im Auftrag der Schule für Geomantie, Hagia Chora, eine Ausbildung leitete. An jenem Tag bestand die Aufgabe darin, die Elementarwesen verschiedener Elemente kennen zu lernen, und gerade waren wir dabei, die Wesenheiten eines lebhaften Gebirgsflusses wahrzunehmen.

Während dieser Übung wurde mir eine besondere Erkenntnis zuteil, als ich am gegenüberliegenden Ufer eine schöne Nymphe entdeckte. Glückselig betrachtete ich das Zusammenspiel verschiedener sanfter Farben und Lichtnebel, aus denen ihr Körper komponiert war. Plötzlich wurde ich von ihren »Augen« angezogen, und das Wissen durchrieselte mich, dass wir uns kannten. Im nächsten Moment wusste ich intuitiv, dass die Nymphe eigentlich nicht mich, sondern mein persönliches Elementarwesen kannte. Sie hatte es sogar mit einem bestimmten Namen angesprochen: »Oberon!«

Es kam von ihrer Seite eine Gefühlswolke auf mich zu, durchtränkt mit Information. Was ich unmittelbar im Augenblick von der Informationsfülle in die lineare Sprache meines Verstandes übersetzen konnte, hatte mit Andersens Märchen von der kleinen Seejungfrau zu tun: Die Seejungfrau ließ sich wegen ihrer Liebe zu einem Mann in eine Menschenfrau verwandeln. Das Märchen beschreibt die Qualen, die die Nixe durchleiden musste, als sie sich in den menschlichen Körper einsperren ließ. Die bunte Freiheit der ätherischen Welt ging für sie verloren.

Die Botschaft der Nymphe aus Rastenberg hieß, dass dieses Opfer nicht nur durch sie selbst dargebracht wurde. Auch jedes einzelne Elementarwesen, das die Aufgabe übernimmt, ein Menschenkind durch das Tor der Geburt zu führen und ein Leben lang zu begleiten, bringt das gleiche Opfer dar. Dabei sei angemerkt, dass der Mensch in jeder Sekunde auf den Beistand des persönlichen Elementarwesens angewiesen bleibt, da er unfähig ist, sich in der komplizierten Struktur seines physischen, ätherischen und emotionalen Körpers zurechtzufinden. Die Tragik liegt darin, dass unser Alltagsbewusstsein diese Tatsache vollkommen vergessen hat. Die Liebe zum Wesen Mensch, die das Elementarwesen jedesmal zu Opfern veranlasst, wird als selbstverständlich hingenommen, beziehungsweise sie ist aus unserem inneren Erleben ausgeklammert.

Der unerwartete Augenkontakt mit der Nymphe aus Rastenberg trug eine Mahnung in sich: Die Zeit ist reif, die Ignoranz gegenüber unserer wahren Natur aufzugeben und die Synergie der beiden Welten in uns zu fördern. Das heißt vor allem, ein neues Menschenbild zu schaffen und zu verkörpern, bei dem sowohl die geistigen als auch die irdischen Aspekte unserer Identität einen würdigen Platz finden, eingebettet in die Mehrdimensionalität unseres körperlichen Holons.

Selbsterkenntnis im Spiegel der Erdwandlung

Zum Abschluss der geschilderten Suche nach dem wahren Selbst kam am 28. Juli 2001 noch ein Traum hinzu, durch den die Bemühungen um die Wiederentdeckung der Ganzheit Mensch in den Rahmen der Erdwandlung gestellt wurden. Die Botschaft des Traumes kann man besser verstehen, wenn man weiß, dass das Haus, in dem ich mit meiner Familie in Slowenien wohne, zu einer Gruppe von vier Gebäuden gehört, die weit entfernt vom Stammdorf errichtet worden sind. Um das öffentliche Verkehrsnetz zu Fuß zu erreichen, braucht man eine halbe Stunde:

Voller Neugier sitze ich in der Küche und beobachte durch das Fenster, wie eine neue Eisenbahnlinie fertiggestellt wird, die unsere vier abseits gelegenen Häuser mit dem Dorf verbinden soll. Sie verläuft an den anderen drei Häusern vorbei und endet am Waldrand hinter unserem Haus. Gerade wird die Endhaltestelle an der Rückseite des Hauses errichtet – eine äußerst moderne, aus Stahl und Glas gestaltete Haltestelle, wie man sie in den Großstädten überall sehen kann. Nun kommt bereits der erste Zug angefahren und wartet einige Minuten auf mögliche Passagiere. Da es keine gibt, fährt er ab. Ich sitze hinter dem Küchenfenster und bedauere, dass die Eisenbahnstrecke mit viel Aufwand ausgebaut worden ist und der Zug nun ohne einen einzigen Passagier abfahren muss. Dabei kommt mir gar nicht in den Sinn, dass der Zug auf mich als den einzig möglichen Passagier gewartet hat.

Wenn man die im Traum kodierte Information in die alltägliche Sprache übersetzen will, muss etwas zu den gegenwärtigen Erdwandlungen gesagt werden. Die neue Bahnstrecke ist zweifellos ein Symbol der geradezu fantastischen, allein über den Verstand gar nicht nachvollziehbaren Möglichkeiten der Weiterentwicklung des Wesens Mensch, die uns durch den Erdwandlungsprozess eröffnet worden sind.

Unter Erdwandlung wird eine Folge von außergewöhnlichen Veränderungen des Erdraumes verstanden, die sich meiner Erfahrung nach im Herbst 1997 das erste Mal bemerkbar gemacht haben. Schon in der ersten Phase zwischen Februar und April 1998 wurde die Grundlage des von uns allen bewohnten Raumes wesentlich verändert. Die Veränderung kann man am besten anhand des Modells der vier Elemente nachvollziehen.

Das bislang vorherrschende Element war das Element Erde. Der neue »Boden« wird jedoch nun durch die Qualität des Elements Luft beeinflusst. Dies kann man so deuten, dass die Materie (Element Erde) den zeitweiligen Vorrang in der Ausrichtung der Erdevolution verloren hat. Die neue Entwicklung wird durch Bewusstsein, das heißt durch das Element Luft, vorangetrieben.

Die zweite Phase der Erdwandlung bewirkte im Herbst 1998

ein gewaltiges Ausgießen der urbildlichen Kräfte aus der Erdtiefe. Es handelt sich dabei um hoch potente Kräfte, die fähig sind, alles wieder in die Ganzheit einzubinden, was die Menschen zerteilt und auseinander gebrochen haben. Fast an jedem Ort, wo ich in jener Zeit tätig war, konnte ich mindestens einen Platz finden, an dem sich die Quellen der Urkräfte aufgetan hatten. Aus »Löchern« im ätherischen Gewebe des Ortes gossen sich die »Drachenkräfte« der Erde in den Raum aus, um eine Art Selbstheilungsprozess der Erde anzuregen.

Im Jahr 1999 nahm der neue Erdraum erstmals Gestalt an. Es fühlte sich so an, als ob die Erde innerhalb unseres Weltraumes einen neuen planetaren Körper erschaffen würde. Den Vorgang kann man mit der Häutung einer Schlange vergleichen. Bevor die alte, zu eng gewordene Haut abgestreift werden kann, muss darunter die neue gebildet werden. So auch im Fall der Erdwandlung. Solange der neue Erdraum noch nicht genügend gefestigt ist, um für die Lebensprozesse tragfähig zu sein, bleibt der Schwerpunkt der Entwicklung im alten Raum fokussiert.

Es war während jener Phase, die zur Sonnenfinsternis 1999 ihren Höhepunkt erreicht hatte, bereits möglich, die Unterschiede zwischen der alten und der neuen Raumstruktur zu erspüren. Der alte Raum, in dem sich zurzeit noch die Erdevolution abspielt, ist in seinem Charakter eindeutig. Das heißt, dass eine einzige Qualität des Raumes im Vordergrund steht, in unserem Fall die stoffliche Qualität. Ein solcher Raum bietet den Menschen ideale Bedingungen, um die geradlinige Eindeutigkeit des Verstandes und die damit verbundene Qualität der Selbstständigkeit zu entwickeln.

Der neue Raum hat einen mehrdimensionalen Charakter. Das heißt, dass wir künftig fähig sein sollten, uns gleichzeitig in verschiedenen Dimensionen von Raum und Zeit zurechtzufinden. Auch diejenigen Dimensionen des Seins, die bislang unsichtbar »hinter den Kulissen« der Materie wirkten, werden von nun an auf ihre eigene Weise manifestiert. Wenn der Mensch dabei bleiben würde, sich wie heutzutage üblich nur nach seinem Verstand zu orientieren, würde er in einem solchen Raum verloren gehen. An diesem Punkt wird nachvollziehbar, warum die Erdwandlung unumgänglich tief greifende Veränderungen innerhalb des Wesens Mensch hervorruft. Mein zuletzt geschilderter Traum illustriert diesen Sachverhalt.

Mit den neuen Raumbedingungen ist das Gesamtbewusstsein der Erde dabei, ganz neue, wunderbare Möglichkeiten der menschlichen Weiterentwicklung zu erschaffen. Sie werden in meinem Traum durch die neue Bahnlinie dargestellt. Meine Person repräsentiert demgegenüber das alte, vom Verstand dominierte Bewusstsein, das die neuen Wege nicht betreten will. Stattdessen wird hartnäckig an alten Mustern und Vorstellungen festgehalten.

Der nächste bedeutsame Schritt im Erdwandlungsprozess ereignete sich nach meiner inneren Uhr zwischen dem 3. Mai und dem 27. Juni 2000, als die Erde den neuen Körper vom alten getrennt hat. Beide sind von nun an autonom, obwohl sie sich weiterhin durchdringen. Ihre Kräfte und Qualitäten sind jedoch nicht mehr vermischt.

Der Trennungsvorgang war dramatisch, da dem alten Erdkörper ein Großteil der Lebenskräfte entzogen wurde, um ihn dann auf der »neuen Erde« anzusiedeln. Deswegen mussten auch wir Menschen – was uns unbewusst blieb – einen Teil unseres Daseins an die neuen Raumverhältnisse binden. Bildlich gesprochen stehen wir seitdem mit einem Bein in der alten und mit dem anderen in der neuen Raumstruktur.

Das Problem liegt darin, dass unser Bewusstsein noch nicht realisieren kann, was sich im Unterbewussten bereits vollzogen hat. Das Bewusstsein richtet seine Aufmerksamkeit weiterhin fast ausschließlich auf die alte Erde. Dadurch wird eine gefährliche Trennung zwischen unserer mentalen Ebene einerseits und der Lebenskraftebene andererseits verursacht.

Wir steuern auf die Gefahr zu, buchstäblich auseinander gerissen zu werden.
Es handelt sich dabei um eine ernsthafte Gefahr, die nur durch eine grundlegende persönliche Wandlung überwunden werden kann. Dies ist der Grund, warum die neue Welle der Erdwandlung, von der das vorliegende Buch berichtet, mit dem Imperativ begann: »Mensch, wandle dich! Erlebe dich neu!«

Helfer stehen bereit

Angesichts einer so umfangreichen Aufgabe wie der inneren Wandlung fühlt man im ersten Moment eine bedrohliche Hilflosigkeit. Aber seien Sie getröstet! Das Erdbewusstsein bietet eine besondere Hilfe an. Es handelt sich um Elementarwesen, die durch das Gesamtbewusstsein der Erde dazu entwickelt worden sind, denjenigen Menschen zu helfen, die sich bewusst oder unbewusst entschlossen haben, die unumgänglichen Wandlungsprozesse im eigenen Innern zu akzeptieren und zu fördern.
Dieses Geschenk der Erde ist so einmalig, dass ich es nie wahrgenommen hätte, wenn seine Offenbarung nicht physisch greifbar zustande gekommen wäre. Die Offenbarung ereignete sich in Portugal in einem abgelegenen Dorf, das durch den geplanten Algarve-Stausee geflutet werden soll. Der Ort heißt Luz (»Licht«), weil sich im Mittelalter die Jungfrau Maria bei einer romanischen Wallfahrtskirche nahe des Dorfes gezeigt hatte. Auch diese alte Kirche sollte in dem Stausee verschwinden.
Anfang August 2001 war ich im Rahmen des Internationalen Friedenscamps ins portugiesische Tamera eingeladen worden. Unter anderem sollte ich einen Workshop im Bereich des zu-

künftigen Algarve-Stausees leiten. Der Workshop diente dazu, Kräfte von Gnade, Vergebung und Heilung in eine Landschaft zu leiten, die durch die hektischen Vorbereitungen für die bevorstehende Flutung schwer verletzt wurde. Ich sah zum Beispiel Tausende von uralten Korkeichen am Boden liegen, um dem größten Stausee Europas Platz zu machen.

Unter anderem wollten wir sehen, ob für die Wallfahrtskirche bei Luz etwas getan werden musste, bevor der sakrale Ort im Stausee verschwinden würde. Auf dem Weg dorthin fiel uns auf, dass wir in der Ferne durch eine hohe Gestalt, gewoben aus Lichtnebeln, begleitet wurden. Der sommerliche Himmel war sonst strahlend blau und ohne ein einziges Wölkchen. Wir dachten zuerst an eine Windhose, als wir auf die Gestalt aufmerksam wurden, aber die Atmosphäre war ruhig. Auch zeigte die Gestalt anhand ihrer exakten Dreigliederung, dass sie keine zufällige Erscheinung war, sondern eine Botschaft trug. Am oberen Ende gab es so etwas wie einen spiralig abgerundeten Kopf, darunter einen aus vielen Strängen von Lichtnebeln gewobenen Körper und unten einen spitz auslaufenden Lichtschwanz.

Auch noch später, als die Gruppe im Portikus der Kirche meditierte und Erfahrungen austauschte, war die hohe Gestalt am Himmel zu erkennen. Dann setzte plötzlich der Auflösungsprozess ein. Jemand meinte, wenn so eine Lichtgestalt sich im Mittelalter am selben Platz gezeigt hätte, wäre sie sicher als eine Erscheinung der göttlichen Jungfrau verstanden worden. Dazu würde auch der Name des Ortes passen.

Darüber hinaus musste die Wesenheit von Luz auch für mich persönlich eine Botschaft haben, denn sie zeigte sich am Tag meines Geburtstags, also an dem Tag, als ich als *ein kleines Kind* geboren wurde, sowie in einer Zeit meines Erwachsenenlebens, in der ich mich mitten in einem Prozess der selbst initiierten Wiedergeburt befand.

Der Schlüssel zu der persönlichen Botschaft wurde mir einen Monat später gegeben. Ich befand mich auf einer kleinen Insel in der Adria, wo ich jeden Sommer meine jährliche Rückzugsperiode verbringe. Das Thema, mit dem ich mich damals beschäftigte, war die persönliche Wandlung im Spiegel der gegenwärtigen Erdtransformation. Ich suchte nach einer Methode, wie ich meine Erfahrungen zum Holon Mensch und die daraus resultierenden Übungen in eine sinnvolle Ganzheit bringen konnte, um Menschen, die in ähnliche Nöte und Ungewissheiten der Wandlung geraten waren wie ich, Beistand zu leisten.

Ich gehöre zu denjenigen, die sich entschieden haben, als Vorläufer den Weg durch das Labyrinth der Wandlung auszuloten; ich sammle diesbezügliche Erfahrungen und teile sie der Öffentlichkeit mit. Dadurch hoffe ich zu erreichen, dass die anstehenden Aufgaben von allen besser bewältigt werden können. Es handelt sich ja um das Labyrinth der Wandlung, das künftig alle, die von der alten Weltstruktur zur neuen Erde gelangen möchten, auf die eine oder andere Weise durchwandern müssen.

An jenem Morgen saß ich wie gewohnt auf einer kleinen Anhöhe, wo mein unsichtbarer Freund und Meister aus der elementaren Welt namens Julius seit Jahrtausenden seinen Platz einnimmt. Ich sandte die Bitte um Rat in den Äther aus und wartete auf Antwort. Ich hatte danach gefragt, welche Quelle der Unterstützung ich meinen Mitmenschen als zuverlässig empfehlen sollte, wenn ihre Wandlung zu stocken beginnt und sie dringend Hilfe benötigen. Die Antwort lautete eindeutig, aber überraschend, dass ich mich an die Wesenheit wenden sollte, die sich in Luz gezeigt hatte.

Nun befand ich mich aber mehrere tausend Kilometer von Luz entfernt und wäre hilflos gewesen, wenn es nicht am Abend zuvor zu einer Begegnung gekommen wäre, die ich noch nicht einzuordnen vermocht hatte: In der Dämmerung war ich durch die einsame Gegend zum Platz meines Meisters auf der Anhöhe gegangen, als ich plötzlich von einer Welle von Angst überflutet worden war. Ich hatte mich dann zur

Seite gedreht, wo die Quelle dieser Furcht zu spüren gewesen war, und zwei hohe, dunkle Gestalten gesehen, die dicht nebeneinander auf der steinernen Feldmauer saßen, die ich jedesmal überklettern muss, um zu meinem Meditationsplatz zu gelangen. Mein Verstand hatte mir geraten, näher zu treten und zu schauen, ob die Furcht nicht eine einfache Ursache habe.

Ich war so dumm gewesen, dem Rat meines Verstandes zu folgen, statt mich sofort in eine meditative Haltung zu begeben und zu erspüren, ob ich nicht durch eine bestimmte Botschaft angesprochen würde. Als ich mich der Mauer genähert hatte, hatte ich feststellen können, dass dort real zwei hohe trockene Pflanzen standen, die mir im dämmrigen Licht wie zwei Wesenheiten vorgekommen waren. Der Verstand war über die Tatsache hinweggegangen, dass physische Ereignisse oder Präsenzen oft durch geistige Wesenheiten als ein Medium benutzt werden. So auch in meinem Fall.

Als ich nun, dem Ratschlag des Meisters folgend, zu den zwei trockenen Pflanzen zurückkehrte, konnte ich den Kontakt sofort aufnehmen. Es war zweifellos die Wesenheit aus Luz anwesend – aber wieso nahm ich diesmal zwei Gestalten wahr? In diesem Moment der Unsicherheit und des Zweifels erschienen hoch über mir *zwei* Krähen, die mit lautem Geschrei aufeinander stießen und dann lustige Pirouetten drehend verschwanden. Mein Zweifel war ausgeräumt.

Nun folgte die Phase des gegenseitigen Erkennens. Ich öffnete mich für die Präsenz der unbekannten Wesenheiten. Es entstand ein Gefühl, als ob innerhalb meines Körpers unzählige Feuerzungen tanzen würden und mich abtasteten. Ich spürte jedoch keine Hitze, sondern nur eine sanfte Neugier.

Danach war die Reihe an mir. Ich nahm einige Schritte Abstand, um das Phänomen »von außen« zu betrachten. Es war eine Lichtkugel wahrzunehmen, übersät mit Dreiecken, deren Spitzen nach außen emporragten. Die weitere Untersuchung zeigte, dass es sich um keine Landschaftsengel handelte, die

Die Zwillingswesenheit, eine Mischung aus Engel- und Elementarwesen, steht dem Menschen bei seiner Wandlung hilfreich zur Seite

ihre Präsenz in der Landschaft durch vertikale Lichtsäulen verankert halten. Im vorliegenden Fall könnte es sich vielmehr um Engel im Sinne des griechischen Wortes *angeloi* (»Bote«) handeln. Nicht nur die dynamische Form ihrer Kugel hatte mich darauf gebracht, sondern auch die heitere Weise, wie sie miteinander umgingen, voll von Lachen und Scherzen.

Den engen Kontakt, der inzwischen entstanden war, nutzte ich dazu, mehr über die Aufgabe der »Zwillinge« zu erfahren: Sie waren eine Art Mischwesenheiten, zusammengesetzt aus einem Engel- und einem Elementarwesenaspekt. Sie waren zwei und doch eins. Diese Einheit war möglich geworden, nachdem gewisse Stränge der Evolution der Elementarwesen durch eine tief greifende Wandlung gegangen sind.

Es handelte sich um eine Durchlichtung der elementaren Welt durch die Präsenz Christi, von der ich auch in dem Buch *Die Tochter der Erde* erzähle. Auf diese Weise haben manche Gruppen von Elementarwesen einen so hohen Grad an Liebe und Mitgefühl zum Ausdruck gebracht, dass sie fähig geworden sind, sogar die Engelqualität zu verkörpern. Das heißt, dass innerhalb eines Zwillingswesens, wie ich es durch die Offenbarung von Luz kennen gelernt habe, sowohl die Qualitäten der Engelwelt als auch die der elementaren Kräfte zu spüren sind. Das Kosmische und das Irdische werden in diesen Wesenheiten zusammengeflochten.

Die Zwillingswesenheiten werden individuell von den Menschen angezogen, die den Mut hatten, in die Wogen der inneren Wandlung einzutauchen. Sie dürfen jedoch nicht ungebeten in die persönlichen Prozesse eingreifen. Sie neigen vielmehr dazu, den betreffenden Menschen aus der Distanz zu begleiten und geduldig auf die Zeit zu warten, dass eine bewusste Mitarbeit möglich wird.

Ich stellte den Zwillingen auch die Frage, auf welchem Weg man mit ihnen ins Gespräch kommen könne. Daraufhin gaben sie zwei Zeichen. Zuerst berührten sie meine Ohrläppchen. Nach einer Weile wurde dann meine Zunge gehoben und so weit wie möglich nach hinten gedrückt.

In den Ohrläppchen befinden sich zwei winzige Chakren des Elements Feuer, und die Zwillingswesenheit steht ja, wie oben beschrieben, dem Element Feuer nahe. Die Berührung der beiden Ohrläppchen dient also als ein Erkennungscode für die Wesenheit, die gerufen wird. Dazu gehört auch das Umbiegen der Zunge, das wohl ein Symbol der Wandlung darstellt. Es entsteht eine Resonanz zum Prozess der Umstülpung, durch den der neue Raum der Erde und des Menschen vorbereitet wird.

Die Aufgabe der Zwillingswesenheit wäre, bei der Neuausgestaltung des Holons Mensch Hilfe zu leisten. Man kann sich die beschriebenen Gesten zunutze machen, um mit dem eigenen Helfer in Kontakt zu kommen und ihn bei der gerade bevorstehenden Wandlung um Hilfe zu bitten:

- Sie finden Ihre innere Stille und vergewissern sich, dass Ihr Verstand die Stand-by-Position eingenommen hat.
- Dann berühren Sie Ihre Ohrläppchen. Sie reiben sie am besten eine Weile leicht mit Daumen und Zeigefinger.
- Nun biegen Sie die Zunge für einen Moment nach hinten und öffnen sich für den Raum, der hinter Ihrem Rücken seinen Ursprung findet und von dort nach allen Seiten – auch nach vorn – ausgebreitet wird. Für ein Zwiegespräch ist nun alles vorbereitet.

Die Ursachen der Katastrophe vom 11. September 2001

Das unerwartete Geschenk der Katharsis

Die Begegnung mit der Zwillingswesenheit von Luz geschah fünf Tage nach der Katastrophe vom 11. September 2001, die die Welt erschütterte. Eine Gruppe von moslemischen Terroristen hatte fast gleichzeitig vier Passagierflugzeuge entführt. Zwei der Maschinen wurden nacheinander in die beiden Türme des World Trade Center in New York gesteuert: Eine ungeheuer große Zerstörung war die Folge.

Meine Reaktion auf das Attentat war, sofort ein Buch zu schreiben, um angesichts der zu erwartenden Feindseligkeiten zwischen der moslemischen und der christlichen Partei zu vermitteln. Daraus ist nichts geworden. Heute bin ich sicher, dass die Zwillingswesenheit an jenem Abend erneut erschienen war, um meine Aufmerksamkeit von den oberflächlichen Zusammenhängen der Katastrophe abzulenken. Dadurch wurde mein Gespür für die wahren Ursachen geöffnet.

Die Bedeutung dieser Verschiebung meiner Aufmerksamkeit wurde mir erst bewusst, als ich drei Wochen nach der Katastrophe in New York vor den Trümmern der Zwillingstürme des World Trade Center stand. Ich sah staunend auf einen gigantischen Haufen von wild ineinander verflochtenen Eisenstangen, verkrümmten Stahlbalken und Betondrähten. Eine Schar von gelben Baggern drehte sich hektisch, um das Schandmal so schnell wie möglich abzutragen. Plötzlich erinnerte ich mich, dass ich ein ähnliches Schreckensbild elf Tage vor der Katastrophe in einem Traum gesehen hatte.

Die Geschichte des Traumes beginnt mit der banalen Suche nach einem Parkplatz: Ich soll in ein hohes Bürogebäude eilen, um etwas Dringendes zu erledigen. Ich finde jedoch in der Nähe keinen Parkplatz für mein Auto. In der Not will ich das Auto für die wenigen Augenblicke auf der steilen Gebäudeauffahrt stehen lassen, obwohl ich weiß, dass das Parken dort verboten ist. Ich ziehe die Handbremse fest an, vergesse jedoch, das Fenster hochzukurbeln. Und schon bin ich weg. Nun kommt ein Mann, den ich im bewussten Leben kenne, an meinem Auto vorbei. Seine Name ist die slowenische Version des verbreiteten moslemischen Namens Suleiman. Er sieht, dass das Autofenster offen ist. Er greift durch das Fenster zu der Handbremse, löst sie und verschwindet. Das Auto beginnt langsam rückwärts zu rollen und stürzt dann über den Straßenrand in die Tiefe. Als ich zurückeile, ist das Auto verschwunden. Ich blicke über den Rand des Abgrunds und sehe nur noch einen Trümmerhaufen. Genau so einen Berg von zertrümmerten Eisenstrukturen habe ich am 3. Oktober 2001 in New York gesehen, als ich am Ground Zero stand.

Zum Verstehen des Traumes sind nicht viele zusätzliche Erklärungen notwendig. Ich sollte durch ihn offenbar über ein in Kürze bevorstehendes Geschehen informiert werden.

Am 11. September kam es dann zu dem Anschlag, bei dem die Attentäter moslemischer Herkunft die fehlerhaften Sicherheitsmaßnahmen an den Flughäfen geschickt ausnutzten. Die Angegriffenen erlebten, dass die eigene (Flugzeug-)Technik kaltblütig gegen sie selbst gerichtet wurde. Das Resultat der blitzartig ablaufenden Aktion war große Zerstörung.

Anzumerken ist, dass die konkrete Information bezüglich des zu erwartenden Geschehens durch das Gewebe des Traumes geschickt verschleiert worden war. Es verhinderte, dass ich im Sinne einer konkreten Warnung agieren konnte. Ich konnte im Voraus nicht wissen, welches Land und welche Gebäude betroffen sein würden.

Eigentlich wird durch den Traum vom 31. August 2001 klar, dass die Anschläge vom 11. September keine Zufallsereignisse waren. Außerdem war die Botschaft von einem bevor-

stehenden Ereignis von großer Tragik im Grunde schon viel früher in mein Bewusstsein gelangt.
In der Nacht nach der Offenbarung der Zwillingswesenheit von Luz, also in der Nacht vom 11. auf den 12. August 2001, als ich in Portugal weilte, erhielt ich einen verunsichernden Traum. Seine Botschaft ließ sich gar nicht in die beschriebenen persönlichen Wandlungsprozesse einordnen:
Ich lebe mit meiner Familie auf einem Plateau oberhalb einer gewaltigen Großstadt. Ohne jeden logischen Grund beginnt meine erwachsene Tochter plötzlich bitterlich zu weinen. Nach wenigen Augenblicken geht das Weinen in ein untröstliches Klagen über. Dabei beginnt sie, sich auf einem Pfad hinunter in Richtung der großen Stadt zu bewegen. Je näher sie der Stadt kommt, desto stärker und erschütternder wird ihr Heulen. Ich laufe ihr nach und versuche, sie zu trösten und dabei herauszufinden, was die Ursache für das Klagen ist. Trotz meines Bemühens bleiben mir die Gründe völlig unverständlich.
Aus der Perspektive der Katastrophe vom 11. September kann man die Botschaft des Traumes leicht verstehen. Es wurde mir offensichtlich mitgeteilt, dass ein Ereignis auf die Menschheit zukommt, auf das wir in unserem wachen Bewusstsein vollkommen unvorbereitet sind und das in seiner Tragik den Rahmen jeglicher Vorstellung sprengt.
Es kommt immer wieder vor, dass ein dramatisches Ereignis scheinbar unerwartet geschieht. Im Vorfeld gab es äußerlich keine Hinweise. Das heißt jedoch nicht, dass das Ereignis nicht schon lange vorher auf den unsichtbaren Ebenen des Seins vorbereitet worden ist. Auch die mörderischen Anschläge vom 11. September wurden jahrelang im Geheimen geplant, bis sie sich plötzlich auf der sichtbaren Ebene zeigten.
Dies bedeutet, dass die Katastrophe vom 11. September in der Nacht vom 11. auf den 12. August, als ich das erste Mal von ihr geträumt habe, schon längst ihren Anfang genommen

hatte. Wie ein Kind im Mutterleib, das kurz vor der Geburt steht, war sie im ideellen und logistischen Sinn schon fast vollständig ausgebildet. Es fehlte ihr nur noch an der endgültigen physischen Gestalt.

Wenn man die Mehrdimensionalität des Lebens begriffen hat, ist es nicht schwer zu verstehen, wie relativ leicht der »Embryo« der zukünftigen Erscheinung umgewandelt werden kann, solange er sich noch in der »vorgeburtlichen« Phase befindet und nicht in der physischen Form verfestigt ist. Es handelt sich um die »Phase der ätherischen Prägung« eines Geschehnisses. Es ist die Phase, in der das zukünftige Ereignis Gestalt annimmt. Diese ist jedoch noch »weich« (ätherisch), sodass sie umgeformt werden kann.

Wer weiß, wie viele Unglückspfeile im unsichtbaren Bereich schon auf uns zugeschnellt und in der letzten Phase vor ihrer Verkörperung von ihrem Ziel abgelenkt worden sind! Wer hat daran mitgewirkt? Ich glaube fest an die Gnade der geistigen Welt.

Wenn man die geschilderten Träume betrachtet, hatte die Phase der ätherischen Prägung der Katastrophe vom 11. September dreißig Tage gedauert. In dieser Phase wäre es noch möglich gewesen, die Katastrophe geistig umzuwandeln. Warum ist dies nicht geschehen?

Ich muss gestehen, dass mein entsprechender Versuch misslungen ist. Teilweise kann man den Misserfolg darauf zurückführen, dass mein Bewusstsein nicht genügend Klarheit über die Vorgänge in der Phase der ätherischen Prägung besaß. Erst in der Distanz vom mehr als einem Jahr konnte ich einzelne Botschaften zu der sich damals anbahnenden Katastrophe richtig einordnen.

Der Traum vom 11. August mit der klagenden Tochter markiert den Beginn der Phase der ätherischen Prägung. Der zweite Traum mit dem abgestürzten Auto deutet auf den Höhepunkt der Phase hin, in der die Katastrophe physische Form anzunehmen beginnt. Ab diesem Zeitpunkt war es nur noch binnen elf Tagen möglich, dem Prozess der Verkörperung entgegenzuwirken.

In diesem Zusammenhang möchte ich klarstellen, dass ich bei diesem »Gegenwirken« an keine quasimagische Handlung im Sinne einer Manipulation von Lebensprozessen denke. Vielmehr ist damit die Fähigkeit und Berufung des Menschen angesprochen, bei der Gestaltung der Wirklichkeit mitschöpferisch tätig zu werden. Ich bin tief davon überzeugt, dass diese Berufung zum Mitschöpfertum zum Urbild des sich stufenweise entfaltenden Wesens Mensch gehört.

In der Zeit des »Autotraumes« war ich im bayerischen Eberharting an einer Ausbildung im Rahmen der Schule für Geomantie, Hagia Chora, tätig. Erst am 3. September 2001 kehrte ich wieder nach Slowenien zurück. Als Erstes rief ich einen lieben Freund in der Schweiz an und fragte ihn, ob er mir so schnell wie möglich bei einem weltweiten Aufruf zur gemeinsamen Meditation helfen würde. Zu diesem Zweck war vor Jahren das »Lebensnetz Geomantie und Wandlung« ins Leben gerufen worden.

Ohne zu zögern, setzte ich mich an die Schreibmaschine, um die Botschaft zu formulieren. Doch dann war ich wie gelähmt. Auch meinem Freund in der Schweiz ging es ähnlich. Wir entschieden uns daraufhin, den Plan fallen zu lassen. Andernfalls hätte ich vielleicht folgende Übung vorschlagen, die an das Urbild des Christus erinnert, der das kleine Mädchen Maria im Schoß hält. Christus repräsentiert den Kern des Universums, und das Mädchen verkörpert die Weltenseele, durch die der Kern des Universums wirkt, um die Schöpfung zu schützen, zu hüten und voranzutreiben:

- Sie sind in Ihrer Mitte zentriert; Sie sind in Ihrem Holon abgerundet.
- Stellen Sie sich den Prozess, an dessen Umwandlung Sie mitwirken möchten, als eine Lichtkugel vor, die in Ihnen schwebt. Die Größe der Kugel wird sich von selbst einstellen. Achten Sie darauf, dass innerhalb der Kugel alle

Aspekte vertreten sind – energetisch, gefühlsmäßig, formbezogen –, die zu dem betreffenden Prozess gehören.
- Dann öffnen Sie leicht Ihre Hände und bitten das Kernwesen des Universums, Ihnen das kleine Mädchen hinüberzureichen. Lassen Sie dieses Wesen langsam durch Ihren Körper gleiten, bis die Weltenseele in Ihrem Rückenbereich vollständig anwesend ist.
- Danach lenken Sie Ihre Aufmerksamkeit erneut zu der Kugel. Sie stellen sich vor, dass die Präsenz der Weltenseele hinter Ihrem Rücken nach und nach in unzählige Wassertropfen versprüht wird, die immer wieder durch die Kugel strömen, um darin Wandlungsprozesse auszulösen. Anhand dieses Durchströmens wird der Inhalt der Kugel auf die Harmonien der kosmischen Ganzheit eingestimmt.
- Sie bedanken sich durch das Zusammenlegen der Hände, wodurch auch die Präsenz der Weltenseele verabschiedet wird.

Nun zurück zu der Frage, wieso es nicht möglich gewesen ist, auf das Ereignis vom 11. September umwandelnd einzuwirken, bevor es Form angenommen hat. Die Antwort auf diese Frage wurde mir durch eine parallele Schicht von Träumen mitgeteilt. Ihre Botschaft lief darauf hinaus, tiefere Zusammenhänge des Anschlags auf die Zwillingstürme von New York zu offenbaren.

Schauplatz des ersten Traumes ist ein riesengroßer Speisesaal. Menschen vieler Nationalitäten sitzen in einer langen Reihe am Boden und warten auf die Speisen. Eine Persönlichkeit von unglaublicher innerer Stärke und Ausstrahlung rutscht auf den Knien von einem Menschen zum anderen und befragt jeden nach seinen Essenswünschen. Ich spüre jedoch, dass ein damit verbundenes schwerwiegendes Problem im Raum steht. Es gelingt mir nicht, das Problem zu identifizieren, bis ich an die Reihe komme. Dann kniet die erhabene Persönlichkeit vor mir und hält einen großen Teller in der

Hand. Auf dem Teller werden all die wunderbaren, mir meist unbekannten Speisen präsentiert, die der Meister anzubieten hat. Ich selbst halte ebenfalls einen Teller in der Hand. Auf ihm befinden sich verschiedene Speisereste vom Tag zuvor. Als ich die neuen Speisen angeboten bekomme, werde ich furchtbar nervös und reagiere unentschieden. Das Angebot der neuen Speisen zieht mich innerlich an. Gleichzeitig bin ich nicht bereit, die Reste zu vergessen. Statt das Angebot des Neuen anzunehmen und das Alte loszulassen, fange ich an, die Nahrungsreste auf meinem Teller mit Hilfe einer Gabel herumzuschieben, und ich hoffe, damit etwas Platz für die neuen Speisen zu gewinnen. Ich spüre jedoch, dass meine Bemühung zu keinem bemerkenswerten Resultat führen kann. Aus meiner Verzweiflung heraus entscheide ich mich, die Nahrungsreste zu zwei separaten Haufen aufzuschichten. Rückblickend kann man das Abschlussbild mit den zwei aufgetürmten Speiseresten als ein Zeichen deuten: Der Traum gehört zu den tragischen Geschehnissen des 11. September, obwohl ich ihn schon am 1. August erhalten hatte.

Als ich erwachte, war ich bestürzt. Mein Verstand machte mir heftige Vorwürfe, dass ich an alten Projekten festhängen und keinen Platz für das Neue lassen würde, das sich durch mich manifestieren wolle. Meine Intuition war anderer Meinung: Es handelt sich nicht um persönliche Probleme, sondern um die Probleme unserer weltweiten Zivilisation. Der Traum war lediglich so komponiert, dass ich die drohende Schwierigkeit der Weltlage an meinem eigenen Körper erspüren konnte.

Die Ursache, die zu der Katastrophe vom 11. September führte, war durch die Atmosphäre des Traumes sehr genau zu erkennen. Ich spürte die dramatische Zwiespältigkeit, in der die menschliche Zivilisation zurzeit gefangen ist. Einerseits werden durch die Erdwandlung geradezu fantastische Möglichkeiten zur Weiterentwicklung der Menschheit angeboten. Andererseits klammert man sich an den alten und eingefahrenen Mustern, an bipolaren Strukturen und Hierarchiemodellen fest. Der unbedingt nötige Freiraum, in dem sich die neuen Möglichkeiten entfalten könnten, geht dadurch verloren.

Die unerträgliche Nervosität, der wir aufgrund unserer Unentschiedenheit ausgeliefert sind, wirkte wie ein Magnet, der die Katastrophe vom 11. September unwiderstehlich zu uns heranzog. Eigentlich sollte man gar nicht mehr von einer Katastrophe reden, sondern eher von einer Botschaft oder von einer Erziehungsmaßnahme.

Die Botschaft wurde durch einen zweiten Traum noch klarer zum Ausdruck gebracht. Er wurde mir am 30. August in Eberharting zuteil – zwölf Tage, bevor die zwei Flugzeuge in die Zwillingstürme prallten. Die etwas komplizierte Traumszene bezieht sich auf eine Hochzeit, die gerade vorbereitet wird:

Man hat verabredet, die Gäste mit einem Bus zu dem Ort zu fahren, wo das Hochzeitsfest stattfinden soll. Schon versammelt sich an einer Bushaltestelle die erste Hälfte der Gäste um den Vater der Braut herum. Aber die zweite Hälfte mit der Mutter der Braut fehlt noch. Man wartet und wartet. Endlich erscheint auch die zweite Hälfte der Hochzeitsgäste, aber die Mutter ist nicht dabei. Eine Frau aus der gerade eingetroffenen Gruppe kommt zu mir und erklärt mir, wo das Problem liegt. Die Mutter hat telefonisch erfahren, dass die bestellten elektrischen Öfen für die Zimmer der Hochzeitsgäste nicht rechtzeitig geliefert worden sind. Die Nachricht habe die Mutter so sehr getroffen, dass sie psychisch zusammengebrochen sei. Daran wird noch eine Erklärung angehängt, warum die Lieferung nicht geklappt hat.

Diese kurze, für das Verstehen der Ursachen der Katastrophe vom 11. September entscheidende Erklärung kann schwer ins Deutsche übersetzt werden. Die Frau, die im Traum zu mir spricht, benutzt ein Wortspiel, bei dem der Ausdruck »elekt(risch)« mit dem Vornamen des Lieferanten »Tron(telj)«

verknüpft wird. Das dadurch entstehende Wort »Elektron« kann auf ein Problem im vital-energetischen Feld hindeuten. Im Traum entscheide ich mich, die Hochzeitsgäste zu verlassen und die Mutter der Braut aufzusuchen, um die Wahrheit aus erster Hand zu erfahren. Leider ist mir der Weg nicht bekannt. Ich irre in einer Stadt umher, wo es keine Menschen auf den Straßen gibt, die mir Auskunft geben könnten. Endlich taucht auf der anderen Straßenseite eine kleine alte Frau auf. Ich laufe hin, um sie um Rat zu fragen, bin jedoch im nächsten Moment enttäuscht. Was ich vor mir sehe, ist keine Frau, sondern ein sich auf zwei Beinen bewegender Haufen von Zeitungspapier. Da beginnt sich der Haufen aufzulösen. Das Zeitungspapier wird Schicht für Schicht zur Seite geschoben, und ich blicke schließlich einer kleinen, uralten und weisen Frau in die Augen.

Noch nie habe ich die Mutter Erde so hautnah erlebt. Sie ist hässlich, von niedriger Gestalt und breit wie ein Lastwagen. Gleichzeitig ist sie schön. Ein liebevolles und humorvolles Lächeln strahlt in ihrem Gesicht. Mit einer einfachen Geste ihrer Hand deutet sie in eine bestimmte Richtung. Danach finde ich sofort den Ort, wo sich die Mutter der Braut aufhält. Dort erwartet mich ein großer Schreck: Die Mutter ist leer. Ich bin fassungslos. Ich weiß nichts anderes zu tun, als sie fest an mein Herz zu drücken. Doch es nutzt nichts. Sie ist einfach leer.

Gaia, eingewickelt in unendlich viele Schichten von Zeitungspapier, steht für die Erde, die unter der vom Menschen aufgedrängten Vernunftkontrolle leidet. Durch die Globalisierung der rationalistisch orientierten Zivilisation wird das Gesamtbewusstsein Erde in unvorstellbar viele Schichten von verstandesorientierten Systemen eingewickelt. Es handelt sich nicht nur um die unzähligen elektronischen Netzwerke der Datenübertragung, sondern vor allem um die vertrocknete, rein vom Verstand geprägte Art, wie die lebendigen Abläufe durch Menschen erdacht und verarbeitet werden. Durch

Mutter Erde erschien in meinem Traum vom 11. September 2001 eingewickelt in unzählige Schichten von Zeitungspapier und wies mir den Weg

den Einsatz von Atomkraft und Genmanipulation wird das mentale Korsett letztendlich auch den feinsten Schichten der manifestierten Welt aufgedrückt.

Andererseits ist die Wandlung des subtilen Körpers des Planeten im Rahmen der gegenwärtigen Erdveränderungen so weit fortgeschritten, dass die neue Ordnung des Erdkosmos nun reif ist, sich zu manifestieren. Es gibt die reale Möglichkeit, dass die Erde geheilt wird und die Menschheit zu einem Leben in Harmonie mit dem Kosmos zurückkehren kann. Im Fall meines Traumes wird diese glückliche Entwicklung durch die Vorbereitungen zu der Hochzeit dargestellt.

Trotzdem verharrt die Menschheit innerhalb der engen mentalen Strukturen, wodurch ihr jegliche Sensibilität für die epochale Wandlung der Erde und der Natur genommen wird. Der damit entstandene Gegensatz zwischen den Kraftfeldern der Erde und der Menschheit – in der Traumsprache werden sie »Elektronfelder« genannt – hat sich so weit verschärft, dass dem Lebensfeld ein totaler Zusammenbruch droht. Was uns Menschen betrifft, so werden wir dadurch der Gefahr des »zweiten Todes« ausgeliefert – im Traum symbolisiert durch die leere Mutter.

Mit dem Begriff des »zweiten Todes« wird in der Offenbarung des Johannes die Gefahr des vollständigen Auslöschens der seelisch-geistigen Identität des Menschen bezeichnet. Der »erste Tod« steht für den natürlichen Übergang aus einer Dimension des Seins in die andere. Der Mensch verliert zwar seinen physischen Körper, aber sein Leben wird auf der geistig-seelischen Ebene weitergeführt. Im Fall des »zweiten Todes« käme es zu einer endgültigen Löschung des Gedächtnisses, sodass der Kosmos sich nicht mehr erinnern könnte, dass ein Mensch je existiert hat.

So etwas darf nie passieren. Als eine Schutzmaßnahme und um uns in dieser Notlage vor dem Abgrund zu retten, wurde der teuflische Plan der al-Qaida-Terroristen in der Phase seiner ätherischen Prägung umgepolt. Durch die Einwirkung der

göttlichen Gnade in der Zeitspanne zwischen dem 11. August und dem 11. September wurde dem heranrollenden Zerstörungsakt ein hoch potenter positiver Same eingepflanzt.
Wird durch so eine Behauptung nicht die Gräueltat der Terroristen gerechtfertigt, was einen gefährlichen Präzedenzfall schafft?
Nein, keineswegs! Dieses Verbrechen war fraglos eine abscheuliche Tat. Die Täter müssen dafür die volle Verantwortung tragen; zu diesem Zweck gibt es weltweit klare Gesetze. Meine Behauptung steht dazu nicht im Gegensatz. Sie beruht auf Erfahrungen und dem Glauben, dass der göttlichen Gnade eine so reine Kraft und Weisheit innewohnt, dass sie fähig ist, sogar ein Verbrechen zu durchlichten und es in einen Akt der Erlösung umzuwandeln. Ich fühle mich bei dieser Aussage durch die Worte der Offenbarung des Johannes (17,17) unterstützt, die in der Übersetzung von Emil Bock lauten:
»Denn der Vatergott hat ihren Herzen einen Willen eingepflanzt, nach dem sie zuletzt doch in seinem Sinne handeln müssen. So dienen sie diesem einen (göttlichen) Sinne auch, indem sie ihr Reich in den Dienst des Tieres stellen, bis die Ziele der Worte Gottes erfüllt sein werden.«
Um der Klarheit willen möchte ich bemerken, dass in dem Zitat mit »sie« Menschen gemeint sind, die falsche Vorstellungen über den Sinn des Lebens hegen oder zerstörerische Ziele verfolgen. Ich verstehe darunter auch die Planer und Ausführenden des Attentats vom 11. September. Sie sind diejenigen, die »ihr Reich in den Dienst des Tieres stellen«.
Als ich Anfang Oktober 2001 New York besuchte, fand ich diese Möglichkeit der Umpolung des Bösen bestätigt. Wie erwähnt habe ich am 3. Oktober den Ground Zero besucht. Dabei ließ ich mich nicht von der allgemein herrschenden Neugier absorbieren, sondern achtete auf die seelische Qualität des Ortes. Es war zu meiner Überraschung das Gefühl einer ergreifenden Gnade zu spüren, das vom Ort der Tragödie ausging. Um zu erforschen, wie es trotz des verheerenden An-

blickes der Ruinen zu diesem wohltuenden Gefühl kommen konnte, öffnete ich die Augen meiner Seele.

Was ich wahrnahm, war eine Lichtpräsenz – dem Gefühl nach so hoch, wie es die beiden Türme gewesen sind –, von der die Qualität der Gnade ausging. Spontan erkannte ich in der Säule der Gnade die Präsenz der Jungfrau Maria, wobei mein Bewusstsein meinte, sie könnte gleichwohl mit der Kuan-yin der chinesischen Tradition oder mit der buddhistischer Tara gleichgesetzt werden. Maßgebend war die Qualität ihres Mitgefühls, das den Raum umgab und durchstrahlte.

Mehr über die Bedeutung dieser Säule der Gnade verstand ich zwei Monate später, als ich in Köln ein Seminar zum Thema »Selbstheilung der Erde und des Menschen« hielt. Dabei arbeiteten wir auch mit einer Übung, die ich »Die Träne der Gnade« nenne und die aus meinem Buch *Die Tochter der Erde* stammt. Bei dieser Übung wird ein Ort ausgewählt, der eine Not leidet. Die Hände werden auf die Herzebene gehoben, sodass sie einen horizontalen Kanal bilden. Danach wird die göttliche Jungfrau (die Seele des Universums) um eine Träne der Gnade gebeten, die mit Hilfe der Imagination zu dem ausgewählten Ort geleitet wird.

Eine Teilnehmerin schlug vor, dass die Gruppe die Träne der Gnade zu den Ruinen des World Trade Centers leiten solle, weil sie spüre, dass es dort noch manche Seelen der Verstorbenen gebe, die leiden würden. Ihr Vorschlag wurde angenommen, und während der folgenden Augenblicke war die Aufmerksamkeit der Gruppe auf den Ort des Anschlages in New York konzentriert.

Ich hatte bei dem Ritual eine Vision, die so überwältigend war, dass ich sie während des späteren Erfahrungsaustausches vor der Gruppe gar nicht schildern konnte. Ich brauchte mehr Zeit, um die Vision in das Gesamtbild einordnen zu können:

In dem Moment, als die Träne den Ort der Tragödie berührte, lüftete sich mir die Lichtpräsenz, die beschriebene Säule der

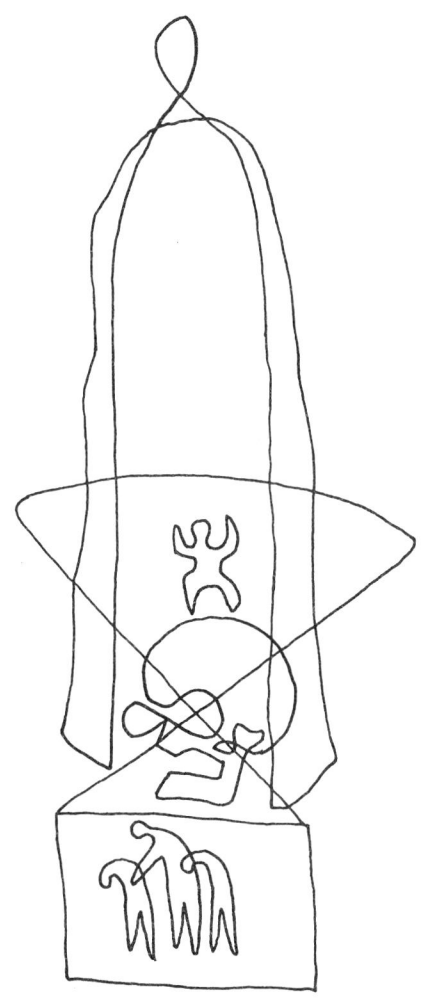

Die Gestalt der Göttin der Gnade, die mit ihrem Mantel die Ruinen des World Trade Center in New York umhüllte, hat mir das Geheimnis der Katharsis offenbart

Gnade, für einen Sekundenbruchteil wie ein Schleier. Es wurde mir ein Einblick in den Abgrund des Todes gewährt, der sich durch den Massenmord aufgetan hatte und der sonst durch den Schleier der Gnade abgemildert wird. Die Dunkelheit des Todes, die ich wahrnahm, war schwärzer als die finsterste Nacht. Die Assoziation, die ich dazu anbieten kann, ist die der Katharsis.

In der griechischen Tragödie kommt die Person, die den Helden oder die Heldin darstellt, selbstverständlich nicht wirklich zu Tode. Trotzdem wird ihr Sterben vom Publikum als eine wahre Begegnung mit dem Abgrund des Todes erlebt. Die tief erschütternde Begegnung mit dem Tod bewirkt, dass das Publikum eine innere Wandlung durchläuft. Diese Erfahrung wird Katharsis genannt. Menschen, die sie erlebt haben, kommen aus dem Theater wie neugeboren.

Um den Vorgang verstehen zu können, sollte man sich im Klaren sein, dass der »Abgrund des Todes« mit dem Pulsschlag der Ewigkeit identisch ist. Da der Mensch durch das Geborenwerden in die Welt der Materie sozusagen die Dimension der Ewigkeit verlassen muss, wird sie im Moment des Todes natürlicherweise wieder erreicht. Aus dem Blickwinkel der verkörperten Welt betrachtet, stürzt der Mensch im Augenblick seines Todes in einen dunklen Abgrund hinein. Umgekehrt wird derselbe Vorgang seitens der Seele – wie in den Berichten über Nahtoderfahrungen beschrieben – als ein seliges Sichauflösen im himmlischen Licht erlebt.

Übertragen auf das tragische Ereignis vom 11. September hieße es, dass die von Millionen Menschen weltweit erlebte Todesnähe bewirkte, dass die dichten Schichten des mentalen Bewusstseins, in die wir Menschen wie in ein Korsett eingezwängt sind, für einen Sekundenbruchteil gelüftet worden sind. Wir haben in diesem Moment alle in das Gesicht der Ewigkeit geschaut. Obwohl dies unbewusst geschah – während unser waches Bewusstsein ins Chaos und in eine extreme Ungewissheit gestürzt wurde –, ist es zu einer körperlich verankerten Erfahrung der Vollkommenheit gekommen, die nie mehr gelöscht werden kann.

Wie bei der klassischen Tragödie brauchten wir nicht alle zu sterben, damit wir die rettende Katharsis erleben konnten. Vergleichsweise wenige Menschen haben sich geopfert, damit die erforderliche Wiederverbindung innerhalb der Masse zustande kommen konnte. Auch saßen wir, die Glücklichen und Beschenkten, nicht in einem griechischen Amphitheater, sondern vor unseren Fernseh- und Radioapparaten.

Dabei wurden zweierlei Dinge erreicht. Erstens: Durch den Moment des Kontakts mit der Unendlichkeit hat die Menschheit eine Wiederverbindung mit dem Urgrund des Seins erlebt, wodurch die oben beschriebene Gefahr des »zweiten Todes« überwunden wurde. Dadurch wurde der Weg für die Fortsetzung der Wandlung von Erde und Mensch geöffnet. Ich spüre eine tiefe Dankbarkeit für jene, die ihr Leben geopfert haben, damit wir alle leben können.

Zweitens geschieht in einem solchen Fall noch etwas Wunderbares. Durch den furchtbaren Einbruch der göttlichen Kraft und Vollkommenheit werden in einem einzigen Moment Unmengen an Negativität verbrannt, die die Menschheit in sich und um sich herum angehäuft hat. Meist handelt es sich um die Last der Selbstverleugnung, die die Menschheit durch ihr Denken, Fühlen und Handeln unendlich anwachsen ließ. Man hat keine Vorstellung davon, wie viel bei diesem Drama umgewandelt und erlöst werden konnte. Auch dafür mein tiefer Dank; Ehre gebührt den Toten des 11. September.

Die Kräfte, die der Erdwandlung entgegenwirken

Durch die Katastrophe vom 11. September ist eine weitere entscheidende Wendung im Verlauf der Erdwandlung eingetreten, wofür ich unbeschreiblich dankbar bin. Die Welle der seelischen Erschütterung, die das Attentat ausgelöst hat, prallte so kraftvoll an die emotionale Ebene des Weltgebäudes, dass uns die darin versteckten Ursachen der chaotischen Weltzustände einen Moment lang vor Augen lagen. Die Kräfte, die bis zum 11. September der Wandlung der Erde und des Menschen versteckt entgegengewirkt haben, wurden gezwungen, sich als solche zu zeigen. Die Bestätigung hierfür wurde mir durch einen Traum zuteil, den ich am 22. September, elf Tage nach dem Attentat, empfing:
Ich befinde mich in einem schmutzigen, öligen Wasser, um das Duell zweier »Riesen« zu beobachten, die - bis zu den Knien im Wasser stehend - auf Leben und Tod gegeneinander kämpfen. Ein außerhalb stehender Rundfunksprecher begleitet den Kampf und schreit seinen Kommentar aufgeregt wie bei einem Fußballspiel.
Die Tatsache, dass ich das Duell aus der Tiefe des Wassers beobachte, soll wohl bestätigen, dass es neben der sichtbaren Ebene der Weltereignisse, die von den internationalen Medien ununterbrochen kommentiert werden, noch eine andere Ebene gibt. Sie umfasst Vorgänge innerhalb des emotional-energetischen Feldes (Astralfeldes) der Menschheit, die von uns gewöhnlich nicht wahrgenommen und deswegen zu wenig beachtet werden. Dort werden durch die Mächte, die aufgrund der selbstsüchtigen Triebe der Menschheit entstehen, die komplexen Ursachen des Weltgeschehens geschaffen, von denen wir im Alltag keine Ahnung haben. Was wir davon zu sehen bekommen, sind gewöhnlich nur einzelne Ereignisse, die keinen tieferen Zusammenhang preisgeben. Es handelt sich um Folgen uns unbekannt bleibender Entscheidungen,

die – losgelöst von ihren Ursachen – irgendwann in den Nachrichtensendungen auftauchen.

Nach einer Weile kommt es in meinem Traum bei der Auseinandersetzung der beiden »Riesen« zum Augenblick der Entscheidung, der meiner Ansicht nach dem 11. September gleichzusetzen ist: Der Kommentator gibt in größter Aufregung kund, dass einer der Kämpfer tödlich verwundet wurde. Dabei wird sogar sein Name ausgerufen: »Boško Hodžič«, ein bei den bosnischen Muslimen häufig vorkommender Name. Danach folgt eine absolute Stille. In dem Moment tauche ich aus dem Wasser auf, und ich sehe einen modernen Menschen am Ufer des Gewässers sitzen, in dem gekämpft wurde. Ich erkenne ihn als solchen an seinem Anzug, der frisch aus dem Kaufhaus stammt. Er greift in die Tasche, holt seine Brille heraus und setzt sie auf die Nase. Ich spüre, wie verwundert er ist, dass er plötzlich sehen kann. Von den beiden Kämpfern ist auf der äußeren Daseinsebene nichts zu spüren.

Um die Botschaft des Traumes dem Alltagsbewusstsein zugänglich zu machen, möchte ich auf die Rolle der zwei in den erbarmungslosen Kampf verwickelten »Riesen« eingehen. Sie stellen die beiden Kräfte dar, die bei der Katastrophe vom 11. September aufeinander geprallt sind. Zusammen repräsentieren sie die Macht, die der Wandlung der Erde und des Menschen entgegenwirkt.

Bei den Gegenkräften handelt es sich grundsätzlich nicht um Mächte, die an sich bösartig sind und versuchen würden, die Weltentwicklung zu torpedieren. Die Katastrophe vom 11. September hat die Gegenkräfte als zwei voneinander getrennte Aspekte des neuzeitlichen Menschen und unserer gegenwärtigen Zivilisation enthüllt.

Einerseits haben wir es mit der maßlosen Macht des Kapitals und der globalen Wirtschaft zu tun, wofür das zerstörte Zentrum der Welthandelsorganisation in New York stehen würde. Ich denke dabei an die erbarmungslose Ausnutzung der internationalen wirtschaftlichen Beziehungen mit dem Ziel der

Vermehrung von äußerer Macht und materiellem Reichtum, was weltweit zur Ausbeutung einzelner Individuen und ganzer Kulturen führt. Der Motor ist dabei ein Bewusstsein, das sich ausschließlich auf die Verstandeskräfte des Menschen beruft und dabei eine mentale Reinheit vortäuscht, indem es die logische Nachvollziehbarkeit seiner Vorstellungsmuster betont. Dabei wird die dem Herzensgefühl zugängliche Tatsache verdeckt, dass es sich um eine extreme Entfremdung gegenüber der Lebensganzheit handelt, durch die die Träger und gleichzeitig Gefangenen dieses verkapselten egozentrischen Bewusstseins emotional leiden. Dieses Leid wird durch wissenschaftliche und technische Errungenschaften verdeckt, die die Menschen faszinieren und gleichzeitig noch tiefer in die eigene Entfremdung hineinführen. Die Kybernetik ist ein Beispiel dafür.

Andererseits haben wir es mit Menschen zu tun, die in ihrer Hingabe und in ihrem Denken und Handeln absolut und exklusiv ihrem Gott ergeben sind und sich selbst als Gotteskrieger betrachten – zum Beispiel die Terroristen von Al Qaida oder der Fatah-Organisation. Sie merken nicht, dass sie sich in ihrer Hingabe auf einen Gott beziehen, der ihren eigenen Gottesvorstellungen entwachsen ist und der in seiner Eigenart durch ihre eigenen Intentionen bestimmt wird. Es handelt sich, wie bei dem oben beschriebenen Gegenpol, um einen Trick des verstandesorientierten Denkens, durch das der neuzeitliche Mensch – der »Mensch des eisernen Zeitalters« – gekennzeichnet ist. Er vermag nicht zu unterscheiden, ob seine religiöse Verbindung sich auf die Urquelle allen Seins bezieht oder auf die Vorstellungsmuster von der Urquelle, die »seine« Religion im Rahmen ihrer Theologie festgelegt hat.

Gerechterweise muss ich betonen, dass nicht nur der Islam, sondern auch das Christentum der gleichen Zwiespältigkeit der mentalen Entfremdung unterliegt, ganz zu schweigen vom Judentum. Alle drei Weltreligionen sind Kinder des »eisernen Zeitalters«.

Man sollte sich außerdem im Klaren sein, dass es sich bei der Vernunftkontrolle nicht nur um eine moderne, durch die Aufklärung des 18. Jahrhunderts geförderte Entwicklung handelt. Vielmehr haben wir es mit einer Entwicklung zu tun, der sich nur die so genannten Urvölker entziehen können, solange sie von der »Zivilisation« unberührt bleiben. Die Entwicklung im seit drei Jahrtausenden währenden »eisernen Zeitalter« zielt darauf ab, dass wir stufenweise lernen sollen, unsere innere Selbstständigkeit im Leben zu verwirklichen.

Zum »eisernen Zeitalter« gehört auch ein riesiger Schatten, den wir durch den Missbrauch der Qualitäten hervorgerufen haben, die unserer Selbstständigkeit und Freiheit innewohnen. Dem Schatten, der durch den Vorgang der Menschwerdung hervorgebracht wird, entspringt letztendlich die Gegenkraft, die sich heute der wesentlichen Wandlung des Menschen und der Erde entgegenstemmt. Diese Gegenkraft wird in den prophetischen Aussagen der Offenbarung des Johannes durch zwei voneinander getrennte Aspekte dargestellt – genauso, wie sie sich durch den Anschlag vom 11. September kundtat. Beide Aspekte verkörpern jedoch ein und dasselbe Prinzip und kooperieren auch miteinander. Es handelt sich einerseits um ein Tier, das aus dem Meer emporstieg. »Das hatte zehn Hörner und sieben Häupter und trug auf den Hörnern zehn Kronen, und auf seinen Häuptern standen Namen der Feindschaft gegen den Geist.« Andererseits geht es um den Aspekt des falschen Propheten, der aus der Erde emporstieg: »... und hatte zwei Hörner, sodass er ähnlich aussah wie ein Lamm, aber seine Sprache war wie die eines Drachen.«

Dass die beiden Polaritäten unseres schizophren auseinander geratenen Normalbewusstseins am 11. September aufeinander prallten und sich dadurch als solche offenbarten, war ein gewaltiger Schock für uns alle – unabhängig davon, ob diese schockierende Botschaft später bewusst verarbeitet worden ist oder darauf einfach nur emotional reagiert wurde. Die verblüffende Mischung aus List, technischem Know-how und

Gewalt, durch die das Attentat ausgeführt wurde, zeugt davon, dass die beiden Polaritäten auf eine bewusste oder unbewusste Weise kooperierten, um sich letztendlich gegenseitig eine tödliche Wunde zu schlagen.

Zurück zum Traum vom Kampf zweier Riesen: Seiner letzten Sequenz wohnt eine Botschaft inne. Sie besagt, dass dem Weltgeschehen von nun an eine neue Dimension gegeben wurde, die nicht übersehen werden darf. Ich denke an das abschließende Traumbild, das den modernen Menschen zeigt, der, gefangen in seinem vom Verstand geprägten Bewusstsein, ganz allein am Ufer der äußeren Welt sitzt. Er weiß nichts von dem, was unten im öligen Wasser – in den unsichtbaren Bereichen der astralen Welt – vor sich geht. Dort wird um die Herrschaft über die Welt gekämpft. Die völlig auseinander geratenen Polaritäten des modernen Bewusstseins kämpfen verbissen gegeneinander, um die Herrschaft über eine Welt zu erlangen, die es *nicht mehr gibt.*

Wieso soll es diese Welt nicht mehr geben, die wir doch nach wie vor um uns herum sehen können?

Wir ahnen es längst, aber wir alle scheuen vor dieser Wahrheit zurück: Durch die sich ständig verschärfende Konzentration auf die lineare Zeit, die in den letzten Jahrzehnten ins Extrem getrieben worden ist, sind wir – eine weltweit verbreitete Zivilisation – dabei, die letzten Kontakte mit der Wirklichkeitsentfaltung zu verlieren.

Wie bereits dargestellt, hat die Erde im Verlauf ihrer Wandlung die für uns gewohnten Grundlagen ihres Daseins schon verlassen und neue aufgebaut. Sie ist dabei, die Qualität der Zeit und die Ausdehnungen des Raumes in eine neue Dimension hinüberzuleiten. Der (post-)moderne Mensch bleibt jedoch in seine Raum- und Zeitvorstellungen verkapselt, die aus der Evolution bereits ausgeschieden sind. Ist diese Situation für das Wesen Mensch nicht äußerst gefährlich? Nicht umsonst wurden wir vor der Gefahr des »zweiten Todes« gewarnt.

Ein Adler, das amerikanische Wappentier, mit gebrochener Wirbelsäule setzte sich auf meinen Kopf und krallte sich dort fest

In diesem Zusammenhang wird deutlich, dass seelisch erschütternde Ereignisse wie die vom 11. September eine Hilfe darstellen können. Sie treten in einem bestimmten Rhythmus immer wieder ein, um die Menschen aufzurütteln und aus ihrer Verkapselung in der falschen Zeit zu holen. Der Repräsentant des modernen Menschen, der sich am Ende meines Traumes die Brille aufsetzt, will mir sagen: Diese Unglücksfälle helfen mir, damit ich innerlich wieder Verbindung mit der Realität aufnehmen kann. Und erneut sollte man den Toten des 11. September danken und sie ehren.

Als ich neun Tage nach dem Attentat angesichts der gefährlichen Weltlage vor die Wahl gestellt wurde, in die USA zu fliegen oder nicht, wurde mir ein Traum geschenkt, durch den meine Ängste ausgeräumt wurden. Seine Botschaft bezieht sich auf die beunruhigenden Folgen des Attentats. Dazu zählen die verschärfte Kontrolle der Lebensvorgänge seitens des Verstandes, die Beschneidung von Bürgerrechten und letztlich der Krieg in Afghanistan:

Ein großer Adler lässt sich auf meinem Kopf nieder. Zu meinem Erstaunen ist er jedoch zahm wie eine Henne. Er macht sich klein und presst sich so dicht wie möglich an meinen Kopf. Dabei rutschen seine Flügel so tief herab, dass sie mir die Sicht zu verdecken drohen. Immer wieder muss ich die Federn zur Seite schieben, um sehen zu können. Es gibt aber keine Anzeichen dafür, dass der Adler meinen Kopf je wieder verlassen will. Es scheint, als ob er bei mir am besten aufgehoben wäre. Er stößt seine Krallen so tief in meine Kopfhaut hinein, dass sie noch lange schmerzte, nachdem ich erwacht war.

Wie lautet die Botschaft des Traumes, wenn man sie in die logische Sprache übersetzt?

Den Kräften, die der Wandlung der Erde und des Menschen dadurch entgegenarbeiten, dass sie die alten Muster zu bewahren versuchen, wurde durch den Zusammenprall ihrer Polaritäten am 11. September ihre reale Macht entzogen. Es ist zwar möglich, dass sie seitdem ihre vermeintliche Übermacht noch konsequenter zur Schau stellen werden. Es wäre aber ein Fehler, wenn man dieser Machtdemonstration mehr Aufmerksamkeit schenken würde als nötig. Es wäre sinnlos, gegenüber den Kräften, die die alten Muster fortschreiben, in Furcht zu verfallen oder sich in Auseinandersetzungen mit ihnen zu verwickeln. Anders gesagt: Nur weil die Mehrheit der Menschen an ihre Existenz glaubt und den Symbolen ihrer Macht entweder huldigt oder sie bekämpft, bleiben die Gegenkräfte präsent.

Welche Alternative gibt es? Wie kann man sich nach und nach dem Zwang entziehen, bei der Wiederbelebung von etwas mitzuwirken, das es nicht mehr gibt?

Es bestehen verschiedene Möglichkeiten. Es ist der Intuition oder Kreativität jedes Einzelnen überlassen zu entscheiden, welche Richtung im gegebenen Moment eingeschlagen wird. Es gibt keine festen Regeln, an die man sich halten müsste. Hier meine Empfehlungen:

- Wir sollten lernen, auf die Stimme der eigenen ewigen Seele zu hören und ihrer Führung zu folgen. Sie offenbart sich durch die holografische Sprache der Ereignisse, die unser Leben unerwartet durchlichten oder gar erschüttern. Sie offenbart ihre Botschaft durch Träume der Nacht oder Intuitionen des hellen Tages. Ihre Stimme ist durch Herzimpulse wahrnehmbar oder durch die innere Stille. Um einer weiteren Katastrophe wie der vom 11. September vorzubeugen, sollten wir lernen, der Stimme der Seele – der Ewigkeit in uns – Gehör zu schenken, und dadurch vermeiden, dass ihre segensvolle Präsenz im privaten und beruflichen Leben unterdrückt wird. Dazu wurden im vorangegangenen Kapitel verschiedene Übungen vorgeschlagen, die auf dem Urbild des inneren Kindes basieren.
- Es sollte weiterhin an der eigenen Wiederverbindung gearbeitet werden und an der Vervollständigung des persönlichen Holons. Im Anhang wird ab Seite 265 eine Reihe von

Übungen vorgestellt, die helfen können, der eigenen Ganzheit in Übereinstimmung mit dem Urbild des kosmischen Holons des Menschen entgegenzustreben. Vor allem heißt es zu üben, die eigene Mitte zu finden und darin verankert zu bleiben, in welcher Situation man sich auch gerade befinden mag. Die Katastrophe vom 11. September lehrt, dass wir künftig mit Umständen konfrontiert werden können, die die Masse in ein emotionales und energetisches Chaos stürzen. Den katastrophalen Folgen für das Erdgleichgewicht und für die persönliche Stabilität kann nur dadurch vorgebeugt werden, dass in solchen Momenten weltweit eine große Zahl von Individuen ihre innere Stille bewahrt und in der eigenen Mitte zentriert bleibt.

- Außerdem sollten wir uns darum bemühen, dass die Synthese der emotionalen und mentalen Kräfte und Intentionen vorankommt. Bildlich gesprochen geht es um die erneuerte Kommunikation zwischen Kopf und Bauch, die ihre Synergie im Herzen finden. Es geht um die Synthese von Himmel und Erde in uns. Wenn wir nach und nach dazu fähig werden, dass durch unsere Gedanken geliebt und durch unsere Gefühle imaginiert wird, dann ist die tödliche Kluft überbrückt, die uns zu selbstmörderischen Taten treibt wie die vom 11. September. Der Mensch wird im Kraftfeld des eigenen Herzens geerdet und spürt, was wahr und was nicht wahr ist. Er ist ermächtigt, das Leben zu schützen und zu bewahren.

Nach der Katastrophe: die innere Neuorganisation des Menschen

Der kosmische Doppelgänger

Die vergangenen fünf Jahre waren nach meiner Überzeugung die schicksalhafteste Zeit für die zukünftige Entwicklung von uns Menschen und der Erde. In diesem Zusammenhang spreche ich auch von der Wandlung des genetischen Codes. Es könnte bedeuten, dass durch die Einwirkung einer unbekannten Kraft die archetypischen Muster der Erde und des Menschen während der Jahre 1998 bis 2002 so tief greifend verändert worden sind, dass die weitere Entwicklung ganz andere Wege nehmen wird, als wir es uns heute vorstellen können.
Meine Intuition ist jedoch mit der Bezeichnung »Wandlung des genetischen Codes« nicht zufrieden gewesen. Sie hat als Ergänzung eine völlig andersartige Sprache und Begrifflichkeit vorgeschlagen, um die Botschaft der letzten fünf Jahre zu beschreiben. Vergleichen wir sie mit dem historisch belegten öffentlichen Wirken von Jesus Christus, das zwar nur drei Jahre währte, aber durch das der Gang der Weltgeschichte vollständig verändert wurde. Dennoch blieben die Person und die erstaunlichen Lehren und Taten von Jesus Christus von den zeitgenössischen Geschichtsschreibern fast unbemerkt.
In meinem Buch *Erdsysteme und Christuskraft* habe ich versucht, den Einfluss von Jesus Christus auf die Entwicklungsgeschichte der Erde von der zu engen Verflechtung mit der historischen Persönlichkeit des Jesus von Nazareth so weit wie möglich zu lösen. Dadurch sollte erfahrbar werden, dass Christus eine Kraft des kosmischen Bewusstseins darstellt, die frei ist von irgendwelchen Persönlichkeitsmerkmalen und da-

durch von allen Menschen erfahren werden kann. Seit Urzeiten setzt sie sich selbstlos ein, um die Evolution des Menschen zu fördern und sie in Richtung innere Freiheit und Individuation zu lenken. Sie braucht dazu nicht einmal namentlich mit Christus in Verbindung gebracht zu werden. Andere Kulturen mögen andere Namen für dieselbe kosmische Kraft verwenden. Von Buddhisten wird sie zum Beispiel in der Gestalt des Buddha Maitreya verehrt. Es handelt sich also um eine subjektiv-objektive Kraft des Universums, die – einem Stern ähnlich – sich immer wieder der Erde und der Menschheit nähert, um in den Schlüsselmomenten unserer Evolution wirksam zu werden. Sie zielt darauf ab, das gegebene Urmuster unserer Entwicklung, unseren genetischen Code, zu wandeln und zu erneuern. Auf eine schicksalhafte Weise löst sie dadurch neue Impulse aus.

Die Menschen haben unterschiedliche Mythen und Theologien entwickelt, durch die die rhythmische Einwirkung der »Christuskraft« dem Denken der jeweiligen Kultur oder Epoche vermittelt wird. In diesem Zusammenhang wurde innerhalb der westlichen Kultur ein Mythos geboren, der von einer »zweiten Erscheinung Christi« erzählt. Der Mythos besagt, dass so etwas Besonderes wie die nur dreijährige Phase öffentlicher Tätigkeit Jesu Christi – die nur wenige Menschen damals miterlebt haben – wieder geschehen wird. Der Mythos von der »zweiten Erscheinung« lässt sich auf eine Textstelle am Anfang der Apostelgeschichte zurückführen. Es sind die Worte eines Engels in Menschengestalt. Er spricht zu den Jüngern Jesu Christi, nachdem sie den Aufstieg ihres Meisters in die himmlische Höhen beobachtet haben: »Männer aus Galiläa, was steht ihr hier und starrt gen Himmel? Dieser Jesus, der vor euren Augen weggenommen wurde, wird auf dieselbe Weise wiederkommen, wie ihr ihn zum Himmel auffahren saht.«

Damit wird ausgesagt, dass es sich bei der Erscheinung Christi um kein einmaliges Ereignis handelte. Stattdessen wird auf die nächste Annäherung des »kosmischen Sterns« an die Menschheit hingewiesen, des Sterns, den ich Christuskraft nenne.

An diesem Punkt kam es zu einer gewaltigen Reaktion seitens meiner inneren Stimme. Es schien mir, als würde ich von einem Blitz getroffen. Einen Moment lang wurde alles schwarz vor meinen Augen. Ich erhielt so etwas wie eine geistige Ohrfeige. Was mag das gewesen sein?

Mein Verstand hatte sofort eine Antwort parat und beschuldigte mich, dass ich in einen unhaltbaren Gegensatz hineingeraten sei: Wie könne ich nur von einer »zweiten Erscheinung Christi« reden, die sich von außen, aus der Breite des Universums vollzieht, denn dadurch würde ich meine Bemühungen um einen Austausch mit dem inneren Kind entwerten. Hatte ich etwa die Übung vergessen, bei der man das Christuskind aus der Hand der göttlichen Mutter empfängt, um es durch die Umstülpung im eigenen Innern aufleben zu lassen? Wir haben es dabei doch mit einer Übung zu tun, durch die die wahre Erscheinung Christi *erlebt* wird. Nur in einem solchen Fall bekommt die Erfahrung einen persönlichen Wert und kann dadurch erfolgreich in der eigenen Herzmitte verwurzelt werden.

Halt! Hier gibt es keinen Gegensatz. Die persönliche innere Erfahrung hat Vorrang. Aber es könnte sie nicht geben, wenn ihr nicht ein kosmischer Impuls voranginge. Auch bei der geschilderten Übung wird das innere Kind, sprich: das höhere Selbst, zuerst aus der Hand der Göttin empfangen – sozusagen von außen –, um durch den Prozess der Wandlung verinnerlicht zu werden. Also gibt es auch bei der geschilderten Übung keine Trennung zwischen Außen und Innen, sondern eine gegenseitige Befruchtung.

Daraufhin zündete ich eine Kerze an und begab mich in die innere Stille. Ich hoffte zu erfahren, worauf meine innere Stimme hinweisen wollte. Ich wurde daran erinnert, dass ich im Jahr 2001 schon eine Andeutung erlebt hatte, die mit der

Erwartung der »zweiten Erscheinung Christi« zu tun hat. Es wurde mir im Grunde das Geheimnis preisgegeben, welchen Weg die »zweite Erscheinung« einschlagen könnte, um die totale Kontrolle des Verstandes zu umgehen.

Darin liegt der Hauptproblem: Die Kontrolle des Verstandes – sei es auf der individuellen oder auf der globalen Ebene – ist so umfassend geworden, dass sogar vergleichbar mächtige Impulse wie jener der »zweiten Erscheinung« einen Umweg finden müssen. Diese verblüffende und gleichzeitig traurige Tatsache wird heute vom Bewusstsein vollständig außer Acht gelassen.

Die Botschaft, dass es innerhalb der seelischen Landschaft jedes einzelnen Menschen einen verborgenen Weg der »zweiten Erscheinung« gibt, wurde mir durch einen seltsamen Traum zugeflüstert, den ich achtzehn Tage nach der Katastrophe vom 11. September empfangen habe. Es ging dabei um den 29. September, den Tag, der dem Erzengel Michael geweiht ist.

Schauplatz des Traumes war wieder unser Familienhaus. Dies deutete darauf hin, dass es grundsätzlich um einen persönlichen Prozess ging: Ich stehe vor dem Haus und bin höchst verwundert, einen Mönch in schwarzer Kutte zu sehen, der sich mir nähert. Er fragt mich freundlich, ob ich bereit sei, ein Gelände geomantisch zu untersuchen, wo er sein Kloster bauen wolle. Meine Verwunderung wächst dadurch noch mehr, da sich das Kloster nie zuvor für meine geomantische Arbeit interessiert hat. Durch den letzten Gedanken ertappe ich mich dabei, dass ich etwas über das Kloster weiß.

In der Realität gibt es in unserer Gegend weit und breit keine Spur von einem Kloster. Und doch weiß ich intuitiv seit den drei Jahrzehnten, die wir hier wohnen, dass in der unmittelbaren Nachbarschaft unseres Hauses ein christliches Kloster existiert. Genauer gesagt, ich hatte Kenntnis von der parallelen Realität einer Klosterfamilie in unserer Nähe und wollte gleichzeitig nichts davon wissen.

Zurück zum Traum: Ich bin mit meiner Frau unterwegs zu einer hundert Kilometer entfernten Stadt, um meine Eltern zu besuchen. Und siehe da, der Mönch erklärt, dass er ebenfalls beabsichtige, in diese Stadt zu reisen. Es bleibt uns nichts anderes übrig, als ihn einzuladen, in unseren silberfarbigen Wagen einzusteigen und mit uns zu fahren. Während der langen Fahrt nimmt der geheimnisvolle Mönch den Sitz genau hinter mir ein. Dieser Umstand und das erregende Gefühl einer engen Verwandtschaft zwischen uns lassen mich ahnen, dass es um einen verschollenen Aspekt von mir selbst geht. Diese Ahnung ist der Anlass, mich plötzlich umzudrehen und ihn zu fragen, ob er mein Buch *Erdsysteme und Christuskraft* kenne. Zu meiner erneuten Verwunderung sagt er in überzeugender Weise, dass er nicht nur den Titel kenne, sondern das Buch auch gelesen und interessant gefunden habe.

Rückblickend sehe ich in diesem Dialog den entscheidenden Schlüssel zur Deutung des Traumes. Dadurch wurde bestätigt, dass es sich beim Mönch um einen Repräsentanten der kosmischen Kraft handelt, die ich mit der erneut erscheinenden Christuspräsenz gleichsetze. Dazu kommt das ergreifende Gefühl, dass der schwarz gekleidete, hinter meinem Rücken sitzende Mönch ein »Doppelgänger« von mir selbst sein könnte. Die Vorahnung dieser aufregenden, im Moment noch nicht verstandenen Zusammenhänge inspiriert mich im Traum dazu, mich immer wieder zum Mönch umzudrehen und ihm weitere Fragen zu stellen. Dabei ärgert mich fürchterlich, dass er stets von neuem versucht, das Gespräch auf die geomantische Erforschung des Klostergeländes zurückzubringen. Das Thema gehört nicht zu den Dingen, die mich im Moment inspirieren. Bald erreichen wir die Stadtgrenze. Erneut drehe ich mich um und sage dem Mönch abrupt, er möge hier aussteigen und seinen Weg selbst suchen. Um meine Unhöflichkeit zu rechtfertigen, fange ich an, dummes Zeug über die Bedeutung unseres bevorstehenden Besuches bei meinen Eltern zu reden.

An dieser Stelle sollte ich darauf hinweisen, dass das Thema des Traumes keine unmittelbare Fortsetzung der Prozesse darstellt, die durch die Katastrophe vom 11. September ausgelöst worden sind. Erneut geschah etwas, das bei der gegenwärtigen Erdwandlung immer wieder vorkommt: Ein bestimmtes Kapitel der Veränderungen wird eingeleitet, die ersten Schritte werden vollzogen, und schon wird ein neues Thema angeschnitten oder ein früheres Kapitel wieder aufgegriffen. Währenddessen läuft der zuvor initiierte Prozess wohl auf seiner Ebene weiter und wird erst während einer späteren Phase wieder herangezogen und weiterentwickelt. Solange man nicht lernt, diesem Zickzackkurs zu folgen, verliert man sich immer wieder im Labyrinth der Wandlung.

Das ist in diesem Fall auch mir geschehen. Erst gewisse Ereignisse der folgenden Monate brachten mich der Deutung des Traumes näher. Beispielsweise kam nach einem Vortrag in Norddeutschland eine junge Frau auf mich zu und bedankte sich in einer höchst rührenden Weise. Sie sei schwer krank gewesen, und ich sei über mehrere Monaten hinweg öfter bei ihr erschienen und habe sie liebevoll auf den Weg der Heilung geführt. Ich war bestürzt und sagte, dass ich keine Ahnung davon habe, irgendwo als ein Heiler aufgetreten zu sein.

Ein anderes Beispiel: Ein unbekanntes älteres Ehepaar, das mindestens tausend Kilometer von mir entfernt wohnt, schrieb mir, dass ich an einem bestimmten Tag um 16.30 Uhr bei ihnen erschienen sei und sie gebeten habe, mir Informationen zur Welt der Elementarwesen zur Verfügung zu stellen, die sie tatsächlich besitzen.

Es war kein Zufall, dass solche Überraschungen genau in den Monaten nach dem oben beschriebenen Traum auftraten – und später nicht mehr. Es handelte sich um eine Art verzögerte Deutung des Traumes, bei der man mich wissen ließ, dass der Traum sich auf die Bewusstwerdung eines bestimmten Aspekts des Wesens Mensch bezieht, der – ob wir es wol-

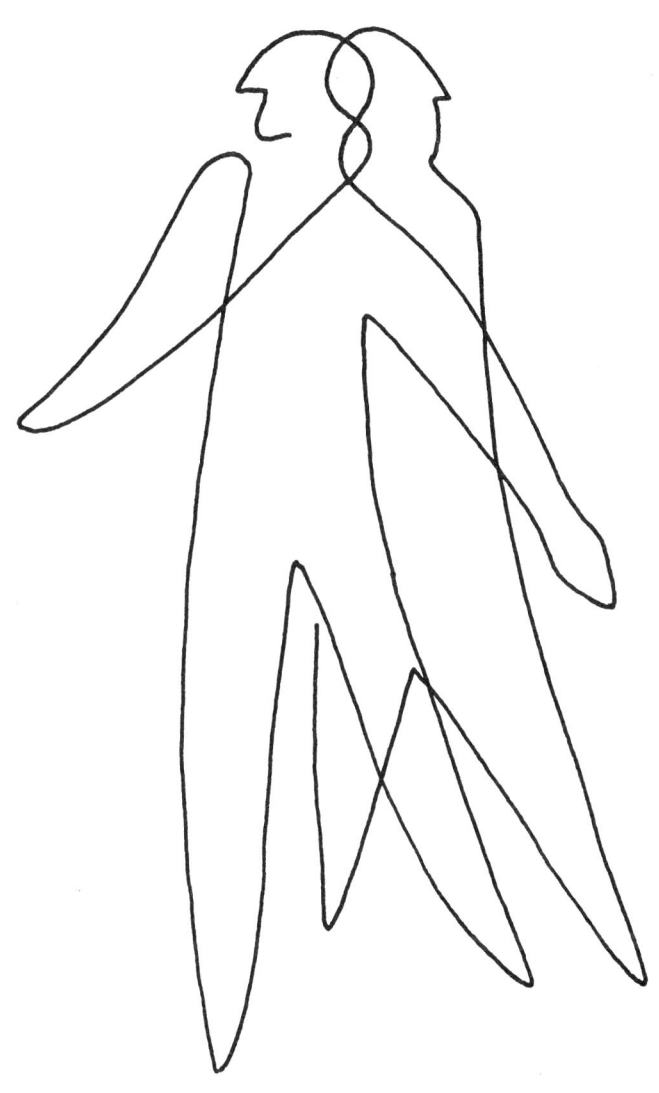

Der Mensch und sein kosmischer Doppelgänger

len oder nicht – sein eigenes Leben führt. Es wäre meines Erachtens am besten, hierbei vom kosmischen Doppelgänger des Menschen oder von seiner Zwillingsseele zu reden. Es gibt dafür auch noch einen anderen Ausdruck, den die Theosophie eingeführt hat: Man spricht vom Kausalkörper des Menschen, in den das kosmische Wissen eingebettet ist, das der Mensch auf seinem Weg in die Verkörperung mit sich trägt.

Im Fall meines Traumes wurde jedoch deutlich gemacht, dass es nicht nur um die verschollenen Dimensionen des Bewusstseins geht. Es handelt sich vielmehr um die Wiedererkennung eines wesentlichen Teiles des Menschen, der während der modernen Entwicklung aus unserer Gesamtheit ausgeschlossen wurde und, einem Schatten ähnlich, »hinter dem Rücken« unserer Existenz wohnt.

Diese Wohnung »hinter dem eigenen Rücken« wird im Traum als Kloster dargestellt. Das heißt, dass es sich genau um den Teil des Wesens Mensch handelt, der in die ständig sich erneuernde Beziehung zum Göttlichen und zu der Ganzheit des Lebens einbezogen sein sollte. Das Attribut »kosmisch« wäre hier angemessen.

Die Traumbotschaft macht deutlich, dass der abgetrennte »Mönch« in uns ab sofort nicht mehr damit einverstanden ist, ausgeklammert zu sein. Durch den Zyklus der Erdveränderungen ist es so weit gekommen, dass er anfängt, lebendiges Interesse an der aktuellen Entwicklung der Weltlage zu zeigen. Mehr noch: Der aus der Erinnerung verdrängte Mönch hat sich im Traum mir und meiner Frau bei der Autofahrt zu meinem *Geburtsort* aufgedrängt. Er möchte vielleicht sogar *verkörpert* werden.

Hier liegt begründet, warum ich am liebsten von einem kosmischen Doppelgänger rede. Es geht nicht nur um unsere persönlichen Kräfte oder Qualitäten, die in das wache Bewusstsein integriert werden möchten. Es handelt sich vielmehr um einen Bestandteil von uns selbst, der sich bei der Geburt nicht

Lassen Sie Ihren kosmischen Doppelgänger durch Ihren Körper gleiten, und schauen Sie ihm in die Augen

mit verkörpern konnte, weil die gewohnte Struktur des Menschen dies nicht erlaubt. Bei den Kindern, die in den letzten Jahren geboren worden sind, mag das bereits anders sein. Was jedoch den Mönch meines Traumes betrifft, so musste er bei dem Geburtsvorgang im unsichtbaren Bereich des Lebens – im ätherischen Bereich – zurückbleiben; er muss sein Leben auf der ätherischen Ebene parallel zu seinem physischen Doppelgänger führen.

Wenn ich von der »zweiten Erscheinung Christi« spreche, beziehe ich mich auf die geradezu fantastische Möglichkeit, dass durch den Prozess der Verkörperung des kosmischen Doppelgängers des Menschen die Urkraft des Universums, die wir im Westen Christus nennen, sich wieder verkörpern könnte. Es wird sich dabei wohl um keine übliche Art von Verkörperung handeln, sondern um die Bereitschaft unsererseits, den »Christus hinter unserem Rücken« an unserem Wandlungsprozess und an der Neugestaltung des Wesens Mensch mitschöpferisch teilhaben zu lassen.

Um genau zu verstehen, was ich mit den Ausdrücken »kosmischer Doppelgänger«, »Zwillingsseele« oder »Christus hinter unserem Rücken« meine, könnte man sich der folgenden Übung bedienen und auf die Qualität und Kraft achten, die sich dabei zeigen:

- Sie suchen einen ruhigen, friedlichen Platz auf, um sich in die innere Stille zu vertiefen. Sie stellen sich vor, dass hinter Ihrem Rücken eine Ihnen ähnliche Person sitzt – und zwar sitzen Sie Rücken an Rücken.
- Nun lassen Sie diesen kosmischen Doppelgänger durch Ihren Körper gleiten – einem Hauch ähnlich –, sodass er vor Ihnen erscheint. Schauen Sie ihm in die Augen, und lassen Sie anfangs seine Präsenz innerhalb Ihres Holons einfach nur zu.
- Indem Sie sich so gegenübersitzen, bilden Sie beide einen abgerundeten Raum, der in der Mitte zwischen Ihnen sein Zentrum hat.

- Nun führen Sie seine und Ihre Gestalt in Ihrer Imagination gleichzeitig durch diese Mitte hindurch. Es kommt dadurch zu einer Umstülpung des Raumes. Lassen Sie die Präsenz des umgestülpten Raumes sich ausbreiten – so weit, wie sie möchte –, und spüren Sie ihrer Qualität nach.
- Versuchen Sie, sie so tief wie möglich zu verkörpern.

Mit dieser Übung sollten Sie sich so intensiv vertraut machen, bis Sie das Gefühl eines wesentlich erweiterten Holons verspüren. Es handelt sich um einen Quantensprung, bei dem der Mensch des üblichen Holons, den wir im ersten Kapitel des Buches behandelt haben, um eine Stufe weiter, tiefer und höher wird. Es kann eine atemberaubende Erfahrung werden. Können wir diese Spannweite überhaupt mit dem uns gegebenen Körper verkraften? Müssten wir nicht sterben, um die gewaltige Ausdehnung zu erleben, die sich hier bietet?

Die verschollenen Energiekanäle

Glücklicherweise braucht man nicht zu sterben, um die hier dargestellten Dimensionen des eigenen Wesens zu verwirklichen. Der vital-energetische Körper des Menschen hält dazu alle erforderlichen Möglichkeiten bereit. Wir sind mit ätherischen Energiesystemen ausgestattet, die im unsichtbaren Bereich nur so lange brachliegen, bis die Zeit herangereift ist, sie zu gebrauchen. Es ist der gewaltige Prozess der Erdwandlung, der darauf drängt, dass sie sich zeigen. So wie die meisten von uns würde auch ich nichts von den verborgenen Dimensionen des menschlichen Körpers wissen, wenn ich nicht durch einen seltsamen Traum vom 30. November 2001 wachgerüttelt worden wäre:
Ich werde von einem ungewöhnlichen Mann eingeladen, ihn

auf einer Entdeckungsreise zu begleiten. Schon fahren wir mit seinem Geländewagen eine Landstraße entlang. Das einzige Aufregende ist das Gefühl großer Erwartung. Wir erreichen ein enges Tal, das sich zwischen hohen Bergen hinzieht. Die Straße führt den steilen Hang entlang und wird plötzlich so eng, dass unser Wagen nur zur Hälfte draufpasst. Der Fahrer lässt sich davon keineswegs stören, sondern fährt unbekümmert weiter. Aus meinem Blickwinkel kann ich beobachten, dass der Wagen nur noch mit den rechten zwei Rädern auf der Fahrbahn fährt. Die linken zwei drehen sich einfach in der Luft. Seltsamerweise wird unsere Fahrgeschwindigkeit dadurch nicht beeinflusst.

Rückblickend sind die Zeichen klar zu deuten: Es wird mir mitgeteilt, dass mein Fahrer kein gewöhnlicher Mensch ist, sondern ein Botschafter der geistigen Welt. Aufgrund der besonderen Kraft, mit der sich die zwei rechten Räder in den weichen Boden des Hanges hineingekrallt haben, könnte man sogar behaupten, dass es sich um einen Meister des Erdgeistes handelt, einen Meister, der der Welt der Elementarwesen entstammt.

Im Traum erreichen wir die Mündung einer engen, tiefen und steilen Schlucht. Meine Erwartung, der Fahrer würde hier halten, damit wir aussteigen und die Schlucht zu Fuß erforschen könnten, wird nicht erfüllt. Obwohl kein Weg mehr auszumachen ist, fährt er mit demselben hohen Tempo in die dunkle Schlucht hinein. Wir folgen einfach dem Bett eines schon längst ausgetrockneten Flusses, der einmal die Schlucht mit seinem wilden Rauschen belebt haben musste. Unser Wagen ist ein offener Jeep, sodass ich frei umherblicken kann. Es entgeht mir nicht, dass die gewaltige Schlucht eigentlich einen in Stein gehauenen Kanal darstellt. Ich frage mich, welche von den vergangenen Kulturen mächtig genug war, um so eine gigantische Arbeit zu vollbringen. Spätere Rückführungen in die Geschichte des Traumes haben gezeigt, dass es sich dabei um ein seltsames Zusammenwirken der Natur und der damaligen Kultur handelte. Bezogen auf den menschlichen Energiekörper würde dies heißen, dass es ein Energiekanal von brachliegender Potenz im feinstofflichen Körper war. Einige alte Kulturen haben Kenntnis davon gehabt und durch geistige Schulung und Initiationsrituale eine Aktivierung dieses Energiekanals erreicht, um ihn für die Weiterentwicklung des Menschen bewusst zu nutzen.

Im Traum kippt mein anfängliches Staunen nun in ein Angstgefühl um. Ich befürchte zuerst, im trockenen Flussbett könnten Steinblöcke liegen, die den Weg versperren. Aber nichts dergleichen passiert. Statt mich der Ruhe und der inneren Sicherheit des Fahrers zu überlassen, überkommt mich sofort eine andere Befürchtung. Ich habe Angst, dass irgendwo im oberen Flussbereich eine Schleuse geöffnet werden könnte, sodass wir plötzlich von einer Flutwelle überschwemmt werden.

Die Ängste, die mich überfallen, zeugen davon, dass während der späteren Epochen der Menschheitsentwicklung das Wissen vom geheimnisvollen Energiekanal tabuisiert wurde. Offensichtlich wurden Menschen sogar auf grausame Weise bestraft, wenn sie es wagten, die Kraftpotenziale des verbotenen Kanals umzusetzen. Daher stammt meine Angst – aus dem kollektiven Unterbewusstsein. Möglicherweise hat eine gesellschaftliche Elite die Vorteile des verbotenen Energiekanals weiter genutzt, um ihre irdische Übermacht zu festigen, und gleichzeitig den Mitmenschen den Zugang dazu verwehrt.

Während ich im Traum über die Schattenaspekte des neu entdeckten Energiekanals nachdenke, erreichen wir das Ende unseres Weges. Das Auto wird abrupt zum Stillstand gebracht. Wir stehen vor dem in Stein gemeißelten Eingangstor des alten Kanals. Der Eingang ist durch Eisengitter verbarrikadiert. Es gibt keine Chance, dort hindurchzukommen. Sind wir gezwungen, umzukehren und denselben Weg zurückzufahren? Während ich darüber nachgrüble, spähe ich durch die Eisengitter. Enttäuscht muss ich feststellen, dass der Kanal in eine banale Vorstadtstraße mündet. Es ist spät abends, die Straße ist schwach beleuchtet. Der Straßenverkehr ist nicht sehr intensiv; einige Fußgänger sind zu sehen. Ein Mann fährt auf einem alten Fahrrad vorbei.

Der Traum offenbart mir, dass der neu entdeckte Energiekanal kein esoterisches Geheimnis darstellt, wie ich anfangs dachte, sondern mit der Kraft und Durchlichtung des täglichen Lebens zu tun hat. Die Aura des Geheimnisvollen, die ihn umgibt, beruht lediglich darauf, dass seine Existenz aus dem Bewusstsein der Menschen verbannt wurde und er dadurch in Vergessenheit geriet.

Es ist in der Tat ein solcher Energiekanal beim Menschen bekannt. Er verläuft vertikal entlang der Wirbelsäule und verbindet dadurch die kosmische mit der irdischen Ebene in uns. Doch aufgrund des Traumgeschehens dürfte es sich nicht um diesen Kanal handeln. In unserem Fall haben wir es eher mit einem horizontalen Energiekanal zu tun.

Um herauszufinden, wo sich der verschollene Energiekanal im Körper befindet, versuchte ich in einer Meditation, den in meinem Traum dargestellten Weg zu der Schlucht des Kanals am eigenen Körper nachzuvollziehen. Übungen dieser Art gebrauche ich oft, um mit Hilfe der Resonanzen am eigenen Körper eine gegebene Landschaft zu entschlüsseln.

Ich legte mich also hin und versenkte mich in die innere Stille. Danach vergegenwärtigte ich mir die Landschaftsbilder des Traumes und ließ sie um mich herumschweben. Meine Aufmerksamkeit war auf mögliche Resonanzen gerichtet, die an meinem Körper spürbar würden. Ich suchte Entsprechungen zwischen den Stationen des im Traum geschilderten Weges und verschiedenen Körperzonen.

Bald wurde mir klar, dass der geistige Meister mich an meinem Scheitel abgeholt hat und in sein Auto hat einsteigen lassen. Das Kronen-Chakra, das sich dort befindet, ist eines unserer Energiezentren und für die Kommunikation mit der geistigen Welt zuständig.

Der erste Abschnitt des Weges, bei dem wir einer normalen Straße folgten, führt mich in der Meditation an der Körperoberfläche hinunter bis zum Solarplexus-Chakra.
Am Rand des Bauchbereichs angelangt, kam es im Traum zu einer Potenzierung der treibenden Kraft: Wir fuhren von nun an auf zwei Rädern weiter. Übertragen auf den Körper führt der Weg entlang des Bauches, an der Geschlechtszone vorbei, und er verschwindet zwischen den Beinen.
An diesem Punkt meinte ich im Traum, verloren gegangen zu sein. Mein Begleiter am Lenkrad kannte jedoch keine Verwirrung. Entsprechend werde ich im Rahmen meiner Übung in den Bereich hinter meinem Rücken geführt. Dort im leeren Raum, hinter dem Kreuzbein, befindet sich der von mir gesuchte Punkt, an dem wir in die große Schlucht eingetreten sind.
Im ersten Augenblick bin ich enttäuscht. Was könnte sich im Leerraum hinter dem Rücken schon Interessantes finden? Gibt es an diesem Punkt eine Entsprechung zu dem Eingang in die gewaltige Schlucht, den ich aus meinem Traum kannte?
Ja, es gibt sie – unter der Bedingung, dass man den eigenen kosmischen Doppelgänger in die Betrachtung einbezieht.
Zunächst sollte man die Wirbelsäule als die zentrale Achse des Körpers sehen. An dieser Achse erstrecken sich zwei Körper des Menschen, und nicht nur einer. Der Vorderraum wird durch den physisch inkarnierten Menschenkörper eingenommen und der hintere Raum durch den ätherischen Körper seines kosmischen Doppelgängers. Sie lehnen Rücken an Rücken. Die Komposition erinnert an siamesische Zwillinge: Zu zweit rotieren sie um den Energiekanal, der entlang der Wirbelsäule verläuft.
Die große Schlucht beginnt demnach mitten im Bauchbereich des kosmischen Doppelgängers. Sein Bauch stellt den Speicher der Urkräfte dar, aus dem unsere Lebensvorgänge ihren Treibstoff beziehen. Es handelt sich um jene unerschöpfliche

unterirdische Schatzkammer, von der die Märchen und Mythen unzähliger Völker und Kulturen erzählen. Sie ist nicht in einem entrückten, verzauberten Schloss zu suchen, sondern sie liegt unendlich nah: hinter dem eigenen Rücken. Ihre Existenz wurde lediglich während der letzten Jahrtausende aus unserer Erinnerung gelöscht und in die Märchenwelt verbannt.

Die Fahrt am vertrockneten Fluss entlang entspräche dem Verlauf des gesuchten Energiekanals. Am Körper dargestellt, verläuft er von der Mitte des Bauchraumes des Doppelgängers bis zu einem bestimmten Punkt zwischen dem Nabel und dem Geschlecht des physischen Körpers. Dort befindet sich jenes mit Eisengittern versehene Tor zum Alltag. Von hier aus sollte sich die Urkraft des Lebens in unser alltägliches kreatives Leben frei ergießen können. Auf diese Weise wäre es möglich, das ersehnte Himmelreich auf Erden zu verwirklichen. Die in der Form von Eisengittern dargestellten Blockaden erlauben dies jedoch nicht. Dadurch wird unser Leben nur mit den Urkraftpartikeln genährt, denen es gelingt, durch die Eisengitter zu gelangen. Als Folge davon sind wir Menschen gezwungen, unser Dasein auf eine mehr oder weniger eingeschränkte Weise zu fristen. Aber hier steht ein grundsätzlicher Wandel bevor.

Aufgrund der beschriebenen Meditation habe ich eine Übung zur Erfahrung und Aktivierung des entdeckten Lendenkanals entworfen. Vor allem geht es darum, die Blockaden abzubauen, die die Ausgießung der Lebensfülle in uns verhindern. Es wird dabei mit der heilenden Kraft des Atems und verschiedener Farben gearbeitet. Weitere Übungen dazu sind im Anhang zusammengefasst.

- Sie finden Ihre innere Stille, während Sie stehen, sitzen oder liegen. Sie verbinden sich durch Ihr Kronen-Chakra mit der Qualität des Kosmos.
- *Erste Einatmung:* Sie nehmen den ersten Atemzug aus der Mitte des Universums; er ist mit der Farbe *Weiß* verbunden.

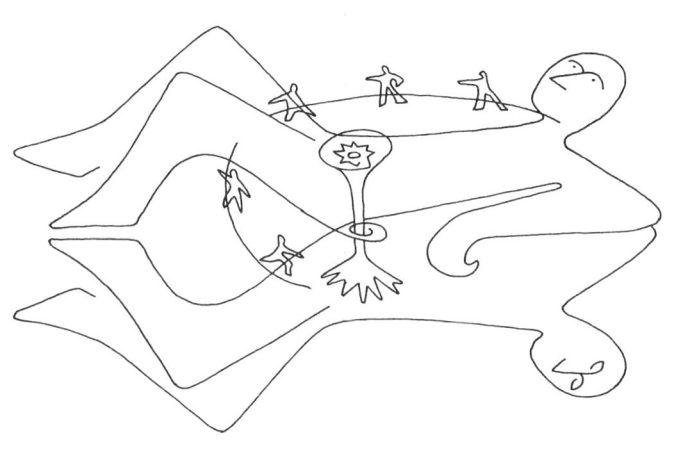

Der Weg, der mich in meinem Traum zur Entdeckung des Lendenkanals führte

Sie führen ihn den Körper hinunter bis zum Solarplexus-Chakra.
- *Erste Ausatmung:* Beim Ausatmen bekommt der Atem die Farbe *Goldgelb*. Sie führen den Strom der Ausatmung oberhalb des Bauchbereichs nach unten und zwischen den Beinen hindurch bis zu dem Punkt hinter Ihrem Rücken, wo der Lendenkanal beginnt (er befindet sich mitten im Bauchbereich des kosmischen Doppelgängers).
- An diesem Punkt beginnt die *zweite Einatmung*. Der Strom des Atems wird jetzt *grün* gefärbt, um die Regeneration des Lendenkanals anzuregen. Sie führen den Strom der Einatmung vom Beginn bis zum Ausfluss des Lendenkanals, der sich vor Ihrem Körper auf der Höhe zwischen Nabel und Geschlecht befindet.
- An diesem Punkt wird ausgeatmet, und bei der *zweiten Ausatmung* bekommt der Atem die Farbe *Violett*, um an der Umwandlung der erwähnten Blockaden zu wirken. Der violette Atemstrom soll durch Ihr ganzes Holon geführt und dabei verwirbelt werden.
- *Dritte Einatmung:* Der Strom wird ins Herz eingeatmet und dabei in die Vollkommenheit der Farbe *Weiß* umgewandelt. Dadurch wird die im ganzen Holon verstreute Kraft des Atems wieder gesammelt.
- *Dritte Ausatmung:* Der Impuls wird durch den Hinterkopf zurück in den Kosmos ausgeatmet. Es gibt keine Farbe mehr, sondern eine kristallartige Klarheit, die dem Urraum der Ewigkeit entspricht.

Die Wiederentdeckung des Lendenkanals öffnet eine neue Dimension. Eine entsprechende Andeutung gab es bereits im ersten Kapitel über das Holon des Menschen. Dort wurde von der Bedeutung der Beziehung zwischen dem Rückenraum und dem vorderen Raum gesprochen.

Mit der Entdeckung des kosmischen Doppelgängers wird dieser horizontalen Beziehung eine geistig-seelische Dimension hinzugefügt. Durch die erneuerte Kommunikation zwischen den verkörperten und den ätherischen Aspekten des Wesens Mensch wird diese in Zusammenhang mit der zweiten Erscheinung Christi erwähnte Dimension nach und nach zur Entfaltung gebracht.

Nun kommt der Lendenkanal hinzu. Auch in diesem Fall handelt es sich um eine horizontale Beziehung zwischen dem Energiekörper des Doppelgängers, der im Ätherischen verweilt, und dem inkarnierten Menschen, der voll im Leben steht. Diesmal hat die Beziehung jedoch eher einen vitalenergetischen Charakter. Mit dem Begriff des Lendenkanals ist die Vorstellung eines freien Austauschs der Lebenskraft zwischen den beiden Polen unseres Wesens verbunden.

Das Gesamtbewusstsein Erde hat offensichtlich mit Erfolg den tiefen Riss genutzt, den die Katastrophe vom 11. September im mentalen Panzer des menschlichen Bewusstseins erzeugt hat. Manches konnte durch diese Öffnung aus der Vergessenheit geholt werden. Eine Reihe von Träumen, die ich im Dezember 2001 erhalten habe, zeugt davon, dass es darunter zusätzlich zu den oben besprochenen noch weitere Kostbarkeiten gibt.

Schon der erste Traum dieser Reihe vom 7. Dezember ist in seiner Aussage sehr klar: Meine Frau und ich haben die Absicht, nach Monfalcone zu reisen – wobei man wissen sollte, dass Monfalcone eine unattraktive Industriestadt an der Adriaküste in der Nähe von Triest ist. Mich erreicht die Nachricht, dass in unserem Hafen ein Boot ankert, das auf dem Weg nach Monfalcone ist. Also laufe ich zum Hafen hinunter, um den Kapitän zu fragen, ob er uns mitnimmt. Die Matrosen machen auf mich einen merkwürdigen Eindruck. Sie erklären mir, dass es sich um einen Hörfehler handele. Sie würden nicht nach Monfalcone segeln, sondern nach Montserrat – zu dem spanischen Wallfahrtsort, der für seine schwarze Madonna berühmt ist. Die Matrosen flüstern mir zu, dass sie uns im Übrigen gar nicht an Bord nehmen dürften, da ihre Aufgabe darin bestehe, die Königin und den König heimlich nach Montserrat zu bringen. Mir wird schwarz vor Augen, denn die einzige Möglichkeit, die uns nun übrig bleibt, ist die langsame und mühsame Busfahrt auf schlechten Straßen, wobei man viele Male umsteigen muss.

Die Botschaft des Traumes drückt sich durch Gegensatzpaare aus. Im Gegensatz zum mühsamen Weg auf holpriger Strecke über Land steht der bequeme Weg auf der Wasserstraße. Die Industriestadt Monfalcone stellt einen krassen Gegensatz zum Wallfahrtsort Montserrat dar. Mir und meiner Frau stehen der König und die Königin gegenüber.

Anhand der Spannung zwischen den Gegensätzen wurde ich auf eine höhere Ebene jenseits der üblichen Wege der Kommunikation aufmerksam gemacht. Das Symbol des königlichen Paares hat mich dazu gebracht, die neue Ebene im Bereich des Kronen-Chakras zu suchen, also im Kopfbereich.

Die übrigen Träume des Zyklus haben die Enttäuschung und trostlose Perspektive, mit denen der geschilderte Traum endet, noch verschlimmert. Es kam zu einer ernsthaften Warnung, die besagte, dass die zurzeit genutzten Wege der Kommunikation im Laufe der sich ausweitenden Erdwandlung unbrauchbar werden. Um der totalen Vereinzelung und der daraus resultierenden Panik vorzubeugen, sollten sich die Menschen schon jetzt mit einer neuen Möglichkeit der Kommunikation vertraut machen, die entlang eines vergessenen Kanals verläuft, der horizontal durch die Mitte des Kopfes angelegt ist.

Es ist gut vorstellbar, dass es zwischen dem Dritten Auge (Stirn-Chakra) und dem Hinterkopf tatsächlich einen Lichtkanal gibt. Mindestens zwei Punkte eines solchen Kraftweges sind bekannt. Das Kraftzentrum des Dritten Auges ermöglicht die ganzheitliche Schau. Das Chakra am Hinterkopf ist für die Beziehung zur geistigen Welt und zur Sphäre der Verstorbenen zuständig. Diese beiden Chakren machen jedoch nicht den gesamten Energiekanal aus. Der Tunnel reicht weiter in den hinter dem Kopf gelegenen Bereich hinein und schließt die Sphäre des kosmischen Doppelgängers ein.

Zur weiteren Entschlüsselung der Traumbotschaften wurde mir im Traum vom 26. Dezember 2002 die Wand eines Hauses im Schnitt gezeigt: Das tragende Element ist eine solide Steinwand im Hintergrund. Vorn ist die Putzschicht der Fassade angebracht. Dazwischen sehe ich schwere Bausteine gestapelt, die dort nichts zu suchen haben. Plötzlich öffnet sich der Untergrund, und die Erde verschlingt die Steine. Die Blockade, die die Verbindung zwischen den beiden Schichten der Wand verhinderte, ist verschwunden. Es kommt zu einer Fusion der tragenden Wand und ihrer Fassade. Dabei wird die Steifheit der beiden Elemente überwunden. Sie schmelzen zu einer Lichtwand zusammen, die für eine Kommunikation durchlässig ist.

Die solide Steinwand repräsentiert den ätherischen Körper des Doppelgängers, in unserem Fall wohl seinen Kopfbereich. Darin sind die Erinnerungen an die Millionen von Jahren unserer persönlichen Evolution abgelegt. Es handelt sich um einen Speicher des kosmischen Gedächtnisses, der die Erfahrungen der vergangenen Leben aufbewahrt. Dazu gehört auch das Wissen, das wir uns während des geistigen Studiums in den Zeiten zwischen den Inkarnationen angeeignet haben. Wie hilfreich wäre es in den Zeiten der Transformation für jeden von uns, Zugang zum kosmischen Gedächtnis zu haben, um sich im Labyrinth der Wandlung besser zurechtzufinden!

Die Fassade, wie sie in meinem Traum vorkam, steht für unser waches und nach außen kommunizierendes Bewusstsein. Die dazwischen aufgestapelten Bausteine symbolisieren die Blockade, die es uns nicht erlaubt, die Schatzkammer des eigenen kosmischen Gedächtnisses zu betreten und das dort gespeicherte Wissen mit dem wachen Bewusstsein zu verbinden. Um am Abbau dieser Blockade arbeiten zu können, biete ich die folgende Übung an:

- Sie sind in Ihrer Ganzheit präsent, gut geerdet und in der Mitte des Kopfes zentriert.
- Sie verwandeln die physische Form des Kopfes in eine Lichtkugel. Sie repräsentiert von nun an das Holon Ihres Kopfes.
- Sie stellen sich nun vor, dass Sie das Holon Ihres Kopfes ganz vorsichtig mit den Händen vom Hals nehmen. Sie bringen es ganz langsam nach vorn vor die Brust und stellen es zum Schluss in Ihren Herzraum hinein.
- Sie lassen die Lichtkugel Ihres Kopfes so lange in Ihrer Mitte verweilen, bis sie mit der Herzkraft vollständig durchflutet ist.
- Dann lassen Sie die Lichtkugel des Kopfes leicht wie eine Seifenblase aufsteigen, bis sie wieder eins mit dem physischen Kopf wird.

Bezüglich der Wandlungen innerhalb des Holons Mensch könnte man die Situation am Endes des Jahres 2001 wie folgt schildern: Statt des vertikalen Kanals, der zwischen Wurzel- und Kronen-Chakra verläuft, werden zwei horizontale Energiekanäle wiedererweckt und darauf vorbereitet, Träger der Evolution des Menschen zu sein. Zum einen handelt es sich um den Lendenkanal, der auf der physischen Ebene durch die Geschlechtsorgane vertreten wird. Thema ist hierbei jedoch weder ausschließlich die Fortpflanzungsfähigkeit noch die sexuelle Kraft im herkömmlichen Sinn des Wortes. Integriert sind darin auch die geistigen und emotionalen Ebenen, also haben wir es mit derselben Kraft zu tun, durch die künstlerische, spielerische und allgemein kreative Impulse zustande kommen. Dies ist das wunderbare Neue: Es gibt keine Trennung mehr zwischen oben und unten, zwischen profan und sakral. Der Lendenkanal umspannt das ganze Spektrum vom Geistigen bis zum Physischen.

Dasselbe kann man zum anderen auch für den Stirnkanal sagen. Sein Ausdrucksbereich auf der physischen Ebene ist der

Kehlkopf. Er steuert die Fähigkeit des Menschen, seine Gefühle, Gedanken und Intuitionen in Sprache umzusetzen. Jedoch auch beim Stirnkanal handelt es sich nicht nur um die Fähigkeit, nach außen zu kommunizieren und soziale Beziehungen zu pflegen. Ebenso bedeutsam ist die Möglichkeit, dass man durch den Stirnkanal zur Tiefe der kosmischen Erinnerung gelangen kann, um von dort geistiges Wissen zu beziehen.

Weihnachten 2001 wurde ich mit einem Traum beschenkt, der die neue Organisation des Holons Mensch am besten charakterisiert: Der Traum erinnert mich an die Sage von den sieben Himmeln, und schon werden mir die sieben Himmel als übereinander gestapelte Lichtreiche gezeigt. Danach werden feierlich die Worte »Der achte Himmel« ausgesprochen – und der achte Himmel beginnt sich oberhalb der vertikalen Achse der sieben Himmel auszudehnen. Es entsteht so etwas wie das Tau-Kreuz, bei dem die Vertikale von einer Horizontale gekrönt wird.

Man kann von einer Horizontalisierung der Energiesysteme beim Wesen Mensch ausgehen. Die hierarchische vertikale Ordnung wird zugunsten von mehreren horizontal ausgedehnten Systemen gestürzt. Diese beruhen auf der Freiheit der Wahl statt auf hierarchischen Abhängigkeiten. Wie bei einem Regenbogen wird das ganze Spektrum der möglichen Farben von einem Pol zum anderen entlang der horizontalen Achse angeordnet.

Allerdings handelt es sich dabei nicht um einen Kampf zwischen der alten und der neuen Ordnung. Auch beim »alten« Energiekanal, der die sieben Chakren untereinander verbindet, wird ein horizontaler Charakter erlebbar. Es gibt eine einfache Übung, um ihn zu erfahren:

- Legen Sie sich hin, und erlauben Sie sich, Ihren vertikalen Energiekanal in seiner horizontalen Ausdehnung zu erfahren. Wenn man liegt, wird die Vertikale natürlicherweise zu einer Horizontale. Umgekehrt werden der Lenden- und der

Stirnkanal dadurch in eine vertikale Lage gebracht. Hören Sie Ihren Tiefen und Ihren Höhen zu.

Das Herz ist die Mitte

Die Umwandlung des Holons Mensch ist ohne das Herzzentrum nicht denkbar. Man könnte analog zum Lenden- und Stirnkanal auch von einem Herzkanal sprechen. Zu den Chakren entlang eines solchen Kanals würden gehören:
- *das Herzzentrum mitten im Körper des kosmischen Doppelgängers*
  Es handelt sich um das Wurzel-Chakra des Herzkanals, einen Bereich, aus dem der Herzkanal »die Kraft der ursprünglichen Liebe« (so der Ausdruck im ersten Sendschreiben der Offenbarung des Johannes) bezieht. Damit ist die urbildliche (göttliche) Dimension der Liebe gemeint.
- *das Herz-Chakra der bekannten sieben Chakren*
  Es stellt einen individuellen Generator der Liebeskraft dar, der nach dem holografischen Prinzip gleichzeitig ein Fraktal des Herzens der universellen Göttin ist.
- *das Herzzentrum vor der Brust*
  Dieses Herzzentrum liegt außerhalb des physischen Körpers und ist in das emotionale Energiefeld des Menschen eingebettet. Seine Aufgabe besteht darin, die erzeugte Liebeskraft nach außen zu tragen und sie in der Welt zum Ausdruck zu bringen.

Ich möchte eine Übung vorstellen, durch die man die Qualitäten des eigenen Herzkanals erfahren kann. Die Übung wurde durch eine vom Sturm gefällte Tanne in Järna, Schweden, inspiriert. Es mag die letzte Botschaft ihres Lebens gewesen sein. Die relativ junge Tanne wuchs auf einem breiten Felsen

und besaß dadurch nur ein sehr flaches Wurzelwerk, das einem Mandala glich. Nachdem der Baum vom Wind umgestürzt worden war, stand das prächtige Mandala seines Wurzelwerkes aufrecht:
- Stellen Sie sich ein mandalaförmiges Wurzelwerk vor, das sich aus der Herzmitte Ihres kosmischen Doppelgängers ausdehnt. Es hält Sie in der Qualität der urbildlichen Liebe verankert, deren Quelle in der Herzmitte Ihres kosmischen Zwillings zu finden ist.
- Aus der Mitte des Wurzelwerks wächst horizontal der Energiekanal hervor, der dem Stamm eines liegenden Baumes gleicht. Seine Krone wird in Ihrer Herzmitte gebildet – eine dichte Baumkrone, die von innen her grün durchflutet ist.
- Nach einiger Zeit beginnt aus der Mitte der Baumkrone ein Blütenstängel nach vorn zu wachsen. Im Bereich vor Ihrer Brust entfaltet er eine wundersame Blüte in Form eines Mandalas. Sie verströmt ihren »Duft« durch Ihren Lebensraum hindurch.

Die Organisation des neuen Menschen könnte man sich folglich als ein Kreuz mit drei horizontalen Balken vorstellen. Die vertikale Achse des Kreuzes steht für die Beziehung zwischen Himmel und Erde in uns, das heißt zwischen dem Kronen- und dem Wurzel-Chakra. Die drei horizontalen Balken entsprechen den drei neu entdeckten Energiekanälen: dem Lenden-, Herz- und Stirnkanal.

Das Modell des Kreuzes mit drei horizontalen Balken wurde im folgenden Frühjahr in Kapernaum, am Ufer des Sees Genezareth, auf die Probe gestellt. Ende März 2002 hatte ich mich zusammen mit einer Gruppe von Israelis eine Woche lang mit Erdheilungsprojekten beschäftigt, vor allem innerhalb der Stadtlandschaft von Jerusalem. Am Tag vor dem Abflug, als meine Arbeit beendet war, fühlte ich mich frei, einen Ort meiner Wahl zu besuchen. Ich entschied mich für die Rui-

nen der Synagoge von Kapernaum, wo den Evangelien zufolge Jesus Christus gelehrt und geheilt hat.
Dabei ging es nicht um mein Interesse an biblischer Geschichte. Meine Entscheidung, Kapernaum zu besuchen, fußte auf den Erfahrungen des vorangegangenen Jahres, als ich zusammen mit meiner Tochter und Mitarbeiterin Ana Pogačnik-Meier eine geomantische Reise geleitet hatte, die von Ägypten über die Wüste Sinai bis zum See Genezareth und schließlich nach Jerusalem geführt hatte. Während der Tage am See Genezareth, wo wir verschiedene heilige Orte besucht hatten, vertiefte ich mich mehrmals in das Holon des Sees. Dabei wurde meine Wahrnehmung stets von neuem bestätigt, dass über dem See eine gewaltige Lichtkugel schwebt. Meine Intuition flüsterte mir zu, dass aus dieser sonnenartigen Kugel heraus die ätherische Präsenz Christi wirkt. Die Kräfte und Qualitäten, die während seines Lehrens in Palästina freigesetzt worden sind, werden im Gedächtnis dieser Kugel aufbewahrt und weiter kultiviert.
Es ist natürlich richtig, dass die Christuskraft – beziehungsweise das kosmische Bewusstsein, das wir im Westen Christus nennen – seit zwei Jahrtausenden auf Erden nicht mehr physisch verkörpert ist. Ihr Einfluss ist jedoch nie vollständig aus den Lebensströmen der Erde und der Menschheit verschwunden. Ein weltweites System solcher miteinander verkoppelter ätherischer Kugeln ermöglicht der Christuskraft, dem Christusbewusstsein, noch heutzutage einen wohltuenden Einfluss auf die Erd- und Menschheitsentwicklung auszuüben.
Aufgrund der holografischen Beziehung zwischen dem Körper der Erde und dem Körper jedes einzelnen Menschen könnte man das System der ätherischen Kugeln mit dem kosmischen Doppelgänger des Menschen vergleichen. Ähnlich wie die kugelartigen Zentren unserer unmittelbaren Erfahrung entrückt zu sein scheinen – und zwar dadurch, dass sie hoch über der Erdoberfläche schweben –, wird der kosmische Doppelgänger hinter unserem Rücken »versteckt«.

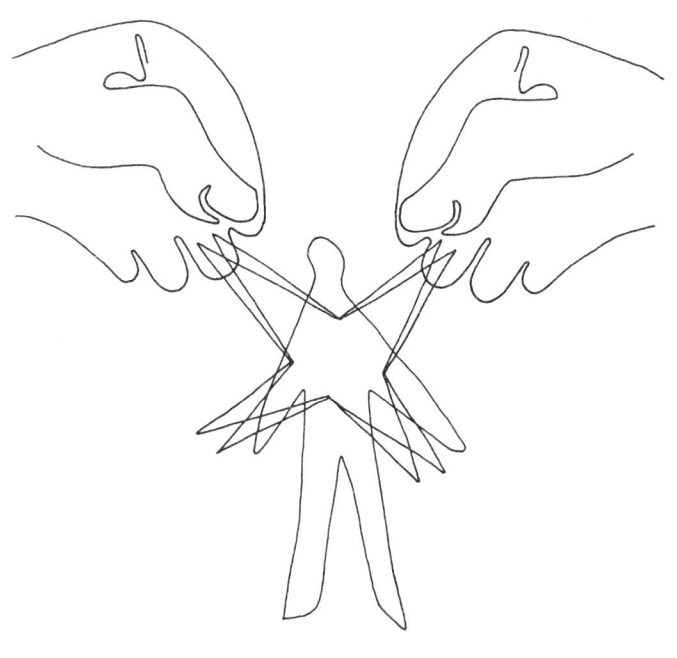

Die Erweiterung des Herzkanals, die ich erlebte, als ich in Kapernaum am Ufer des Sees Genezareth stand

Als ich am Morgen des 25. März 2002 am Ufer des Sees Genezareth stand, entschloss ich mich, mein Modell der Neuorganisation des menschlichen Energiekörpers einer Prüfung zu unterziehen. Zuerst baute ich eine Herzbeziehung zu der ätherischen Kugel oberhalb des Sees auf, um mich mit der darin wohnenden Präsenz Christi zu verbinden. Danach imaginierte ich an meinem Körper den vertikalen Energiekanal zusammen mit den drei horizontalen Balken der erwähnten kreuzartigen Komposition.

Nur wenige Augenblicke der Stille vergingen, und schon begann eine starke Kraft auf mich zu wirken. Als Erstes wurde das Mandala meines Herz-Chakras durch eine unsichtbare Hand ausgedehnt. Es entstand ein sternartiges Gebilde mit dem Herz-Chakra als Zentrum. Seine Spitzen reichten oben bis zum Kronen-Chakra und unten bis zum Wurzel-Chakra. Auch seitlich erstreckten sie sich entsprechend weit in den Raum meines Holons hinein.

Danach wurde das Chakra vor meiner Brust durch die Christuskraft berührt. Seine »Blütenblätter« wurden durch die unsichtbare Hand gedehnt und zum Schluss rückwärts gebogen. Diese Biegung nach hinten bewirkte etwas Wunderbares: Die »Blütenblätter« wurden an die Chakren am Ende des Stirn- und des Lendenkanals angeschlossen, sodass ein einheitlicher Kraftstrom entstand, der die beiden Energiekanäle mit dem Herz-Chakra verband.

Die Teilung in einen vertikalen Energiekanal und drei horizontale vital-energetische Kanäle wurde in einem einzigen Augenblick überwunden. Ich befand mich mitten in einem sphärischen Kraftstrom, der die Form einer Acht oder stehenden Lemniskate (das Unendlichkeitszeichen, das üblicherweise als liegende Acht dargestellt wird) zeigte. Der Kreuzungspunkt der stehenden Lemniskate befand sich genau in der Herzmitte. Nach diesem Kraftstrom hatte ich das ergreifende Gefühl, dass die Konstellation meiner Chakren auf eine ganz neue Weise geordnet worden war.

Hier die entsprechende Übung, eine Atemübung, die am besten im Stehen ausgeführt wird:
- Sie fühlen sich in der inneren Stille verankert und durch die Sphäre Ihres Holons abgerundet.
- *Erste Einatmung:* Sie ziehen den Atem aus der Mitte des Universums vertikal nach unten bis zum Mittelpunkt Ihres Lendenkanals.
- *Erste Ausatmung:* Bei der Ausatmung schieben Sie den Atem nach hinten und nach vorn durch den Lendenkanal, bis die beiden Chakren an den Enden des Kanals erreicht werden.
- *Zweite Einatmung:* Der Atem wird von den beiden Enden des Lendenkanals gleichzeitig diagonal in die Herzmitte gezogen.
- *Zweite Ausatmung:* Der ausfließende Atemstrom wird gleichzeitig diagonal zu den beiden Enden des Stirnkanals geleitet.
- *Dritte Einatmung:* Von den Chakren an beiden Enden des Stirnkanals wird der Atem demselben Weg folgend zurück in das Herzzentrum gezogen.
- *Dritte Ausatmung:* Aus dem Herzzentrum wird der bereicherte Atem in die Breite des Sie umgebenden Lebens ausgeatmet.
- Sie wiederholen die Übung, indem Sie am Anfang den Atem nicht aus dem Universum, sondern aus der Erdmitte holen. Konsequenterweise ändert sich dadurch die Reihenfolge der Atemsequenzen: Sie atmen zuerst durch den Stirnkanal. Der Lendenkanal folgt mit der zweiten Ausatmung (siehe auch die Abbildung auf Seite 276 im Anhang).

In Analogie zu der sich rasch wandelnden Struktur der Energiesysteme der Erde könnte man sagen, dass wir uns am Anfang eines tief greifenden Prozesses befinden, bei dem auch unsere individuellen Energiesysteme umgewandelt werden.

Um diesen Prozess nachvollziehen zu können, ist es sinnvoll, die Ausgangslage kurz zu beschreiben. Da es um die Wandlung unseres gesamten Chakra-Systems geht, sollte man sich genügend Zeit und Raum nehmen, um Klarheit zu erlangen. Mit genügend Wissen um das eigene Chakra-System fällt es leichter, rätselhafte »Krankheitsphänomene« zu verstehen, die in diesem Zusammenhang auftreten können.

Es gibt verschiedene Zugänge, um das herkömmliche Chakra-System darzustellen. Nehmen wir als Ausgangspunkt die Deutung, die ich zusammen mit meiner Tochter und Mitarbeiterin Ajra Miška in dem Buch *Schule der Geomantie* vorgestellt habe.

Ein Aspekt des Chakra-Systems lässt sich als männlich (Yang) charakterisieren, dazu komplementär existiert ein weiblicher (Yin) Aspekt. Das Yang-System ist aus der vertikalen Reihe der bekannten sieben Chakren komponiert. Das Yin-System weist demgegenüber eine kreisförmige Anordnung auf. Es handelt sich um achtzehn weniger bekannte Chakren, die in vier Kreisen um das Herzzentrum herum angeordnet sind. Jeder dieser Kreise steht in Resonanz mit einem der vier Elemente.

Der innerste Kreis – die beiden Chakren oberhalb der Brüste – ist mit dem Element Wasser verbunden. Der nächste Kreis – die Chakren an den Ohrläppchen, Schultern und Hüften – ist dem Feuerelement zuzuordnen. Die Chakren des Elements Erde befinden sich an den Ellbogen, an den Knien, und eines liegt in der Mitte zwischen den Knien. Schließlich gibt es den vierten Kreis, der das Element Luft repräsentiert. Man findet die dazugehörenden Chakren an den Händen und Füßen; eines dieser Chakren leuchtet hoch über dem Kopf.

Das vertikale (Yang) System hat die Aufgabe, die urbildlichen Kräfte des Himmels und der Erde in unser Holon einzubeziehen. Das kreisförmige (Yin) System steht demgegenüber mit den Kräften der manifestierten Welt in Verbindung. Dem Herz-Chakra fällt dabei die besondere Rolle zu, als verbin-

Die drei neu erwachenden horizontalen Lichtkanäle beim Menschen

dendes Glied zwischen den beiden Systemen zu wirken. Aus diesem Grund befindet sich das Herzzentrum genau in der Mitte der vertikalen Reihe der Yang-Chakren und stellt gleichzeitig den Mittelpunkt des kreisförmigen Systems der Yin-Chakren dar.

Diese zentrale Rolle des Herzzentrums geht im Prozess der Umstrukturierung des Chakra-Systems nicht verloren, sondern wird noch verstärkt, wie es meine Erfahrung am See Genezareth nahe gelegt hat. Das Herz-Chakra wird in Form eines Mandalas ausgedehnt und gewinnt dadurch unvorstellbar viel Kraft. Dazu trägt noch die Ausdehnung des Chakras nach hinten und nach vorn in Form eines Energiekanals bei. Dieser Kanal lässt die Urkräfte des kosmischen Doppelgängers in den Körper und in den Raum unseres Holons einfließen.

Die Gefahr, dass das neue Chakra-System einen zu zentralistischen Charakter bekommt, wird durch zwei parallele Energiekanäle überwunden. Es handelt sich um den Stirn- und den Lendenkanal, von denen jeder mit einer eigenen horizontalen Chakra-Reihe versehen wird.

Wie ist es möglich, dass es mitten im Leben des Einzelnen zu so komplizierten Umwälzungen bei der Energiestruktur kommen kann? Und dass uns davon meist nichts bewusst ist? Ein Traum vom 7. Mai 2002 bietet eine Erklärung an:

Zusammen mit einer Gruppe erforsche ich eine Großstadt nach geomantischen Gesichtspunkten. Der Tag ist zu Ende, und wir brauchen Fahrscheine, um zu unserem Hotel zu kommen. Ich werde gebeten, zum nächsten Schalter zu laufen, um die Fahrscheine zu besorgen. Völlig überrascht sehe ich einen siebenjährigen Knaben als Verkäufer hinter dem Tresen stehen. Bevor er mir die quadratischen Fahrscheine gibt, wird jeder Schein von seiner Hand rasch umgemodelt. Mit seinen geschickten Fingerchen reißt er jeden so an, dass jeweils ein achtzackiger Stern entsteht. Höchst verwundert frage ich, ob die verwandelten Scheine noch Gültigkeit haben. Daraufhin wird mir ein Schein aus der Nähe gezeigt. Zu meinem Erstaunen ist er so geschickt angerissen, dass die Kontrollnummer, der Preis und andere ausgedruckte Informationen unbeschädigt sind.

Vor dem Hintergrund der Informationen zum Urbild des inneren Kindes kann die Botschaft so verstanden werden, dass die Umgestaltung unserer Energiesysteme durch das eigene höhere Selbst gelenkt wird – so geschickt, dass die Chakren und ihre Energieströme ihre Funktionen wie gewohnt weiter ausüben. Und doch wird gleichzeitig eine sternartige Konstellation unserer Energiesysteme ausgebaut.

Auf der Grundlage des achtstrahligen Sterns aus dem geschilderten Traum ist eine Übung entstanden, durch die man ein Gespür für die Umgestaltung der eigenen Energiesysteme erlangen kann. Dabei wird das Modell von drei übereinander geschichteten Energiekanälen durch das Modell eines achtstrahligen Sterns ersetzt. Zwei horizontale Strahlen repräsentieren den Herzkanal. Durch vier weitere Strahlen werden die Enden des Stirn- und des Lendenkanals mit der Herzmitte verbunden. Die vertikale Achse steht für die Beziehung zwischen Erde und Himmel innerhalb des persönlichen Holons (siehe auch die Abbildung auf Seite 278 im Anhang).

- Am Anfang der Übung steht die Imagination des achtstrahligen Sterns innerhalb Ihres eigenen Holons. Der Stern wird im rechten Winkel zur vorderen Körperfläche aufgebaut. Seine Strahlen reichen fast bis zum Rand Ihres Holons.
- Danach beginnt sich der Stern langsam nach hinten, in Richtung Ihres Rückens, zu drehen. Nehmen Sie wahr, wie das langsame Drehen des Sterns durch Ihre Gefühle begleitet wird, und beobachten Sie, was sich dabei innerlich entwickelt.

Die entscheidende Umstülpung des Raumes im Februar 2002

Der genetische Code der sich vorbereitenden Umstülpung

Es könnte der Eindruck entstehen, dass die Wochen nach der Katastrophe vom 11. September ausschließlich der energetischen Neuorganisation des Wesens Mensch gewidmet waren. Doch dies trifft nicht zu. Mitten im Herbst wurden auch die Samen für ein Ereignis gelegt, das im Februar 2002 die Erde und die Menschheit erschüttert hat.

Wahrscheinlich fragen Sie sich, welches Ereignis ich wohl meine; zu Beginn des Jahres 2002 habe sich ja nichts Bemerkenswertes zugetragen. Dass wir uns an nichts erinnern, liegt daran, dass es uns Menschen gelungen ist, die Nachricht von der tiefsten Erschütterung, die sich *nach* dem Attentat vom 11. September ereignete, im Bereich des kollektiven Unbewussten untergehen zu lassen.

Die Nachricht, dass sich im Zuge der Erdveränderungen ein gewaltiger Umbruch vorbereitet, hat mich am 18. November 2001 durch einen Traum erreicht. Zu jener Zeit befand ich mich in Hannover, wo ich mit einem Stadtheilungsprojekt beschäftigt war. Die durch die Traumbilder übermittelte ergreifende Vorahnung der kosmischen Umwälzungen lässt sich kaum in Sprache übersetzen. Ich möchte es trotzdem versuchen:

Im Traum beobachte ich mich selbst als ein Mitglied einer Gruppe von Männern, die dabei sind, eine flache und lange Barke in Richtung Ozean zu schieben. Das Wasser reicht uns nur bis zu den Knien, und wir sind bemüht, das Schiff in tiefere Gewässer zu bringen. Dabei fallen mir zwei Einzelheiten auf. Zum einen ist die Richtung, in die wir das Schiff bugsieren, genau vorgegeben. Wir können es nur entlang einer engen Bahn schieben, die durch zwei Reihen von markanten hohen Steinen begrenzt ist. Zum anderen überrascht mich die ungewöhnliche Klarheit des Wassers. Man könnte sagen, dass es sich gar nicht um Wasser handelt, sondern eher um das ätherische Wesen vom Wasser. Es zeigt die Qualität eines flüssigen Kristalls. Als wir am Rand des ersehnten Ozeans angelangt sind, wird unser Schieben abrupt unterbrochen. Wir versammeln uns aufgeregt am Rand und blicken mit Erstaunen in ein riesiges Loch: Der Ozean ist verschwunden! Sein gewaltiges Bett ist leer.

Im Nachhinein lässt sich der Abgrund, der sich im Traum vor uns auftut, am besten mit den gigantischen Löchern in der Landschaft vergleichen, die durch den Kohletagebau hinterlassen werden.

Beim genaueren Hinschauen erkenne ich im Traum, dass der ausgetrocknete Boden des Ozeans durchaus belebt ist. Ich sehe tief unten einige Personen, die emsig arbeiten. Besonders fallen mir dabei kleine Kinder auf, die mir nicht minder aktiv vorkommen. Es werden Kanäle gegraben, die einem weit ausgedehnten Netzwerk gleichen. Aber wozu Kanäle? Im trockenen Ozeanbett ist weit und breit kein Wasser zu sehen. Als Antwort auf meine Frage wird meine Aufmerksamkeit zu den Rändern des ausgetrockneten Ozeanbettes gelenkt. Ich sehe, dass an manchen Stellen das Wasser von oben – wir stehen ja oben am Rand bis zu den Knien im Wasser – Löcher in den Damm gespült hat. Es bilden sich schmale Rinnsale, durch die das Wasser beginnt, das riesige Ozeanbett von oben neu zu füllen. Was mich überrascht und gleichzeitig erschüttert, ist die Tatsache, dass das hinunterströmende Wasser gar nicht mehr die ätherische Klarheit des Wassers »von oben« zeigt, sondern abscheulich verschmutzt ist. Die Lage wird noch dramatischer, weil die Rinnsale immer breiter werden und sich möglicherweise eine Wasserflut nach unten ergießen wird. Ich überlege besorgt, was in diesem Fall mit den Kindern und den Erwachsenen unten im Loch geschehen wird. Sie scheinen so sehr in ihre Tätigkeit vertieft zu sein, dass sie die Gefahr der Überflutung gar nicht bemerken.

Bevor ich den Traum weitererzähle, möchte ich bereits einige Deutungsversuche wagen: Die Traumszene ist offenbar in zwei sich krass voneinander unterscheidende Räume geteilt. Wir, die Hauptakteure der Traumgeschichte, stehen genau an der Grenze zwischen Vergangenheit und Zukunft, als wir in das leere Ozeanbett blicken. Durch die »lineare« Bahn für die Barke, deren Richtung durch die Steine eindeutig vorgegeben ist, wird der Abschnitt der Erdwandlung dargestellt, der sich zwischen den Jahren 1998 bis 2001 vollzogen hat.

Der schon absolvierte Abschnitt der Wandlung ist durch eine Zwiespältigkeit charakterisiert: Einerseits wird die Barke entlang einer genau vorgegebenen Bahn geradeaus geschoben – darin sehe ich das Bild des »alten« linearen Verstandes, der sich streng an der Materie orientiert. Andererseits überrascht die ungewöhnliche Qualität des Wassers, durch das wir uns bewegen – durch dieses Bild wird die neue Qualität des Raumes dargestellt, die sich im Zuge der Erdwandlung während der letzten vier Jahre manifestiert hat.

In der Tat lebt der Mensch seit einigen Jahren »amphibienähnlich«. Einerseits sind wir gezwungen, uns an die gewohnten Muster und Gesetze der »alten«, materiell orientierten Zivilisation zu halten. Ihre Bahnen werden durch eine Wissenschaft und Forschung vorgegeben, die sich auf das Wissen von der Materie stützt. Gleichzeitig baden wir unbewusst in den feinen Frequenzen der neuen Raumqualitäten, die inzwischen die unsichtbaren Dimensionen der Wirklichkeit durchflutet haben. Wir werden von innen her dauernd angesprochen, die alten Denk- und Verhaltensmuster zu verlassen und uns dem neuen mehrdimensionalen Bewusstsein – der Liebe des Kosmos – zu öffnen.

Nachdem wir im Traum mit unserer Barke am Rand des »lee-

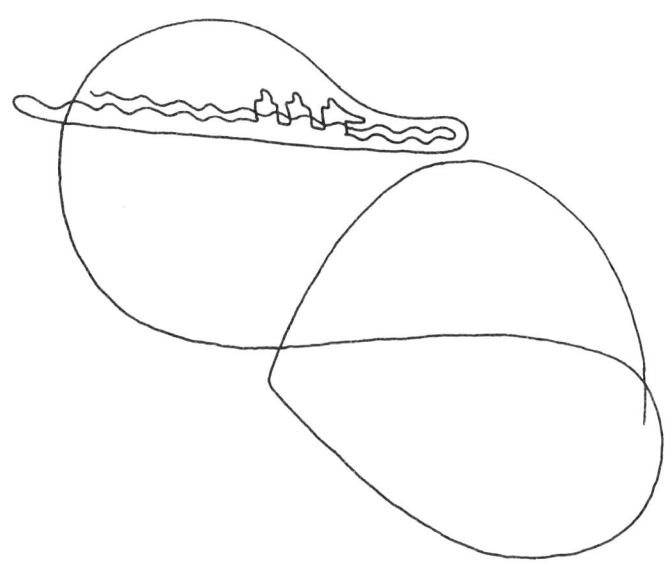

Zur bevorstehenden Umstülpung des Erdraumes: Wir stehen am Rand des riesigen Loches und schauen in das leere Ozeanbett hinein

ren« Ozeans angelangt sind, wird uns ein Einblick in den zukünftigen Abschnitt der Erdwandlung gewährt. Er wird durch ein atemberaubend tiefes Loch symbolisiert, was im ersten Moment enttäuschend wirken mag. Wenn dieses gewaltige Loch jedoch einmal mit dem kristallklaren Wasser angefüllt ist, das dort »oben«, unter unseren Füßen, schon schimmert, dann ergibt sich eine erfreuliche Perspektive. Der geistig extrem verengte Raum der (post-)modernen Epoche wird in einen gewaltig großen und tiefen Ozean umgewandelt, über den sich unser Bewusstsein frei bewegen wird. Dabei lässt die Traumbotschaft gar nicht zu, viel über die zukünftigen Möglichkeiten zu fantasieren. Stattdessen wird die Zukunft anhand von zwei aussagekräftigen Bildern anschaulich gemacht und dadurch in die Gegenwart geholt.

Als Erstes möchte ich das Bild von den Personen deuten, die unten am Boden des zukünftigen Ozeans emsig tätig sind. Es handelt sich um die Individuen weltweit, die mehr oder weniger intensiv auf die Wandlung des Planeten eingestimmt sind und die versuchen, den Prozess auf ihre eigene Weise zu unterstützen. Sie warten nicht darauf, was die Zukunft wohl bringen mag, sondern sind schon jetzt gestaltend tätig.

Ich sah sie tief unten ein Netzwerk von flachen Kanälen bauen, was ich spontan mit der Vernetzung im Bereich des Bewusstseins gleichsetzte. Die Bedeutung des freiwilligen Einsatzes, den viele von uns leisten, liegt darin, dass neue Bewusstseinsbahnen geschaffen werden, durch die die Flutwelle des Wassers, das künftig das leere Ozeanbett ausfüllen wird, aufgefangen und verarbeitet werden kann. Der zu erwartende zerstörerische Aufprall des Wassers kann dadurch gemildert werden.

Das Geheimnis, warum dort unten, im Gerüst des zukünftigen Raumes, auch kleine Kinder tätig sind, wurde im folgenden Winter gelüftet. Mein Kollege aus den USA James Twyman hat durch das Internet eine Botschaft verbreitet, die besagt, dass die geistig hoch entwickelten Kinder, die in der letzten

Zeit immer häufiger geboren werden, die so genannten Indigo-Kinder, bei der Verwirklichung des neuen Raumes eine entscheidende Rolle spielen. Er hat in Bulgarien vier Kinder befragt, die – so seine Geschichte – in einem Kloster gehütet werden, um ungehindert an einem intuitiven Netzwerk wirken zu können, das die Indigo-Kinder untereinander verbindet. Die Aufgabe des Netzwerkes sei demnach unter anderem, »eine energetische Plattform zu bilden, die dem Rest der Menschheit ermöglicht, sich dem eigenen Kern zu nähern und sich auf die Bewusstseinsebene aufzuschwingen, die für diese Kinder charakteristisch ist«. Die Aufgabe der Indigo-Kinder sei, den Erwachsenen bei dem bevorstehenden Quantensprung des Bewusstseins zu helfen.

Das zweite zu deutende Bild hat mit dem Auffüllen des trockenen Ozeanbettes zu tun. Es wurde mir gezeigt, dass dies inzwischen bereits geschieht. Der Damm oben, der das lebendige Wasser vom gewaltigen Loch des Ozeans trennt, ist schon geborsten. Das hinunterströmende Wasser zeigt jedoch nicht die kristalline Qualität, die das Wasser »von oben« charakterisiert, sondern es ist auffallend verschmutzt. Die Erklärung dafür erhielt ich im weiteren Verlauf des Traums:

Unsere Gruppe steht noch immer auf dem schmalen Damm, der die Zukunft der Erde von ihrer Vergangenheit trennt. Wir sind gezwungen, so lange zu warten, bis das trockene Ozeanbett so weit aufgefüllt ist, dass wir mit unserer Barke darauf segeln können. Es wird mir zunehmend langweilig, so dicht gedrängt auf dem schmalen Damm der Gegenwart zu warten. Aus der unangenehmen Stimmung reißt mich die Entdeckung heraus, dass es mitten unter uns einen Holztisch gibt, an dem ein alter Mann sitzt. Auf dem Tisch sind in einladender Weise Süßigkeiten zu sehen, die zum Verkauf angeboten werden. Sie bestehen aus gepresstem Trockenobst. Dabei entgeht mir nicht, dass sie bemerkenswerte Formen zeigen, etwa Stufenpyramiden und andere urbildliche Formen. Ich ertappe mich bei dem Gedanken, welche zu kaufen, um mich für die bevorstehende lange Reise mit Proviant zu versorgen. Von den ausgestellten Süßigkeiten zieht mich besonders eine bestimmte Stufenpyramide an. Jedoch fürchte ich gleichzeitig, dass sie giftig sein könnte. In diesem Moment spricht eine klare weibliche Stimme meinen Namen aus: Marco Polo Piccolo.

Ich heiße tatsächlich Marko. Es ist auch zutreffend, dass mir – so wie Marco Polo, der im 13. Jahrhundert auf dem Landweg von Venedig nach China reiste – im Rahmen des geschilderten Traumes eine weite Reise bevorstehen würde. Rückführungen in vergangene Leben haben jedoch gezeigt, dass ich mich nicht als eine Wiederverkörperung meines berühmten Namensvetters ausgeben darf – bedauerlich für mein Ego. Der Beiname Piccolo, »der Kleine«, hat mich schließlich darauf gebracht, an die verdrängten Schattenseiten meiner Persönlichkeit zu denken. Sie werden durch das Ego-Bewusstsein oft genug bis an den Rand des Vergessens geschoben und dabei verkleinert, um sich vor den – letztlich unvermeidbaren – Prozessen der Wandlung und Reinigung zu drücken. Durch die Forderung, man solle sich nicht mit der Vergangenheit beschäftigen, sondern nur in der Gegenwart leben, werden behindernde psychologische Muster, persönliche Dogmen und Blockaden aus dem Blickfeld des Bewusstseins geschoben. Es ist zwar wahr, dass sie der Vergangenheit angehören, da sie dort irgendwann entstanden sind; aber das Problem liegt darin, dass sie störend auf *die Gegenwart* wirken.

Eine diesbezügliche Deutung des witzigen Namens Marco Polo Piccolo wird auch durch das Bild des alten, gekrümmten Verkäufers untermauert. Der Alte bietet Süßigkeiten an, die urbildliche Formen haben und an vergangene Kulturen gemahnen. Zudem sind sie aus getrockneten Früchten zusammengepresst; es handelt sich nicht um frische, in der Sonne der Gegenwart badende Früchte, sondern um die konservierte Erinnerung an eine vergangene Lebensfülle. Ich hatte zunächst keine Ahnung, wie ich mit all diesen »Süßigkeiten« umgehen sollte.

Glücklicherweise traf ich am darauf folgenden Tag einen Kollegen, Wolfgang Schneider, der mir von seinen neuesten Forschungen zum Thema Muster berichtete. Überholte Dogmen und starre Muster blockieren die so entscheidende aktuelle Weiterentwicklung des Menschen und der Kultur. Während im Zuge der bevorstehenden Umwandlungen und Umstülpungen ein hohes Maß an Elastizität und Reinheit gefordert ist, können die psychischen Altlasten uns daran hindern, den Wandlungsprozessen frei zu folgen. Obwohl wir mit Herz und Seele das Neue wollen, stoßen sie uns immer wieder in alte Gewohnheiten zurück. Unser Bewusstsein mag schon in den Weiten eines ganzheitlichen Denkens zu Hause sein – wegen dieser Altlasten kommt es jedoch dazu, dass wir in längst überholten emotionalen Zwängen festgehalten werden.

Um am eigenen Körper zu erfahren, wie die psychischen Altlasten wirken, habe ich mich in eine der Stufenpyramiden aus Trockenobst vertieft, die in meinem Traum eine Rolle spielen. Ich wählte die Pyramide, die mich zum Kauf gereizt hatte und von der ich glaubte, sie könnte giftig sein.

Kaum war ich innerlich in das Traumbild eingestiegen, fand ich mich schon mitten in einer wilden Urlandschaft wieder. Es blitzte und donnerte heftig. Ich erlebte eine ganz frühe Zivilisation, die ihre Aufgabe darin sah, die wilde Natur auf Erden zu zähmen. Es sollte auf der physischen Ebene die Voraussetzung für die Entwicklung zukünftiger Kulturen geschaffen werden. Dabei konnte ich spüren, wie in der Tiefe meines Unterbewusstseins ein dort verstecktes Muster in Resonanz mit dem Bild trat. Seine Aussage lautete: Man soll die Natur zähmen und ihre wilde Kraft beschneiden. Es war deutlich zu spüren, wie dieses Muster die Gegenkraft zu meinen – und unser aller – gegenwärtigen Bemühungen darstellt, der Natur so viele Hürden wie möglich aus dem Weg zu räumen, damit sie ihre heilenden Kräfte wieder frei entfalten kann.

Wie die Umkehrung des Raumes in das gewohnte Leben einbrach

Der geschilderte Traum von »Marco Polo Piccolo« machte mir deutlich, dass der Krieg in Afghanistan nicht die einzige Folge der Katastrophe vom 11. September darstellte. Der tiefe Riss, der durch die Erschütterung in Folge der Katastrophe am mentalen Panzer der Menschheit entstand, wurde im Stillen dazu genutzt, einen Samen für die zukünftige Umstülpung des Erdraumes zu legen. Einzelne Bilder des oben geschilderten Traumes helfen, eine Vorstellung von der bevorstehenden Umkehrung zu gewinnen.

Um die Botschaft des Traumes noch begreiflicher zu machen, möchte ich an die persönlichen Prozesse der Raumumkehrung erinnern, von denen ich am Anfang des Buches berichtet habe. Es ist bemerkenswert, dass der neue Lebensraum, der durch den Prozess der Umstülpung nach und nach zustande kommt, in dem das Traumbild nicht höher liegt als der »flache« Raum, durch den sich der Mensch gegenwärtig bewegt: Der »alte« Raum in der Form des flachen Sees mit kniehohem Wasser befindet sich oben. Demgegenüber wird der »neue« Raum tief unten auf dem Grund des zukünftigen Ozeans vorbereitet, und in meinem Traum besteht zwischen den beiden Ebenen ein geradezu Schwindel erregender Höhenunterschied.

Man ist hier mit dem Prinzip der Umkehrung konfrontiert, das Jesus in die bereits zitierten Worte kleidete: »Viele Erste werden die Letzten sein, aber sie werden alle zu Einem werden.« So wie die Wandlung selbst ist auch das Prinzip der Umstülpung kein lineares Prinzip. Man kann sich nach den Gesetzen der Logik gar nicht vorstellen, wie ein Greis zu der Lebensfülle und der Reinheit eines »Kindes von sieben Tagen« zurückkehren soll. Folgende Übung könnte helfen, die Qualität zu erfahren, die durch eine Umstülpung entsteht:

- Sie breiten Ihre Arme zu beiden Seiten aus und stellen sich vor, dass Sie den Raum vor Ihnen an seinen beiden Seiten berühren.
- Nun bewegen Sie Ihre Arme ganz langsam horizontal aufeinander zu, bis sie an einem Punkt aufeinandertreffen. Die Bewegung entspricht dem »alten« linearen Raum aus meinem Traum.
- Sie bleiben einen Moment lang in dieser Haltung stehen, durch die der sichtbare Aspekt des Ortes symbolisch auf null gebracht wurde. Diese Haltung repräsentiert den Damm aus meinem Traum, der die alte von der neuen Raumstruktur trennt.
- Dann fahren Sie mit der horizontalen Bewegung fort, sodass die Arme sich immer mehr zu überschneiden beginnen. Sie machen Ihren Blick »weich« und schauen innerlich durch das »umgekehrte« Fenster, das Ihre sich überschneidenden Arme gebildet haben. Innerlich schauen heißt vor allem, ein Gefühl für die umgekehrte Raumqualität zu gewinnen. Man kann sie erlangen, solange man die ganze Zeit eins mit seinen Bewegungen und mit dem zu betrachtenden Raum ist.

Die Umkehrung des Raumes als eine Übung zu erleben ist eine Sache, die ganz andere, sie als eine globale Realität am eigenen Körper zu spüren. Diese Erfahrung wurde uns Menschen in der Zeit zwischen dem 1. und 20. Februar 2002 zuteil.

Ich hätte nie erfahren, warum ich aus heiterem Himmel so starke Rückenschmerzen bekam, die viele Tage lang andauerten, wenn das schicksalhafte Ereignis nicht durch einen verblüffenden Traum vom 31. Januar 2002 angekündigt worden wäre:

Ein Pelikan wird geboren; er strahlt eine unglaubliche Schönheit aus. Es gibt jedoch ein schwerwiegendes Problem. Der Pelikan verfügt nicht über das Wissen, wie er sich ernähren soll. Viele Menschen bemühen sich nacheinander ohne Erfolg, den erleuchteten Vogel zu lehren, Nahrung aufzunehmen. Ich entscheide mich angesichts der erfolglosen Versuche dazu, die Pflege selbst in die Hand zu nehmen. Aus der Zeit meines Lebens, als bei uns zu Hause Landwirtschaft betrieben wurde, erinnere ich mich an die Gefahren bei neugeborenen Schafen. Ich weiß, wenn die niedlich anzuschauenden Lämmer nicht rechtzeitig das Saugen lernen, klebt ihre Speiseröhre zu, und sie müssen sterben. Ich nehme also rasch den hoch gewachsenen Vogel unter den Arm, um ihn zu uns nach Hause zu bringen und im Kreis meiner Familie für seine Ernährung zu sorgen. Dabei kann ich mit Hilfe einer Art Röntgenblick sehen, dass seine Speiseröhre schon fast vollständig zugeklebt ist. Sie gleicht einem durchsichtigen zusammengeklebten Schlauch. Dies ist der Anlass, mich noch mehr zu beeilen. Zu meinem höchsten Erstaunen kommentiert der Vogel, den ich unter dem Arm trage, selbst die ernste Lage, in der er sich befindet, mit den Worten: »Es ist schon zu spät.« Die Worte werden mit einer ruhigen und klaren Stimme in ungewöhnlich tiefem Tonfall artikuliert. Aber ein bestimmter Akzent deutet an, dass hier nicht ein Mensch, sondern eine andere Wesenheit spricht. Mein Mut sinkt. Mit dem Vogel unter meinem Arm beeile ich mich noch mehr, nach Hause zu kommen. Schon von weitem rufe ich meiner Frau zu, sie solle eine dünne Suppe für den Pelikan kochen.

Da sagt meine Intuition, dass die Suppe frei von harten Gemüsestückchen sein soll, damit die Flüssigkeit die Speiseröhre des Pelikans hinuntergleiten kann. Es erscheint mir sinnvoll, den Rat zu beherzigen, doch ich fühle mich wie gelähmt. Gar nichts wird unternommen. Mir bleibt nur die Hoffnung, dass die Suppe schon in der richtigen Weise gekocht wird und dass die Fütterung trotz der pessimistischen Aussage des Pelikans zum Erfolg führt.

Um die Botschaft des Traumes verstehen zu können, sollte man davon ausgehen, dass der Pelikan das kostbare Kind der

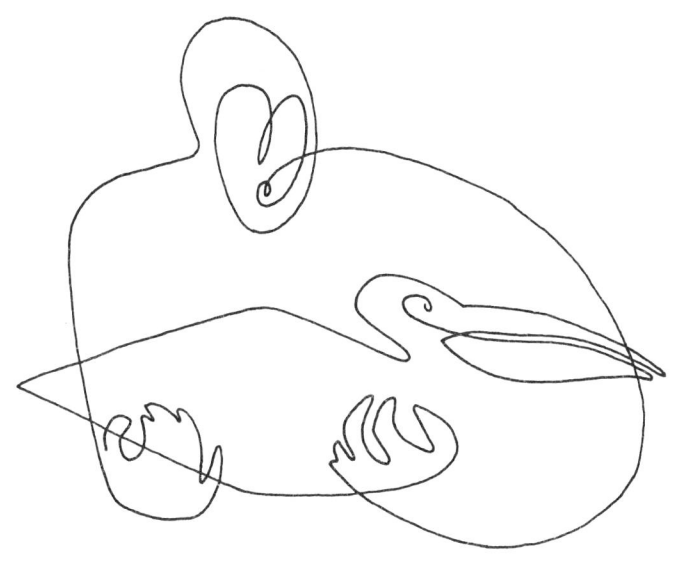

Ich nahm den Pelikan, der gerade geboren worden war, in meine Arme, lief nach Hause und rief meiner Frau zu, sie solle eine dünne Suppe für ihn kochen

furchtbaren Katastrophe vom 11. September darstellt. In der Gestalt des neugeborenen Pelikans sind die durch das unbeschreibliche Leiden der Opfer hervorgebrachten positiven Folgen des Attentats symbolisiert. Sie konnten trotz der unheilvollen Absichten der Attentäter zustande kommen, weil durch den Akt der Gnade und der Liebe zur Menschheit ihrem zerstörerischen Tun ein Same der heilbringenden Zukunft eingepflanzt wurde.

Wie bereits im vorangegangenen Kapitel beschrieben, ist während der darauf folgenden Monate aus diesen Samen der Embryo eines vollkommen neuartigen Lebensraumes entwickelt worden. Wenn man die Parallele zur Entwicklung des Kindes im Mutterleib gedanklich weiterführt, würde es heißen, dass in der Nacht vom letzten Tag des Januar und zum ersten Tag des Februar 2002 der Embryo so weit gediehen war, dass die Geburt bevorstand. Damit ist die Nacht gemeint, in der ich von dem neugeborenen Pelikan träumte.

Doch der Parallele zu Mutterleib und Geburt läuft die Tatsache zuwider, dass Vögel nicht geboren werden, sondern aus einem Ei schlüpfen. Wie konnte in der schicksalhaften Nacht ein Pelikan *geboren* werden?

Dennoch ist die Traumgeschichte stimmig: In der westlichen Kultur steht der Pelikan für die Nächstenliebe, die Christus gelehrt hat. Die mittelalterlichen Reisenden, die aus Afrika zurückkehrten, erzählten, dass bei einer Hungersnot der Pelikan seine eigene Brust öffne und seinen Jungen sein Herzblut zu trinken gebe. So ist der Pelikan zu einem Christussymbol geworden.

In Hinblick auf den 11. September sei an die Menschen erinnert, die sich geopfert haben – um ihre Mitmenschen vor der Gefahr des »zweiten Todes« zu retten und damit die Gegenkräfte gezwungen werden, sich als solche zu offenbaren.

Man kann in diesem Kontext meine höchste Besorgnis verstehen, die mich im Traum dazu antrieb, so schnell wie möglich etwas zu unternehmen, um das Neugeborene am Leben zu erhalten. Das von Tausenden unschuldigen Menschen dargebrachte Opfer darf keineswegs zunichte gemacht werden. Und doch zeugen die zugeklebte Speiseröhre des Vogels und seine resignierten Worte davon, dass eine entsprechende reale Gefahr besteht.

Wenn man die Umstände betrachtet, unter denen die zukunftsbestimmende Wandlung der Erde und des Menschen geschieht, könnte man tatsächlich sehr schnell die Hoffnung verlieren. Ich denke dabei an die Weltlage nach dem Attentat vom 11. September. Statt alles Zweitrangige loszulassen und sich der neu entstehenden Erde zu widmen, wurde die Aufmerksamkeit der Menschheit weit weg zum Krieg in Afghanistan gelenkt und pausenlos mit Nachrichten über die möglichen Gefahren von weiteren Terroranschlägen gefüttert.

Die zugeklebte Speiseröhre des Pelikans und seine Aussage »Es ist zu spät« beziehen sich auf die Gefahr, dass die durch die Katastrophe vom 11. September aufgebaute Welle der Wandlung wegen der allgemeinen Ignoranz der Menschen hinsichtlich der subtilen Prozesse innerhalb der Erde und innerhalb des eigenen Holons erneut abflacht. Diese Welle wurde dank des Opfers der Toten des 11. September ausgelöst. Muss denn den Menschen noch etwas viel Schlimmeres widerfahren, damit die Mauer der mentalen Ignoranz fallen kann?

Doch so düster ist das Bild letztlich nicht. Die erste Traumsequenz mit den Personen, die sich um den Pelikan kümmern, kann man als eine Bestätigung sehen, dass es weltweit Menschen gibt, denen das Schicksal der Erdreiche am Herzen liegt. Jedoch meine ich, ein zu oft übersehenes Problem dabei wahrgenommen zu haben. Es handelt sich zwar um Menschen, die fähig sind, zu handeln und zu helfen. Aber sie sind meist in den eigenen geistigen Bestrebungen verhaftet und stecken bis zum Hals in verschiedenen festgefahrenen Vorstellungen, was für das Weltschicksal wichtig zu tun wäre. In einem solchen Bewusstseinszustand mangelt es leider an der

Sensibilität zu erspüren, was die wirklichen Nöte des Augenblicks sind. Ich gestehe, dass es hier auch um eine an meine Kollegen und an die Freunde auf dem geistigen Weg gerichtete Kritik geht – und bei dieser Kritik kann und will ich mich selbst nicht ausschließen. Dem Traumgeschehen ist klar zu entnehmen, wie kopflos ich selbst in der unerwarteten Situation reagiert habe. Ich diente nur als eine Figur, an deren Beispiel gezeigt wird, was man tun kann, wenn es zu einer Umstülpung des Raumes kommt. Meine Empfehlung lautet demnach:

- Lassen Sie sofort alles los. Sie öffnen sich der Situation und lassen sie auf sich wirken, um ein Gefühl für den Ernst oder die Nebensächlichkeit der Lage zu bekommen. Es handelt sich um den Gefühlszustand, aufgrund dessen ich mich im Traum entschließe, die Sorge für den bedrohten Pelikan zu übernehmen.
- Erlauben Sie nicht, dass es nur bei äußeren Reaktionen auf die Situation bleibt. Sie holen stattdessen das Geschehen in Ihr Inneres hinein, um es in der Glut Ihrer Herzmitte zu wärmen. Die Vorgehensweise entspricht meiner Entscheidung aus dem Traum, den Pelikan zu mir nach Hause zu tragen und eine warme Suppe für ihn kochen zu lassen.

In der Abschlussphase des Traumes wurde auf ein schwerwiegendes Problem hingewiesen, dessen ich mir offensichtlich nicht bewusst war: Ich sollte verhindern, dass der Suppe für den neugeborenen Pelikan harte Gemüsebrocken beigemischt wurden. Aber der Warnruf kam mir nicht über die Lippen. Wie konnte es geschehen, dass die Gefahrandrohung mich erstarren ließ, statt mich zum Handeln zu bringen?

Ein mir gut bekanntes Problem hatte die unerwartete Lähmung verursacht: meine Feigheit gegenüber den Schattenseiten meines Wesens. Schon der Traum vom 18. November 2002, als ich zu Recht Marco Polo *Piccolo* genannt wurde, hat klargestellt, dass die epochale Umkehrung des Raumes für die

Sicherheit des Lebens höchst gefährlich werden kann. Sie kann gefährlich werden, wenn der Mensch nicht bereit ist, an der Umwandlung der veralteten Muster und der inneren Schatten zu wirken.

Es wurde mir im Traum das bedrohliche Ausgießen des schmutzigen Wassers gezeigt – und damit die Gefahr, dass die schon aufgebauten Netzwerke des neuen Bewusstseins zerstört werden könnten. Es gab weiter die Vision vom alten Verkäufer und von den ausgestellten Süßigkeiten aus Trockenobst. Der alte Verkäufer – der Verwalter von Karma – versucht, mich – einen Repräsentanten des modernen Menschen – an die vordringliche Aufgabe beim Prozess der Erdwandlung zu erinnern: Es muss unbedingt an der Erlösung der Kräfte gearbeitet werden, die aufgrund karmischer Schockzustände oder aufgrund festgefahrener, dogmatischer Muster im Innern des Menschen eingefroren liegen.

Das Symbol dafür sind die harten Anteile in der Suppe, die den Versuch behindern würden, die sensible Speiseröhre des Pelikans für die Lebensprozesse zu öffnen. Analog dazu können sich die feinen Dimensionen des inzwischen schon geborenen mehrdimensionalen Raumes nicht entfalten, wenn das Alte in uns nicht umgewandelt wird.

Zu diesem Thema werden wir später noch einmal zurückkehren. Zuvor möchte ich erzählen, was ich erlebt habe, als ich aus dem geschilderten Traum erwachte und mich sofort hinaus in die Natur begab, um zu erspüren, was mit der Erde geschehen war.

Es herrschte kein Zweifel: Ich fand, dass die Schwingung des Raumes sich umgekehrt hatte. Was vorher der Qualität nach positiv gewesen war, erschien nun als negativ – allerdings nicht im wertenden Sinne von »schlecht«, sondern allein im Sinne einer Umkehrung von Qualitäten. Dabei war äußerlich kein Unterschied festzustellen: Die Bäume ragten noch immer in die Höhe, und der Mond schien immer noch am Himmelsgewölbe. Die neu entstandene Lage zeichnete sich dadurch aus, dass die physische Gestalt des Raumes zwar unverändert blieb, aber sein ätherisches Doppel auf den Kopf gestellt worden war.

Wie dramatisch die Umkehrung auf die Umwelt wirkte, wurde schon am folgenden Morgen im Spiegel der vier Elemente wahrnehmbar. Es war eine gewaltige Unruhe zu spüren. Das Element Wasser reagierte mit bedrohlichen wellenartigen Bewegungen. Es fühlte sich so an, als ob der Raum, einem Schiff ähnlich, in einem gewaltigen Schaukeln mitgerissen würde. Das Element Feuer schien sich zum Himmelsgewölbe zurückgezogen zu haben und bildete eine Feuerschale um die Erde herum. Demgegenüber hatte sich das Element Erde, zu einer Kugel konzentriert, offenbar in die Erdtiefe zurückgezogen. Das Element Luft bewirkte nach meinem Gespür, dass das ganze Umfeld wie durchsichtig erschien.

Um die Wahrnehmungen zu begreifen, kann man die Symbole aus dem Traum vom 18. November 2001 heranziehen, durch den die Umstülpung des Raumes angekündigt worden war. Die Erfahrungen der Nacht vom 31. Januar auf den 1. Februar 2003 würden dem Moment entsprechen, als ich in jenem Traum mit meinen Begleitern und der Barke am Rand des Ozeans angelangt war. Entsetzt schauten wir in das riesige leere Loch hinein; der Ozean war verschwunden.

Der verschwundene Ozean beziehungsweise das Loch, das dabei entstanden war, entspricht meiner nächtlichen Erfahrung, bei der ich das Geschehen als »negativ« erlebte: das, was vorher den Lebensraum in Fülle durchdrang, war plötzlich verschwunden.

Man kann das Ereignis auch am eigenen Körper nachvollziehen: Stellen Sie sich vor, dass die ätherische Essenz Ihres Wesens (nicht Ihr ätherischer Körper!) sich einer Lichtgestalt ähnlich aus dem physischen Körper herauszieht. Sie zieht sich durch den Hinterkopf heraus, um in den Bereich des kosmischen Doppelgängers hinter Ihrem Rücken zu gelangen. Sie vollzieht dabei eine purzelbaumähnliche Bewegung, sodass die ätherische Essenz Ihres Wesens kopfunter im Körper des Doppelgängers landet. Nun ist die Position erreicht, die ich oben beschrieben habe. Der physische Mensch steht noch immer normal auf den Beinen. Seine ätherische Essenz hängt jedoch kopfunter – als ob man auf der ätherischen Ebene an den Füßen vom Himmel herabhängen würde.

Wie geht die Übung weiter? Schließlich kann man nicht endlos in dieser zwiespältigen Position verharren, in der sich der Kopf gleichzeitig oben und unten befindet.

Und doch dauerte die kaum erträgliche Lage des Raumes bis zum 20. Februar weiter an. Meine Wirbelsäule wurde davon so stark strapaziert, dass ich nicht mehr stehen, nicht mehr sitzen und nicht mehr liegen konnte. Andere Menschen haben mir von starken Kopfschmerzen erzählt; es gab auch Menschen, denen es dabei wiederholt übel wurde. Es wäre sinnvoll, sich zu erinnern, wie es Ihnen selbst damals ergangen ist.

Es gibt jedoch auch Menschen, die den Februar 2002 genossen haben. Neue Ideen, Inspirationen oder Intuitionen wurden ihnen zuteil. Man kann es so verstehen, dass die zwiespältige Lage im Körper manchen Menschen half, sich aus den gewohnten Mustern herauszuziehen. Das »Loch«, das durch die Umkehrung entstand, wurde als ein Tor genutzt, durch das neue Impulse hereinkommen konnten.

Vor diesem Hintergrund konnte ich plötzlich begreifen, wie nützlich solche Umstülpungen des Raumes für die Erde sind – die jetzige Umkehrung, von der ich spreche, ist nicht die erste gewesen, und sie wird auch nicht die letzte sein. Die Erde kann sich dadurch erfolgreich aus dem Schraubstock des Verstandes lösen, der ihr durch die gegenwärtige Zivilisation aufgezwungen wird. Sie nutzt den entstandenen Freiraum, um neue Schritte auf dem Pfad ihrer Wandlung einzuleiten.

Endlich war der Prozess so weit fortgeschritten, dass der Tag des 20. Februar 2002 eine Hoffnung vermitteln konnte – leider verbunden mit einer unerwarteten Verschlechterung der

Lage. In der Nacht zuvor wurden mir im Traum weiße Nebel gezeigt, die auf Hüfthöhe im Raum schwebten. Ich war ratlos. Die Nebel wurden an bestimmten Orten verdichtet, sodass sich daraus ein intensives weißes Glühen entwickelte. Ich hatte noch nie zuvor ein solches grelles weißes Licht gesehen. Man könnte annehmen, dass das Glühen eine Gefahr darstellte. Tatsächlich tauchten im Traum etliche Personen auf, die mir zu erklären versuchten, dass die Nebel von einer Chemiefabrik stammten, die *in der Vergangenheit* ein giftiges Gas in die Umwelt freigelassen hatte. Meine Intuition flüsterte mir aber zu, dass die Erscheinung nicht der Vergangenheit entstamme, sondern der Zukunft. Ich solle geduldig sein, die Wahrheit werde sich zeigen.

An dem darauf folgenden Tag war die Lage am schlimmsten. Wir waren an einem Nullpunkt angelangt. Es rührte sich nichts; ein totaler Stillstand trat ein. Wie war es nur möglich, dass das Leben dann trotzdem weiterging? Offenbar wurde im Prozess der Umkehrung des Raumes der Wendepunkt erreicht.

Der 20. Februar 2002 war numerologisch gesehen ein absolut einmaliger Tag. Wenn man das Datum in der Form 20.02.2002 schreibt, zeigt sich eine Verdoppelung der Jahreszahl 2002. Aus diesem Anlass wurde an dem Abend zwei Minuten nach acht Uhr zu einer weltweiten Meditation aufgerufen. Dadurch wurde die Jahreszahl 2002 verdreifacht: Die Meditation fand am 20.02.2002 um 20.02 Uhr statt.

Nach der weltweiten Meditation hatte ich das Gefühl, dass ein äußerst leiser Impuls der allgemeinen Wiederbelebung in Gang gekommen war. Der total ausgeleerte Raum hatte angefangen, sich mit etwas zu füllen.

Am nächsten Morgen bat ich während meiner Meditation die Göttin, mir ein Gespür für die neu entstehende Raumqualität zu vermitteln. Danach wurde ich von einem Gefühl extremer Leichtigkeit durchflutet. Mein Körper löste sich in mehrere Schichten auf. Jede schwebte für sich frei in der Luft; die

Aufgabe meines Bewusstseins lag darin, sie in Harmonie zu halten. Die Qualität der sich neu formierenden Wirklichkeit würde ich als außerordentlich weich beschreiben.

Auch der Traum, den ich in diesem Zusammenhang drei Tage später erhielt, ist aufschlussreich: Ich bin dabei, eine Übung auszuführen, bei der man sich tief hinunter zu einer Quelle neigen muss. Die Quelle befindet sich in einem Erdloch. Ich habe blaue Arbeitskleidung angezogen, die viele kleine und große Taschen hat. Alle Taschen sind mit kleinen Werkzeugen verschiedener Art vollgepackt. Als ich mich hinunter zur Quelle neige, fallen mir alle Werkzeuge gleichzeitig aus den Taschen. Ich denke mir: Wie schade, dass ich meinen Werkzeugkasten jemandem ausgeliehen habe. Hätte ich ihn jetzt dabei, wäre dieses Durcheinander gar nicht passiert.

Die letzte Aussage sollte zuerst gedeutet werden, da sie für das Begreifen der gegenwärtigen Weltlage hilfreich ist. Gemeint ist: Wenn jemand die Werkzeuge seines Bewusstseins im Werkzeugkasten des Verstandes verpackt hat, wird er die subtile Qualität des Raumes nach der Umstülpung gar nicht bemerken. *Anscheinend* wird alles so bleiben, wie es vorher gewesen ist. Ganz anders, wenn der Mensch bewusst oder unbewusst mit der Erdwandlung mitschwingt! In diesem Fall werden seine Gefühle, Gedanken und Aktivitäten einen vollkommen neuen, ja sogar umgekehrten Sinngehalt bekommen.

In derselben Nacht hatte meine Tochter Ana mehr als tausend Kilometer weit entfernt von mir einen komplementären Traum erhalten: Sie ist dabei, mich bei der Winterolympiade in Salt Lake City beim Skilaufen zu beobachten. Begeistert nimmt sie wahr, dass ich beim Skirennen im Begriff bin zu siegen. Zu ihrer Enttäuschung bleibe ich aber fünfzig Meter vor dem Ziel stehen und beginne kurz danach, in einem langsamen Zickzackkurs zu fahren. Es ist offensichtlich, dass ich meinen Vorsprung vor den anderen Rennläufern verlieren werde. Empört über mein unsinniges Vorgehen springt sie selbst zusammen mit meiner Frau ein. Sie beenden meinen Lauf mit Erfolg. Ana gewinnt die Goldmedaille, meine Frau Marika die Bronzemedaille. Erst danach fällt Ana auf, dass sie beide gar nicht in Salt Lake City Ski gelaufen sind, als sie für mich einsprangen. Sie absolvierten ihren Siegeslauf gar nicht in den USA, sondern im slowenischen Bled.

Ihr Traum, den sie mir am Telefon erzählte, rüttelte mich wach. Seine Botschaft hieß, dass mir die Gefahr drohe, meine Aufgabe innerhalb der augenblicklichen Phase der dramatischen Umkehrung des Raumes zu verfehlen. Im Klartext ausgedrückt, genügte es offenbar nicht, die Lage des sich wandelnden Raumes nur zu beobachten. Ähnlich wie am 20.02.2002, als die weltweite Meditation half, den Wandlungsprozess aus dem bedrohlichen Stillstand herauszuholen, wäre auch in der gegenwärtigen Phase ein bewusster Einsatz notwendig. Ich solle, so die Traumbotschaft, nicht vor dem Ziel der großen Umstülpung des Erdraumes stehen bleiben, in Passivität versinken und den erfolgreichen Abschluss des Prozesses verpassen.

Im Nachhinein hat sich gezeigt, dass wir uns an jenem 25. Februar 2002 tatsächlich drei Tage vor dem Abschluss des Umkehrungsvorganges befanden.

Zum Glück hatte das Schicksal es so gefügt, dass am Tag zuvor neun Frauen aus verschiedenen deutschsprachigen Ländern zu mir nach Slowenien gekommen waren, um an einem siebentägigen geomantischen Seminar teilzunehmen. Anhand der letzten zwei Traumbotschaften stellte ich den Seminarteilnehmerinnen die ernsthafte Lage der Erde dar, die sich mitten in einem zukunftsbestimmenden Umkehrungsprozess befand. Mein Vorschlag lautete, unser Seminar dem Erdbewusstsein zur Verfügung zu stellen, damit das getan oder erreicht werden könnte, was gerade nötig war. Aber was hieß das konkret?

Glücklicherweise enthielt der geschilderte Traum von Ana in seiner letzten Sequenz eine Anweisung. Sie ist in der Aussage

enthalten, dass Ana nicht in die USA zu fliegen brauchte, um bei meinem missglückten Skirennen einzuspringen. Sie ist bei sich zu Hause, in Bled, siegreich ins Ziel gelaufen.
Bled ist ein wundervoller heiliger Ort. Mitten in einem eiförmigen See liegt eine kleine felsige Insel, auf der eine Wallfahrtskirche der Jungfrau Maria steht. Der Ort wurde im Traum erwähnt, um mir einen Wink zu geben, dass man durch die geomantische Arbeit an bestimmten heiligen Plätzen den richtigen Impuls auslösen kann, um die Umkehrung des Raumes im entscheidenden Moment zu unterstützen.
Ich schlug daraufhin den neun Frauen vor, im Laufe des Seminars mit heiligen Orten geomantisch und erdheilerisch zu arbeiten. Wir haben dazu Orte im Umkreis von fünfzig Kilometern um unser Haus herum gewählt. Nachdem wir diese Plätze nacheinander besucht hatten, wurden sie zuletzt zu einem Netzwerk zusammengefasst. Dies geschah am letzten Tag des Monats Februar an einer besonderen Stelle, die – ähnlich einer Jakobsleiter – die Fähigkeit besitzt, verschiedene Ebenen und Dimensionen zu verbinden.
Am folgenden Morgen sollten wir nach Venedig reisen, um dort unser Seminar fortzusetzen. Bevor wir in der Frühe aufbrachen, lief ich weit in die Landschaft hinein, um die Raumqualität zu testen. Es war mir zum Jubeln zumute. Der Raum war mit einer völlig neuen Qualität ausgefüllt, die eine spiralartige Drehung aufwies. Als ich mit meiner Hand diese Spirale entlangtastete, hatte ich das Gefühl, dass sie aus reinstem Wasser sei.
Blicken wir zum Vergleich auf den Initiationstraum vom 18. November 2001 zurück, durch den die sich gerade entfaltende Umkehrung des Raumes vorhergesagt wurde. Der inneren Uhr des Traumes nach ist nun der Moment gekommen, dass sich das leere Ozeanbett erneut mit Wasser zu füllen beginnt. Dies ist nun tatsächlich geschehen.
Dabei stellen sich mehrere Fragen. Zum Beispiel, ob eine Gruppe von wenigen Menschen überhaupt die Kraft besitzt,

auf einen weltweiten Prozess wie die Umkehrung des Erdraumes einen kreativen Einfluss nehmen zu können. Darauf gibt es mehrere sich ergänzende Antworten.

Erstens sollte man zur Erklärung das homöopathische Prinzip heranziehen, das besagt, dass in einem Kraftfeld wässrigen Charakters sich die Information grenzenlos ausbreiten kann. Das durch die reine Liebe zum Erdkosmos geweihte Kraftfeld einer Gruppe ist so ein wässriges Feld. Also ist die unbegrenzte Ausdehnung möglich.

Zweitens sollte man sich vergegenwärtigen, dass die Erde ein unvorstellbar vielschichtiger Organismus ist. Es ist nicht gesagt, dass auch alle anderen Ebenen von dem betroffen werden, was auf einer Ebene erfolgreich vollzogen wurde. Ein einheitlicher Quantensprung ist hier kaum zu erwarten. Eher sollte man sich vorstellen, dass es viele aufeinander folgende Sprünge geben wird, von denen jeder die Ganzheit der Erde betrifft. Keiner davon ist jedoch endgültig. Die Erdwandlung ist ein ungeheuer komplexer Prozess.

Eine andere Frage wäre, ob man die bevorstehende Umkehrung des elektromagnetischen Feldes des Planeten, von der die Wissenschaftler in letzter Zeit reden, mit der Umstülpung des Erdraumes gleichsetzen kann. Meiner Intuition nach geht es hierbei um zwei unterschiedliche Vorgänge, die jedoch nach dem Prinzip von Ursache und Wirkung miteinander verkoppelt sind.

Die Reihe von Umstülpungen des Raumes stellt einen inneren Prozess der Erdwandlung dar, der auf den vital-energetischen, emotionalen und geistigen Ebenen des Planeten vollzogen wird. Dadurch bereitet sich die Erde darauf vor, die Umkehrung auch auf der physischen Ebene erfolgreich durchzuführen. Ich bin sicher, dass die befürchtete Umkehrung der Pole des irdischen Magnetfeldes viel später eintreten wird – wenn der Planet innerlich darauf vorbereitet wurde, sie so ausführen zu können, dass seine Lebensreiche dabei nicht verletzt werden.

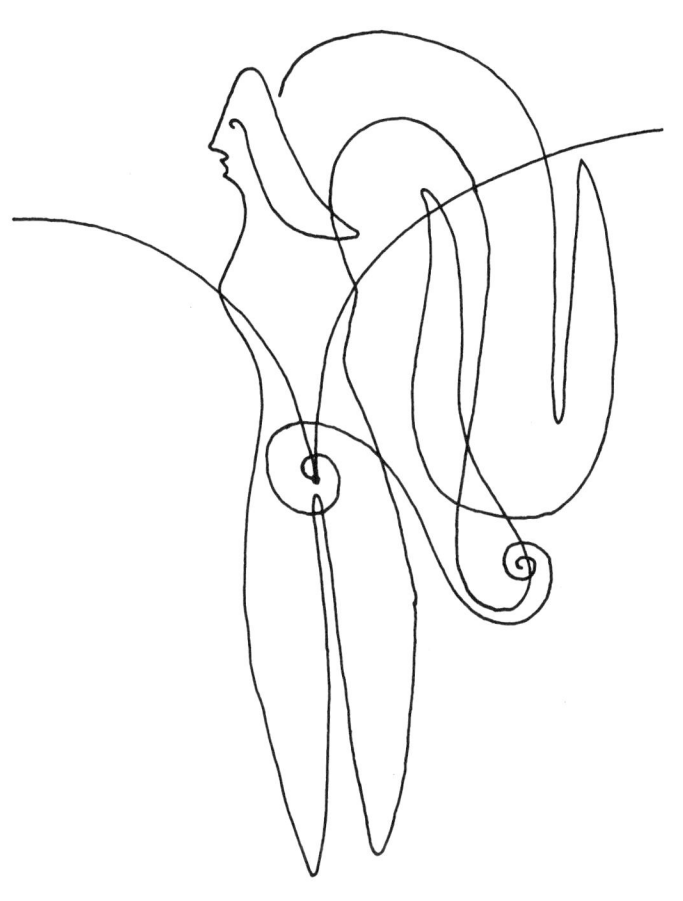

Die Umstülpung des persönlichen Raumes – eine Übung

Nun wäre der Augenblick gekommen, die oben begonnene Übung zur Umstülpung des Raumes weiterzuführen. Sie kann helfen, die Raumumkehrung im eigenen Innern zu vollziehen. Es geht dabei nicht nur darum, die Umkehrungsprozesse der Erde zu unterstützen, sondern auch darum, die gleiche Umkehrung im Bereich des persönlichen Holons kreativ zu begleiten. Was mit dem Raum der Erde geschieht, das überträgt sich aufgrund der Resonanz zwischen Makro- und Mikrokosmos unumgänglich auf den individuellen Innenraum.

- *Phase A* – Stellen Sie sich vor, dass die ätherische Essenz Ihres Wesens (nicht Ihr ätherischer Körper!) sich einer Lichtgestalt ähnlich aus dem physischen Körper herauszieht. Sie zieht sich durch den Hinterkopf heraus, um in den Bereich des ätherischen Doppelgängers hinter Ihrem Rücken zu gelangen. Sie macht dabei eine purzelbaumähnliche Bewegung, sodass die ätherische Essenz Ihres Wesens kopfunter im Körper des Doppelgängers landet. Nun ist die Position erreicht, die man mit der ersten Phase der Raumumkehrung vergleichen kann: Der physische Mensch steht noch immer normal auf den Beinen. Seine ätherische Essenz hängt jedoch kopfunter, als ob er an den Füßen vom Himmel herabhängen würde. Bleiben Sie eine Zeit lang ganz ruhig in dieser Position.
- *Phase B* – Die ätherische Essenz Ihres Wesens, das hinter Ihrem Rücken hängt, wird nun in den Raum Ihrer Hüften geführt. Sie wird gleichzeitig spiralartig nach innen gefaltet. Sie beginnt, sich einer Zentrifuge ähnlich nach innen beziehungsweise von vorn nach hinten zu drehen. Durch die Drehbewegungen wird sie gereinigt und zudem immer mehr verkleinert, bis im Kelch Ihrer Hüften nur noch ein winziger Punkt übrig bleibt. Die Phase B stellt die dramatische Umkehrung dar, bei der – wie beschrieben – die Lebendigkeit des Raumes fast verloren geht.
- *Phase C* – Warten Sie geduldig. Wenn Sie spüren, dass aus dem Nichts der Impuls zur neuen Raumqualität entspringt,

lassen Sie ihn feierlich durch Ihren Körper aufsteigen, bis der Scheitel erreicht ist. Danach dehnen Sie die neue Qualität durch Ihr ganzes Holon hindurch aus. Versuchen Sie, sie so weit wie möglich zu verkörpern und in Ihr Leben hineinzutragen. Die Phase C ist dem erneuten Auffüllen des leeren Ozeanbettes gleichzusetzen.

Ein erneuerter Erdkosmos

In den folgenden Tagen hatte sich die neue, wässrig anmutende Qualität des Raumes in der Landschaft noch weiter durchgesetzt. Ich konnte jedoch nicht verstehen, warum die Kraft der vier Elemente dabei so rapide schwand. Ich hätte eher eine Stärkung erwartet.
Immer wieder begab ich mich zu meinen Beobachtungsplätzen, um zu erfahren, ob sich die erfolgreich abgeschlossene Umkehrung bereits positiv auf die Qualität der Elemente ausgewirkt hatte. Dies war einfach nicht der Fall.
Am 8. März vermerkte ich in meinem Tagebuch, dass es offensichtlich nicht mehr möglich sein werde, die Raumqualität nach dem Zustand der vier Elemente zu beurteilen. Das Element Wasser konnte ich auf der Erdoberfläche gar nicht wahrnehmen, sondern lediglich seine Präsenz hoch oben am Himmel spüren. Das Element Feuer schien demgegenüber nur noch in der Erdtiefe anwesend zu sein. Die Qualität des Elements Erde war überhaupt nicht zu spüren. Das Luft-Element schien allgegenwärtig zu sein. Wo ich auch hinspürte, ich konnte es als allgemeine Seelenpräsenz wahrnehmen.
Am 27. März 2002 waren die Resultate meiner Beobachtungen immer noch katastrophal. Ich konnte keinen sinnvollen Kontakt mit den vier Elementen mehr aufnehmen. Ich kommentierte in meinem Tagebuch, dass die Erde während der

Umstülpung vom Februar 2002 sich so wesentlich verändert habe, dass die klassischen vier Elemente bei der neuen Gestalt der Erde jede Bedeutung verloren hatten.

Es kamen mir einige Träume zu Hilfe, zum Beispiel, dass ein schrecklich verwitterter Fahrweg mit einer vollkommen glatten Asphaltschicht überzogen worden ist. Man nimmt jedoch den krassen Unterschied gar nicht wahr. Die neue Asphaltstraße wird weiterhin mit Kies bestreut, wie man es vorher immer wieder tun musste, um die neu entstandenen Löcher in der Fahrbahn zu flicken.

Die Botschaft des Traumes muss eigentlich nicht mehr besonders erklärt werden. Es wurde deutlich gemacht, dass man noch immer auf der alten Straße fährt, obwohl die neue Fahrbahn schon angelegt worden ist.

Das Geheimnis um das Schicksal der Elemente wurde schließlich am Karfreitag 2002 gelüftet. Ich hatte einen wichtigen Traum geträumt, der mir jedoch beim Aufwachen verloren ging. Zuerst war ich unglücklich darüber. Ich bat dann mein inneres Selbst, mich zu einem Platz zu führen, durch den ich mich der Botschaft des Traumes wieder annähern könnte.

Ich wurde nicht zu einer einzigen Stelle, sondern nacheinander zu sieben Plätzen geführt. Jeder Platz war bemüht, mir einen bestimmten Inhalt nahe zu bringen, der in Zusammenhang mit der neuen »Asphaltstraße« steht. Im Nachhinein kann ich genauer beschreiben, was ich durch die sieben Plätze vermittelt bekam: Es wurde mir eine neue, und zwar kosmische, Gestalt der vier Elemente vorgestellt. Während der folgenden Ostertage machte ich mich wiederholt auf den »Pilgerweg« durch die sieben Plätze der Elemente, um mit der neuen Wirklichkeit der Elemente vertrauter zu werden.

Als Erstes hat sich herausgestellt, dass es keinen wesentlichen Unterschied mehr zwischen den vier irdischen Elementen und den sieben kosmischen Strahlen gibt. Sie sind unter dem Druck der Kräfte, die der epochalen Umstülpung des Raumes entsprangen, zu einer synergetischen Ganzheit zusammengewachsen.

Bislang waren die klassischen vier Elemente – zusammen mit dem Äther, dem fünften Element der westlichen Tradition – die einzigen Werkzeuge, durch die an der irdischen Wirklichkeit gearbeitet wurde. Die sieben Strahlen stellten die komplementären Werkzeuge des universellen Geistes dar, durch die verschiedene Dimensionen des Universums erschaffen wurden. Die Elemente und die Strahlen unterschieden sich wesentlich voneinander, da sie verschiedenen Ebenen des Seins angehörten.

Nun sind die beiden Pole der schöpferischen Kraft in einer Synthese zusammengewachsen. Man könnte es so ausdrücken, dass jedes der vier Elemente einen dreistufigen kosmischen Überbau erhalten hat (4 + 3 = 7). Die drei Stufen des »Überbaus« der herkömmlichen vier Elemente setze ich mit der kosmischen Dreiheit gleich beziehungsweise mit den Qualitäten:

- der Ganzheit und Allverbundenheit,
- der göttlich-schöpferischen Kraft,
- der fortgesetzten Wandlung.

In der zweiten Hälfte des Jahres 2002 konnte man die kosmische Qualität der vier Elemente auch schon mit dem inneren Auge »sehen«. Man konnte einen besonders starken Glanz in der Aura der Energiebrennpunkte wahrnehmen, den sie vorher nicht besessen hatten.

Um die neue Qualität der Elemente zu charakterisieren, könnte man auch sagen, dass sie nicht mehr die quasi-objektiven Merkmale eines energetischen Werkzeugs der Schöpfung zeigen. Sie sind eher zu einem seelischen Werkzeug des Erdbewusstseins geworden. Da jedoch das Bewusstsein der Erde ein emotionales Bewusstsein ist, wurde den vier Elementen eine starke emotionale Ladung gegeben. Diese könnte man jeweils folgendermaßen benennen:

- *Element Wasser* – eine jungfräuliche Präsenz voll von Liebe und Freundlichkeit,
- *Element Feuer* – eine tiefe und liebevolle Sehnsucht nach Vollkommenheit,
- *Element Erde* – Neutralität, Heiterkeit, Herzensnähe,
- *Element Luft* – Durchsichtigkeit, Weite, Neugier.

Bald danach wurde mir durch einen »Zufall« eine Übung gezeigt, durch die man die neuen Qualitäten der vier Elemente in der Natur wahrnehmen kann. Ich fuhr mit dem Zug von Mühldorf am Inn in Richtung Salzburg. Der Wagen war fast leer. Einige Reihen vor mir saß eine Frau. Wohl aus Langeweile streckte sie ihre beiden Hände nach oben über die Lehne und führte folgende Geste so aus, als ob sie sie mir demonstrieren wollte: Mit dem Daumen berührte sie nacheinander das mittlere Glied der anderen vier Finger der Hand.

Die Geste war mir vertraut, da ich eine ähnliche gebrauche, um die klassischen vier Elemente an einem bestimmten Platz zu identifizieren und ihre jeweilige Qualität zu bestimmen. Sie war mir vor Jahren durch meine Tochter Ajra Miška beigebracht worden. Um mit einem bestimmten Element in Resonanz zu treten, wird dabei durch den Daumen jeweils das *unterste* Glied der anderen vier Finger derselben Hand berührt, und zwar am:

- Zeigefinger für das *Element Wasser,*
- Mittelfinger für das *Element Feuer,*
- Ringfinger für das *Element Erde,*
- kleinen Finger für das *Element Luft.*

Durch die Berührung des Fingers wird die Resonanzbrücke zum entsprechenden Element hergestellt. Die andere Hand bleibt frei, um in das Energiefeld des Platzes hineinzugreifen und den Raum »abzutasten« zu können und dadurch seinen Zustand bezüglich des fraglichen Elements zu erspüren.

Meine »Eisenbahnmuse« hatte diese Übung umprogrammiert, indem sie statt des untersten Fingergliedes das nächsthöhere berührte. Dadurch kommt man mit der höheren Qualität der vier Elemente in Resonanz – eine Qualität, die dadurch entstanden ist, dass die »alten« Elemente nach dem 20.02.2002 einen kosmischen Überbau erhalten haben.

Die heilbringenden Zentren

Im vorangegangenen Kapitel wurde vom kosmischen Doppelgänger und von der neuen Organisation des menschlichen Energiekörpers berichtet. Das vorliegende Kapitel ist dazu das komplementäre Gegenstück. Ich wage den Versuch, die Resultate der letzten Umkehrung des Raumes aufzuzeichnen, so wie sie sich auf der makrokosmischen Ebene des Erdplaneten kundgetan haben. Ich vergleiche diese neuen Entwicklungen mit den Wandlungen, die ihre Spuren am Wesen Mensch hinterlassen haben.
Die epochale Umstülpung des Raumes entspricht der Offenbarung des kosmischen Doppelgängers beim Menschen. Ähnlich wie im Verlauf der Wandlung ein vergessener Aspekt von uns selbst, der sich »hinter unserem Rücken« befindet, aktiviert wurde, so wird bei der Landschaft eine Raumdimension belebt, die bislang im Unterbewusstsein des Raumes brachlag. In meinem Traum vom 18. November 2001 wurde sie als das noch leere Ozeanbett dargestellt.
Der Entdeckung des Lendenkanals beim Menschen entspricht der kosmische Überbau der vier Elemente. Unsere sexuellen Kräfte wurden durch die Aktivierung des Lendenkanals an die kosmischen Quellen der Schöpfung angeschlossen. Die Trennung zwischen den irdischen und den geistigen kreativen Fähigkeiten unseres Wesens wurde aufgehoben. Auch

den vier Elementen als den schöpferischen Werkzeugen der Erde wohnt seit dem Frühjahr 2002 eine geistige Dimension inne, die sie zu Werkzeugen des universellen Geistes erhoben hat, obwohl sie noch weiter auf der Erde aktiv sind.

Nun müsste die Entsprechung zum Stirnkanal gefunden werden. Ich erkannte sie in den »heilbringenden Zentren«, die ich im Frühjahr 2002 zum ersten Mal in verschiedenen Stadtlandschaften wahrnahm. Sie waren vor der epochalen Umstülpung des Raumes nicht vorhanden gewesen. Für das Erkennen der besonderen Rolle dieser Zentren hat mir ein Traum geholfen, der mir am 21. Mai 2002 in Järna, Schweden, geschenkt wurde:

Ich erfahre, dass meine Stiefmutter und ihre verwöhnte Tochter unangemeldet in meine Wohnung gekommen sind. Sie haben sich dort einquartiert, ohne mich zu fragen, ob mir das recht ist. Als ich zu Hause eintreffe, streiten die beiden gerade verbissen miteinander. Meine Stiefmutter macht Lärm in der Küche; ihre Tochter liegt mit entblößtem Rücken schmollend auf einem Bett. Geschäftig laufe ich einige Male an ihrem äußerst breiten nackten Rücken vorbei. Zuletzt nehme ich mir ganz fest vor, ihr einen Kuss auf den breiten Rücken zu verpassen, falls ich sie beim nächsten Vorbeikommen noch immer dort liegen sehe. Dann beobachte ich mich selbst, wie ich auf der Terrasse meine Unterhose ausziehe. Während ich sie ausziehe, grüble ich darüber nach, wie es möglich ist, dass meine Tochter – nicht die Stieftochter – schon gestorben ist.

Ein Traum dieser Art ähnelt einer komplizierten Hieroglyphe, die nur mit viel geistiger Anstrengung entziffert werden kann. So habe ich viele Nächte und Meditationen mit der Deutung dieses Traumes verbracht, bis ich mir seine Botschaft zufriedenstellend erklären konnte. Dabei halfen mir die Erfahrungen meiner erdheilerischen Arbeit des Frühlings 2002. Zu jener Zeit war ich in den Stadtlandschaften immer wieder auf Punkte gestoßen, wo ich eine Kraft von unglaublich heilbringender Qualität fand. Es ist an einem solchen

Platz eine besonders liebevolle Frische spürbar, als ob der Himmel dort die Erde geküsst hätte. Diese Erfahrung half mir, den Kuss aus dem Traum einzuordnen, der dem breiten Rücken der Stieftochter zugedacht war.

Der breite entblößte Rücken der jungen Frau stellt die Landschaft dar. Es handelt sich jedoch nicht um eine freie Naturlandschaft, sondern eher um die vom Menschen strapazierten Stadtbereiche. Sie sind durch die psychischen Eigenarten und die mentalen Turbulenzen ihrer Bewohner geprägt, wie das die schmollende Stieftochter demonstriert hat.

Nun möchte ich auch lieber in meiner Wohnung die *Erdmutter selbst* mit ihrer Tochter Natura sehen – und nicht ihre entfremdeten Doppelgänger! Aber die tagtägliche Wirklichkeit der Landschaft zeigt nun einmal ihr entfremdetes und verstümmeltes Gesicht, und das Erdbewusstsein muss sich dem stellen. So wurde ein geomantisches System von heilbringenden Zentren entwickelt, durch das die generelle Blockade überwunden werden kann, die an solchen Plätzen den Wandlungsprozessen entgegenwirkt. Ich meine damit die Blockade, die durch die erstarrten Kraftfelder der entfremdeten Landschaften zustande kommt.

Die Systeme der heilbringenden Zentren habe ich tatsächlich bislang nur in Städten gefunden, wo die meisten ins Chaos gestürzten Plätze zu finden sind. Die neuen Zentren sind gewöhnlich entlang einer bestimmten Achse aufgereiht. Sie zeigen unterschiedliche Qualitäten und Funktionen, die sich in ein komplettes Spektrum einordnen lassen. Diese Zusammenhänge wurden in meinem Traum durch das merkwürdige Bild dargestellt, dass ich meine Unterhose ausziehen muss, um an die verstorbene Tochter zu denken.

Durch dieses Bild wird ein ganzes Spektrum der Wirklichkeit symbolisiert, das bei den Urkräften der Erdtiefe beginnt und bis zu den hohen Ebenen der geistigen Welt reicht, wo die Verstorbenen verweilen. So auch im Fall der Systeme der heilbringenden Zentren: Es gibt dabei immer Punkte, die mit den Quellen der Urkraft zu tun haben, sowie solche, die dem Zwiegespräch mit der geistigen Welt dienen, und außerdem solche, die den ganzen Bereich dazwischen abdecken.

Ein Beispiel dafür ist die ungarische Hauptstadt Budapest, wo ich Mitte April 2002 tätig war. Mit der Stadt an der Donau hatte ich schon im Jahr zuvor gearbeitet. Doch erst dieses Mal konnte ich eine geistige Achse wahrnehmen, die der Donau entlang durch die Stadt verläuft. An dieser Achse fand ich eine Reihe von Energiezentren aufgereiht, die ich mit den heilbringenden Punkten gleichsetze. Die Achse bezieht ihre Kraft von einer Leylinie, an der entlang sie sich durch die Stadtlandschaft erstreckt.

Die Achse beginnt in Tabán, einem alten, heutzutage fast völlig zerstörten Stadtteil, der durch eine riesige Straßenkreuzung ersetzt wurde. Dort sind die Quellen der Urkraft beheimatet, deren Aufgabe es ist, die vital-energetischen Systeme der Stadt zu nähren. Das andere Ende der Achse befindet sich in der meditativen Umgebung der Margareteninsel, wo im Mittelalter ein bedeutsames Frauenkloster stand. Es handelt sich um einen Ort der Verbindung mit der geistigen Welt. Die Achse verläuft auch durch das prunkvolle Parlamentsgebäude, in dessen Mitte der nationale Schatz gehütet wird: die Krone des heiligen Stephan.

Entlang der Achse sind sämtliche Punkte aufgereiht, die die Qualität der heilbringenden Zentren offenbaren. Durch ihre Aktivität wird das ganze Spektrum der Achse belebt, einschließlich die Ausgießung ihrer Botschaft in das gesamte Land, was durch die Tätigkeit des Parlaments zustande kommt.

Gewöhnlich findet man die heilbringenden Zentren in einer Stadtlandschaft dort, wo die Natur noch einigermaßen lebendig ist, beziehungsweise dort, wo es zusammenhängende Parkanlagen gibt. Letzteres habe ich zum Beispiel in Bremen und Regensburg vorgefunden, wo die alten ringförmigen Wallanlagen in Parklandschaften umgewandelt worden sind.

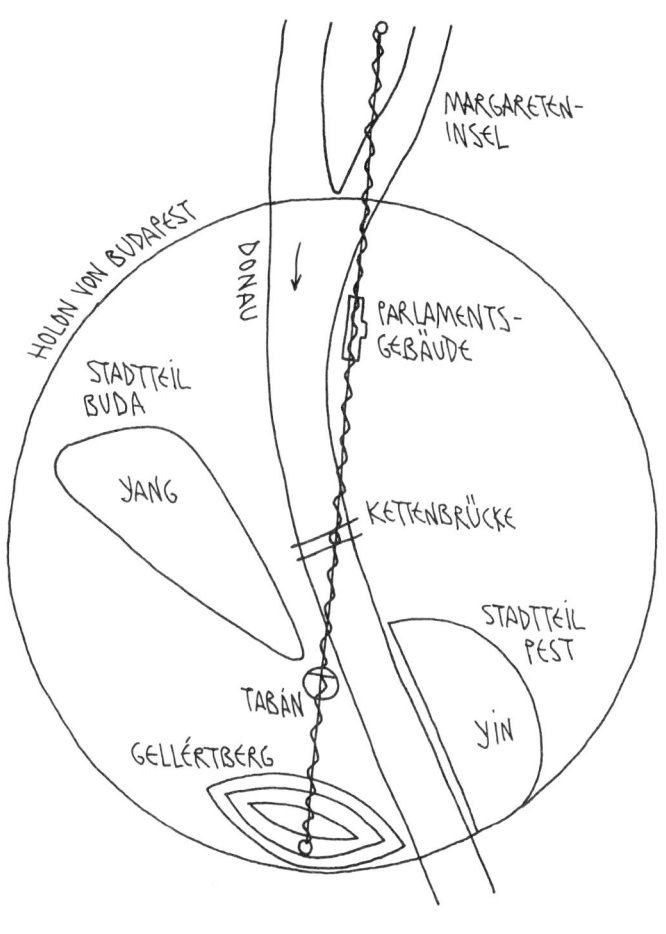

Das Holon von Budapest mit der geistigen Achse, entlang der sich heilbringende Zentren zu manifestieren beginnen

Von dort verbreitet sich die Wirkung auf die ganze Stadtstruktur.

Es ist aber zu betonen, dass die heilbringenden Zentren gewöhnlich mit Energiebrennpunkten identisch sind, die es schon immer gab. Durch den Impuls der Wandlung werden sie neu belebt und mit der heilbringenden Qualität durchtränkt. Dadurch erhalten sie ihre Fähigkeit, bei der Heilung und Neugestaltung der geomantischen Systeme der Erde mitzuwirken.

Einen anderen Fall habe ich im Herbst 2002 in Quito erforscht. Die Hauptstadt von Ecuador liegt in einem relativ engen Tal zwischen zwei Bergrücken der Anden. Die heilbringenden Zentren sind entlang der beiden Längsseiten der Stadtlandschaft aufgereiht, und zwar dort, wo sie in die freie Natur übergeht. Die Zentren sind in einem Netzwerk verbunden, wobei die Fäden des Netzes quer durch die Stadtstruktur verlaufen.

Wie der »Kuss« eines heilbringenden Zentrums beziehungsweise einer entfremdeten Landschaft zustande kommt, habe ich während eines Workshops in Ljubljana »gesehen«, als an dem System der heilbringenden Zentren für die Hauptstadt von Slowenien gearbeitet wurde. Es wurde mir hoch oben am Himmel ein Band gezeigt, das aus Heilenergien besteht. Das Band ist die Quelle der heilenden Potenz sämtlicher Strahlen, die dann unten tief in der Erde verankert werden. An dem Punkt, wo sie die Erdoberfläche berühren – beziehungsweise sie durchbohren, um in die Erdtiefe zu gelangen –, entsteht ein heilbringendes Zentrum.

Nach der Umstülpung: der reißende Strom der großen Reinigung

Der Schattenaspekt des Doppelgängers

Meine Begeisterung über die großartigen Resultate, die die Umstülpung des Erdraumes vom Februar 2002 hervorgebracht hatte, dämpfte ein Traum am 14. April. Um meine gute Laune zeitweilig zu retten, gelang es mir, die Botschaft des Traumes genau einen Monat lang zu ignorieren. Danach brach meine Abwehr zusammen.

Die Geschichte des Traumes ist recht einfach: Mein Verleger ruft mich an und bittet mich, schnell in sein Büro zu kommen. Als ich dort ankomme, wird mir ein Schreiben des Ministeriums für Kultur vor die Nase gehalten. Darin steht, dass das Erscheinen meines neuen Buches vom Ministerium verboten werde, da das Ministerium selbst dabei sei, ein ähnliches Buch herauszugeben. Es sei nicht sinnvoll, zwei ähnliche Bücher gleichzeitig zu publizieren. Ich bin zutiefst empört und beleidigt und bringe sofort meinen Protest vor: Zum einen handele es sich bei meinem Werk um ein bescheidenes Buch, begrenzt auf ein bestimmtes Land, wodurch keine Konkurrenz entstehe. Zum anderen behaupte ich, das Verbot sei mir durch den Minister selbst eingebrockt worden. Da ich ihn persönlich kenne, will ich voller Wut in das Ministerium stürmen und ihm vorwerfen, dass mein *hoch wichtiges* Werk durch seine Entscheidung behindert werde.

Als ich aufwachte, wurde mir sofort klar, dass mein Protest wertlos und nichts als eine konfuse Mischung aus übertriebener Selbstdemütigung und aufgeblasener Selbstverherrlichung war. Wer für die Botschaft des Traumes offen ist, wird nicht übersehen, dass durch die Geschichte des Traumes ein

Versuch gestartet wurde, mich auf einen Fehler aufmerksam zu machen. Manche Eigenschaften, auf die ich keineswegs stolz sein kann und mit denen ich im Alltag fortwährend zu ringen habe, wurden geradezu karikiert, um mein Ohr für gewisse Wahrheiten zu öffnen.

Aus der Perspektive der späteren Ereignisse lautete die Botschaft des Traumes, dass im gegebenen Moment der Erdwandlung eine andere Aufgabe von Bedeutung sei als die, der ich damals meine ganze Aufmerksamkeit schenkte. Ich wurde aufgerufen, meine festgefahrenen Vorstellungen über die generelle Ausrichtung der gegenwärtigen Erdwandlung loszulassen und mich einer möglichen Kursänderung zu öffnen. Durch das Symbol des vom Ministerium vorbereiteten Buches, das sich von meinem zwar gering, aber in einer schicksalhaften Weise unterscheidet, wurde auf eine unerwartete Veränderung im Prozess hingewiesen, von der ich noch keine Ahnung hatte.

So weit kann man die Botschaft aus der Struktur des Traumes herauslesen. Ich hatte jedoch keine Vorstellung davon, was ich im Fall, dass ich mich entscheiden würde, die Anweisung zu befolgen, praktisch ändern sollte. Genauer gesagt, mein waches Bewusstsein – um es freundlich auszudrücken – war darum bemüht, mein Unwissen in der Sache vorzutäuschen, weil es vor dem Schritt ins Unbekannte scheute. Es führte dazu, dass ich so weitermachte, als ob es die verhängnisvolle Botschaft nicht gegeben hätte.

Diese falsche Haltung gegenüber der Stimme der eigenen Seele rächte sich an meiner Gesundheit. Nach drei Wochen begann ich unter verschiedenen körperlichen Beschwerden zu leiden, und ich sah mich geradezu gezwungen, der vergessenen Botschaft erneut zuzuhören.

Es kam mir ein Traum zu Hilfe. Das erste Bild zeigte mich selbst eingezwängt in mein veräußerlichtes Bewusstsein, das sich erfolglos »bemühte«, die Antwort auf die drängende Frage zu finden, was in meiner Arbeit zu ändern wäre:

Ich sitze in einem voll gepackten Auto, dessen Fahrer unentwegt versucht, es auf einem zu engen Parkplatz abzustellen. Unzählige Male steuert er in die kleine Parklücke hinein und wieder hinaus. Schließlich wird mir dieses Hin und Her zu viel. Ich steige wütend aus dem Auto und sage, dass ich damit nichts mehr zu tun haben wolle. Stattdessen begebe ich mich in mein Zimmer. Als ich ins Zimmer trete, ist mein Erstaunen groß. Die rechte Seite des Zimmers ist inzwischen neu gestaltet worden und strahlt wie nie zuvor Ordnung und Schönheit aus. Als ich mich jedoch umdrehe und zu der linken Seite des Zimmers blicke, die sich zuvor hinter meinem Rücken befand, werde ich fast vom Schlag getroffen. So eine furchtbare Unordnung habe ich noch nie gesehen. Zutiefst schockiert nehme ich in der Unordnung einige Wesenheiten wahr, die sich dort zu schaffen machen.

Wenn man den Traum analysiert, wird man zwei Ebenen unterscheiden. Zum einen handelt es sich um das veräußerlichte egozentrische Bewusstsein, das durch den engen Raum des Autos symbolisiert wird, das *vor* dem Haus einen Parkplatz sucht. Zum anderen haben wir es mit dem eigenen Zimmer zu tun, das sich im ersten Stock des Hauses befindet. Es symbolisiert den persönlichen geistig-seelischen Raum beziehungsweise den Innenraum der menschlichen Psyche.

Der Traum charakterisiert den gegenwärtigen Menschen als ein gespaltenes Wesen, das bewusstseinsmäßig in zwei voneinander getrennten Räumen existiert. Einerseits sucht der Mensch vergeblich nach seinem »Parkplatz« in der Straße des veräußerlichten Bewusstseins. Getrennt davon verläuft andererseits das innere Leben seiner Psyche auf einer »höheren« Ebene des Raumes. Dies ist ein bekannter und oft angesprochener Sachverhalt, der an sich schon tragisch ist. Hinzu kommt – so die stark emotional befrachtete Botschaft des Traumes – eine weitere verhängnisvolle Teilung, und zwar innerhalb des persönlichen Innenraumes selbst, von der der moderne Mensch kaum eine Ahnung hat.

Diese erschütternde Teilung auf der zweiten Potenz kann man sich, so die Traumbilder, als eine harte Trennung zwischen den Licht- und den Schattenaspekten unserer inneren Welt vorstellen. Die beiden Aspekte werden im Traum durch die zwei unterschiedlichen Blickrichtungen des Auges meiner Psyche dargestellt.

Als ich in den vorderen Teil schaute, sah ich die wunderbare neue Ordnung des Wesens Mensch, die durch die letzten Fortschritte auf dem Weg der Wandlung nach und nach zustande kommt. Es geht dabei – wie schon geschildert – vorerst um die Wiederentdeckung des kosmischen Doppelgängers und der drei horizontalen Energiekanäle, die durch die Herzkraft balanciert werden.

Als ich mich jedoch umdrehte, sah ich die verhängnisvolle Unordnung in meinem Rücken, die ich mit dem persönlichen Schatten gleichsetzen möchte. Was mich beunruhigte, war der Umstand, dass ich den Bereich hinter dem Rücken bislang ausschließlich mit der segensvollen Präsenz des kosmischen Doppelgängers gleichgesetzt hatte. Wie konnte der Raum, den ich bisher in Zusammenhang mit der zweiten Erscheinung Christi gesehen hatte, gleichzeitig einer verstaubten Abstellkammer gleichen? Konnte es sein, das dem gepriesenen Rückenraum eine weitere Dimension innewohnte, die mir nicht bekannt war?

Es dauerte elf Tage, bis ich über die Antwort auf diese brennenden Fragen stolperte. Sie wurde mir in den letzten Minuten vor meiner Abreise aus Venedig im Mai 2002 zuteil, als ich schon im Boot saß, das mich zum Flughafen Marco Polo bringen sollte. Ich war mehrere Tage lang mit einer amerikanischen Seminargruppe in Venedig unterwegs gewesen; die Botschaft erreichte mich jedoch eigenartigerweise erst im letzten Moment.

Der Bootsführer ließ uns Passagiere wissen, dass das Boot erst in zwanzig Minuten ablegen würde. Wir sollten uns an Land noch einen Kaffee gönnen. Die Aussicht auf eine Tasse Kaffee

Der obere Teil des Tiepolo-Gemäldes zeigt die universelle Göttin, deren Essenz durch ein Vögelchen widergespiegelt wird. Ihren göttlichen Sohn hat sie der heiligen Rosa gereicht

brachte mich nicht in Bewegung, hingegen mein Interesse für Malerei. Der Anlegeplatz der Boote, die zwischen der Stadt und dem Flughafen verkehren, befindet sich gegenüber der Insel Giudecca, genau vor der Kirche Santa Maria del Rosario, Gesuati genannt. Die Kirche hatte ich seit mindestens fünfzehn Jahren nicht mehr besucht, weil ich sie während der Vorbereitungen für mein erstes Venedigbuch nicht in das geomantische System der Wasserstadt hatte einordnen können. Da ich aber wusste, dass die Gesuati-Kirche wertvolle Gemälde beherbergt, entschloss ich mich nun, die Wartezeit dazu zu nutzen, mich an ihren Kunstwerken zu erfreuen.

In der Kirche begann ich meinen Rundgang an der rechten Seite. Schon das erste Gemälde beeindruckte mich zutiefst. Es handelt sich um ein Meisterwerk von Giambattista Tiepolo aus dem Jahr 1748, das die Jungfrau Maria zeigt, die vor drei heiligen Frauen – Rosa von Lima, Katharina von Siena und Agnes – erschienen ist. Oben ist die göttliche Jungfrau dargestellt, vor einem winzigen Vogel, der auf einer eisernen Stange sitzt, die den Hintergrund des Gemäldes scheinbar durchbohrt. Marias Schönheit ist nicht zu beschreiben; man könnte sie zu Recht als universelle Göttin bezeichnen.

Unterhalb von Maria steht Rosa von Lima mit dem neugeborenen Christuskind, das Maria ihr zum Wiegen gereicht hat. Erinnert sei hier an das Urbild des inneren Kindes, dem der Anfang des Buches gewidmet ist. Die heilige Rosa verkörpert in wundervoller Weise die liebevolle Zuwendung des suchenden Menschen zu seinem inneren Kern, vertreten durch das Christuskind.

Zu ihrer Rechten steht die heilige Katharina von Siena, die in der rechten Hand ein Kruzifix hält, das fast so hoch ist wie ihre Gestalt. Es ist bemerkenswert, dass sie die Figur des am Kreuz leidenden Christus auf so eine geschickte Weise umarmt, dass man den Eindruck bekommt, der Leidende befände sich eigentlich hinter ihrem Rücken. Das in rostbraunen Farben gehaltene Kruzifix gleicht einem Schatten.

Was für ein Urbild könnte die heilige Katharina wohl vertreten, wenn nicht das Urbild des suchenden Menschen in der Beziehung zu seinem kosmischen Doppelgänger? Dessen archetypische Gestalt steht in Beziehung zur zweiten Erscheinung Christi – siehe das Kruzifix – und verweilt im Schattenbereich unseres Rückens. Nur zur Erinnerung: Seine Rolle wäre, den betreffenden Menschen mit den Quellen der irdischen Urkraft und gleichzeitig mit der Weisheit der kosmischen Reiche zu verbinden.

Der Grund für meine Begeisterung für dieses Gemälde lag darin, dass ich endlich eine inspirierende Darstellung gefunden hatte, bei der das Prinzip des inneren Kindes mit dem Urbild des kosmischen Doppelgängers verbunden wird.

Aber das Gemälde von Tiepolo bot noch mehr. Es wies auch auf einen mir bislang unbekannten Schattenaspekt des kosmischen Doppelgängers hin, den ich zuvor nie mit seiner erhabenen Gestalt in Beziehung gebracht hätte. Doch siehe, der Schatten wird auf dem Gemälde nicht nur durch die rostbraune Gestalt des gekreuzigten Erlösers dargestellt. Die heilige Katharina, die die Gestalt des Gekreuzigten »hinter ihrem Rücken« trägt, wird mit einem Folterwerkzeug, seiner Dornenkrone, gekrönt. Noch mehr: Mit ihrem schönen rechten Fuß berührt sie einen Schädel, der am Boden liegt. Die Symbole des Schattens sind verblüffenderweise die Attribute ihrer eigenen Person.

Bezogen auf den zuletzt geschilderten Traum vertritt die heilige Rosa von Lima mit dem inneren Kindlein auf den Armen die neu geordnete Hälfte »meines Zimmers«, die von Licht erstrahlte. Die heilige Katharina, versehen mit den Symbolen des Leidens und der Todesnähe, repräsentiert seine Schattenseite, die mir eine unglaubliche Furcht einjagte, als ich mich umdrehte und dort das Durcheinander erblickte.

Während des Fluges nach Schweden beschäftigte ich mich weiter mit der Botschaft des Gemäldes aus der Gesuati-Kirche. Man könnte sagen, dass der kosmische Doppelgänger des

Menschen eine Rolle übernommen hat, die man gewöhnlich nicht mit dem hohen Ideal eines geistigen Meisters verbinden würde. Es geht um die Rolle, die durch das Urbild des gekreuzigten Gottessohnes reflektiert wird: Dem Menschen wird die schwere Last der persönlichen Verfehlungen und anderer Schulden gegenüber der Ganzheit des Lebens abgenommen und auf die Schulter seines kosmischen Doppelgängers gelegt. Welchen Sinn könnte ein solcher Akt der Gnade haben?

Es wird dadurch vermieden, dass der betreffende Mensch die totale Blockierung seines eigenen Weges erleidet. Da der Schatten des betreffenden Menschen von seinem kosmischen Zwilling übernommen und aufopferungsvoll getragen wird, ist der Mensch frei, an seiner Weiterentwicklung zu arbeiten, ohne unter der Last der Schulden zusammenzubrechen.

Bislang hatte ich mich heftig dagegen gewehrt, das Symbol des Gekreuzigten als ein Symbol Christi zu akzeptieren. Auch in meinem Buch *Erdsysteme und Christuskraft* fand ich keinen ehrenvollen Platz für den am Kreuz leidenden Gottessohn. Ich konnte nicht akzeptieren, dass die persönlichen Probleme durch eine äußere Instanz, durch jemand anders übernommen werden, um sie dann durch den Akt der Erlösung ins Licht zu heben. Ich vermisste dabei die persönliche Verantwortung, die uns ermöglicht, durch die Auseinandersetzung mit dem eigenen Schatten Erfahrungen zu sammeln und dadurch innerlich zu wachsen.

Nun war ich auf eine Darstellung des menschlichen Mikrokosmos gestoßen, bei der das Prinzip der Erlösung mit dem Prinzip des verantwortungsvollen persönlichen geistigen Weges verbunden ist. Es wird nicht nur auf eine zukünftige Erlösung gewartet, sondern man kann die erlösende Kraft als eine dem eigenen Holon innewohnende Energie erleben, wenn an der Umwandlung der eigenen Schattenbereiche gearbeitet wird.

Und doch handelt es sich keineswegs um eine Selbsterlösung! Die erlösende Kraft entspringt dem kosmischen Zwillings-

Der untere Teil des Tiepolo-Gemäldes zeigt sowohl den Schatten- als auch den Lichtaspekt der Erscheinung Christi

wesen des Menschen, das ich bereits als einen Aspekt Christi dargestellt habe. Es steht in Beziehung zum persönlichen Ich und bewahrt gleichzeitig die allumfassende Qualität eines universellen Wesens.

Als ich in Stockholm angekommen war, wollte ich sofort zur Küste von Solvik weiterreisen – zu dem Platz gegenüber der Insel Mörkö, wo ich zwei Jahre zuvor Todesnähe erlebt hatte. Meine Intuition flüsterte mir zu, dass ich damals das erste Mal die Furcht erregende Erfahrung gemacht hatte, die mir im Rahmen meines Traumes von den zwei Zimmerhälften erneut zuteil geworden sei.

Damals hatte ich an der Küste von Solvik in der Nähe von Järna nach Plätzen gesucht, wo man im Rahmen meines Seminars Elementarwesen wahrnehmen könnte. Am Meer fand ich eine Stelle, an der ich einen ätherischen Eingang in eine unbekannte Dimension wahrnahm. Dem Phänomen schenkte ich jedoch nur sehr kurz Beachtung, um dann weiterzulaufen und mich mit meinen damaligen Aufgaben zu beschäftigen. Erst in den folgenden Stunden und in der Nacht zeigten sich dann die verheerenden Folgen dieser flüchtigen Begegnung. Ich wurde krank, hatte Furcht erregende Erfahrungen von Todesnähe und einen Traum, der mir bestätigte, dass ich einer Kraft begegnet war, die fähig gewesen wäre, meinen Lebensfaden zu durchschneiden.

Diese Erfahrung konnte ich später in die Komposition meiner Reise durch die verschiedenen Aspekte des Weiblich-Göttlichen im Menschen einbringen. Ich war damals dem schwarzen Aspekt der Göttin begegnet. Aber was genau die Dramatik dieser Begegnung ausgemacht hatte, blieb mir bis zu meiner Erfahrung mit dem Gemälde aus der Gesuati-Kirche verborgen. Erst danach wurde mir bewusst, dass ich zwei Jahre zuvor in Solvik das erste Mal meinem Schatten in die Augen geblickt hatte, der sonst durch die Gnade des kosmischen Doppelgängers »hinter meinem Rücken« verborgen gehalten wird. Erst wenn man geistig und gefühlsmäßig bereit

ist, sich mit der furchtbaren Wahrheit des Schattens zu konfrontieren, wird einem dieser Blick gewährt.
Es ist für das äußere Bewusstsein absolut unvorstellbar, wie grausam die eigenen vermeintlich harmlosen Fehler aussehen, wenn man sie auf die weiße Leinwand der kosmischen Vollkommenheit projiziert. Ihr Anblick kann bis auf die Fundamente der Seele erschüttern. Doch davor wird der Mensch stets durch die Gnade seines kosmischen Zwillings behütet. Er nimmt die Last auf seine Schultern. Er wird freiwillig an Stelle des jeweiligen Menschen »gekreuzigt«.
Die Situation hat sich durch die kosmisch initiierte Erdwandlung jedoch wesentlich geändert. Wir werden aufgerufen, unsere verlorene Ganzheit wiederzuentdecken und sie zu leben. Es wäre uns Menschen nicht möglich, auch nur daran zu denken, uns auf die höhere Stufe der Entwicklung aufzuschwingen, wenn die Altlasten nicht zuvor umgewandelt würden. Sie sollten schrittweise von den Schultern des kosmischen Zwillings genommen und mit seiner liebevollen Hilfe in Licht umgewandelt werden.
Darin lag die geheimnisvolle Traumbotschaft des Schreibens, das mein Verleger »vom Ministerium« erhalten hatte: Ich sollte zeitweilig von meiner Fixierung auf die Wandlungsphänomene bei der Landschaft und beim Menschen Abstand nehmen und mich in der gegenwärtigen Phase der Erdwandlung vorrangig der Befreiung vom persönlichen Schatten widmen. Sobald ich die Botschaft der beiden oben geschilderten Träume verstanden hatte, wurde ich mit einer passenden Übung beschenkt. Die Leichtigkeit, mit der dies geschah, kann man als Zeichen werten, wie relativ einfach es geworden ist, mit alten Belastungen umzugehen. Es werden seitens des kosmischen Bewusstseins – sprich der Engelwelt – alle möglichen Werkzeuge zur Verfügung gestellt, um uns die unumgängliche Aufgabe zu erleichtern.
Von allein und mit ausschließlicher Berufung auf die göttliche Gnade wird die Aufgabe nicht zu bewältigen sein. Schon

aus karmischen Gründen ist man dazu verpflichtet, einen eigenen, wenn auch minimalen Beitrag zu leisten. Nachdem man – zum Beispiel aufgrund der unten vorgeschlagenen Übung – erste Schritte zur Wandlung des persönlichen Schattens getan hat, bekommt man die volle Hilfe, um den Umwandlungsprozess relativ leicht bis zum erfolgreichen Ende fortzuführen.

Die neue Übung wurde mit rund fünfzig Seminarteilnehmern aus ganz Schweden das erste Mal genau an dem Platz gegenüber der Insel Mörkö ausgeführt, wo ich angesichts meines unerlösten Schattens zwei Jahre zuvor in Todesnähe geraten war.

- Sie erden sich und visualisieren die Schutzhülle Ihres Holons. Sie sind verbunden und zentriert.
- Sie werden sich der Präsenz Ihres kosmischen Doppelgängers hinter Ihrem Rücken bewusst. Wie ein vergessener Zwilling schwebt Ihr Doppelgänger Rücken an Rücken hinter Ihnen.
- Sie prüfen, ob er nicht mit der schweren Last eines von Ihnen unverarbeiteten Schattenaspekts beladen ist. Es kann sich dabei um einen schon bekannten Aspekt handeln, den Sie sich bewusst vornehmen. Sie können sich aber auch überraschen lassen und für das offen sein, was zur Wandlung bereitsteht.
- Sie lassen den gewählten Schatten des Doppelgängers durch Ihren Körper gleiten, sodass dabei so gut wie jede Körperzelle berührt wird.
- Dann führen Sie den Schatten so weit nach vorn, bis er vor Ihnen schwebt und Sie sein »Gesicht« erkennen. Schauen Sie ihn genau an, beziehungsweise erspüren Sie seine Präsenz. Erlauben Sie seinen Kräften, sich frei vor Ihnen zu entfalten, auch wenn sie sich als noch so hässlich erweisen.
- Wenn Sie spüren, dass die Entfaltung dieser Kräfte den Höhepunkt erreicht hat, bitten Sie um die Gnade der Wandlung.

- Danach führen Sie den Schatten kopfunter und nach vorn in den Wirbel der Wandlung. Es kommt zu einer mehrmaligen Umstülpung wie beim Purzelbaumschlagen oder beim Weg durch eine Zentrifuge. Sie können dabei auch noch die Farbe Violett einfließen lassen.
- Im geeigneten Moment wird die Konzentration auf den Wirbel losgelassen. Achten Sie nun darauf, was *in diesem Moment* aus dem Wirbel aufsteigt. Es kann ein Lichtwesen sein, ein Lichtmandala, ein segensreiches Gefühl oder vieles andere. Die Kraft, die vorher im Schatten eingefroren war, wird nun als eine positive Qualität frei und tritt hervor.
- Sie nehmen diese Kraft in Ihr Herz hinein und lassen sie zu einem Teil von Ihnen werden. In dem Fall, dass Sie an der Wandlung der entfremdeten Fragmente der Erdseele gearbeitet haben, wird die erlöste Kraft über die Welt ausgebreitet. Bedanken Sie sich.

Nachdem alle Seminarteilnehmer die Übung individuell ausgeführt hatten, versammelte sich die Gruppe an einem sonnigen und windgeschützten Platz, um über die Erfahrungen zu berichten. Der Austausch interessierte mich brennend. Zum einen war ich mir nicht sicher, ob die Methode zur Umwandlung des persönlichen Schattens bei anderen Menschen genauso erfolgreich wirken würde wie bei mir. Zum anderen war ich durch meine Erfahrung, dass die Wandlung manchmal fast zu reibungslos verlief, verunsichert. Es stand in keinem Verhältnis zu den Wahrnehmungen der Jahre zuvor, als eine bleierne Gegenkraft noch sehr stark spürbar war.

Die Berichte der Teilnehmerinnen und Teilnehmer wirkten beruhigend, manchmal sogar begeisternd. Einige erzählten von schweren Traumata aus der Jugend, die aufgrund der Übung überraschend aufgetaucht waren und erfolgreich in Licht verwandelt werden konnten. Andere berichteten von verblüffenden Einsichten in belastende vergangene Leben. Es war ihnen gelungen, an die Traumata heranzukommen, um sie dem Wirbel der Wandlung zu übergeben. Es gab auch Berichte von Zwängen, in denen die Betroffenen gerade steckten und deren Ursachen erfolgreich in den Wandlungsprozess geholt werden konnten.

Die erfreulichen Resultate der Übung zur Umwandlung des persönlichen Schattens ermunterten mich dazu, einen Schritt weiterzugehen. Am folgenden Tag – dem 20. Mai 2002 – schlug ich der Gruppe vor, einen Beitrag zur Umwandlung des kollektiven Schattens der Menschheit zu leisten. Eine Gruppe, die sich bewusst der Liebe und der Wahrheit widmet, könnte nach dem holografischen Prinzip stellvertretend für die Menschheit an der Wandlung der gemeinsamen Schattenaspekte wirken.

Doch was wäre unter dem kollektiven Schatten überhaupt zu verstehen?

Es ist mir höchst suspekt, in diesem Zusammenhang von einem »Teufel« zu reden. Und doch kann man sich unter dem kollektiven Schatten vorstellen, dass sich unzählige persönliche Verfehlungen, sogar bewusste Böswilligkeiten nach und nach zu einer Riesenwolke von negativer Kraft, zum Megaschatten der Menschheit, zusammengeballt haben.

Nun der nächste Schritt: Während der langen Epoche der Selbstentfremdung des Menschen – diese Epoche habe ich oben mit einem aus der Archäologie stammenden Begriff als »eisernes Zeitalter« bezeichnet – gab es immer wieder Einzelpersonen und Gruppen, die versucht haben, den Megaschatten bewusst zu missbrauchen, um die eigenen Machtansprüche mit einer starken Antriebskraft zu versehen. Durch die wiederholte, bewusst negativ bewertete Kommunikation mit dem Megaschatten wurde ihm nach und nach eine böswillige Intelligenz verliehen, die es »ihm« schließlich ermöglichte, sich von seinen Herren loszubinden. Eine relativ eigenständige Gegenkraft ist erschaffen worden, deren Interesse wohl ausschließlich darin liegt, zu überleben und an Gewicht zuzunehmen.

Weil die Furcht einflößende Intelligenz dem gespaltenen Bewusstsein des modernen Menschen entsprang, ist auch das Schattenwesen in zwei einander gegensätzliche »Riesen« geteilt worden. Einer von ihnen ist krampfhaft mit der Materie verhaftet und fördert im Menschen die Sucht nach der materiellen Macht. Der andere ist philosophisch-theologisch orientiert und bemüht sich, den Menschen zu Illusionen und falschen Idealen zu verführen.

Die beiden Pole des Megaschattens wurden schon in Zusammenhang mit der Katastrophe vom 11. September erwähnt: in der Traumsequenz, in der sie gegeneinander kämpfen und sich tödliche Wunden schlagen. Rudolf Steiner hat am Anfang des 20. Jahrhunderts den an die Materie gebundenen Pol mit dem Gottesnamen Ahriman benannt. So hieß der persische Gott der Finsternis. Seinem Gegenpart im Licht wurde der Name Luzifer verliehen. Nach der Wortbedeutung des Namens handelt es sich dabei um eine Macht, die einen anderen zu weit ins Licht führt, um ihn dadurch in Illusionen untergehen zu lassen.

Nachdem die Begriffe zum Schattenaspekt der Menschheit mit der Seminargruppe in Järna geklärt worden waren, suchten wir einen geeigneten Platz auf, wo das Ritual der Wandlung des Megaschattens am besten gefeiert werden konnte.

Das Ritual verläuft ähnlich wie die Umwandlung des persönlichen Schattens. Es wird ein Kreis gebildet und dem göttlichen Licht und der Herzensliebe geweiht. Der gewählte und im Voraus besprochene Aspekt des kollektiven Schattens wird dann außerhalb, das heißt »hinter dem Rücken«, des Kreises manifestiert. Der Megaschatten wird anschließend durch den Kraftring des Kreises hindurch in die Mitte gezogen, um dort in seiner wahren Gestalt wahrgenommen zu werden – statt ihn durch den eigenen Körper hindurch in die Mitte des Kreises zu führen, was in diesem Fall zu intensiv wäre. Nun ist die

Schattenwesenheit dem Wirbel der Umwandlung ausgesetzt. Die gewandelte, positive Kraft wird zum Schluss dem betreffenden Land zurückgegeben.

In den folgenden Monaten habe ich die Seminargruppen in den unterschiedlichen Ländern immer wieder dazu eingeladen, mit mir an der Umwandlung derjenigen Aspekte des kollektiven Schattens zu arbeiten, die für das betreffende Land maßgeblich waren. Man kann sich kaum vorstellen, welche erschütternden Erfahrungen die Menschen dabei gemacht haben. Gleichzeitig waren die Farben und das Licht, die vom befreiten Schatten ausgingen, einige Male von besonderer Schönheit und Feinheit.

Als ich wieder nach Hause zurückgekehrt war, entschloss ich mich, konsequenter der Botschaft des Traumes zu folgen. Im Namen des »Ministeriums« war ja von mir verlangt worden, meine persönlichen Projekte zeitweilig beiseite zu schieben und mich der kollektiven Aufgabe der Wandlung des Megaschattens zu widmen. Ich lud zu diesem Zweck zwei meiner Kollegen ein. Gemeinsam entwarfen wir verschiedene Vorschläge zur Wandlung der Schattenaspekte im Menschwesen und in der Welt und halfen, sie weltweit zu verbreiten.

Wir schlugen vor, dass an den Sonntagabenden im Juni 2002 jeweils um 21 Uhr mitteleuropäischer Zeit jeder Aktionsteilnehmer sich mit allen anderen weltweit verbindet und in der Stille an der Wandlung des Schattens arbeitet. Dazu boten wir drei unterschiedliche Methoden zur Auswahl an. Wolfgang Schneider bezog die Engelwelt ein. Peter Frank empfahl eine Meditation zur Anerkennung des persönlichen Schattens. Meinen Vorschlag habe ich oben ausführlich dargestellt. Man kann sich kaum vorstellen, welch heilbringende Kraft dadurch aufgebaut wird, dass sich international Menschen mehrmals gemeinsam der Umwandlung der Schattenseite der Welt widmen.

Die List der Gegenkräfte

Dank der beschriebenen Aktivitäten hatte ich endlich den Lösungsweg für die Aufgabe gefunden, die mir durch den Traum von »Marco Polo Piccolo« aufgezeigt worden war. Schon damals war mir anhand bestimmter Bilder empfohlen worden, die Umwandlung der Schattenaspekte des Menschen als eine vorrangige Aufgabe zu betrachten. Ohne ein solches Engagement gebe es keinen wesentlichen Fortschritt bei der Verwirklichung der neuen Weltstruktur.
Obwohl es also einen Grund zum Feiern gab, war ich weit davon entfernt, zufrieden zu sein. Meine Krankheitssymptome waren nicht verschwunden, sondern hatten nur eine andere Form angenommen. Dazu kam noch ein alarmierender Traum. Offenbar hatte ich bei der Auseinandersetzung mit der finsteren Macht etwas Wichtiges übersehen. Andernfalls hätte ich die folgende Warnung nicht schon in der Nacht nach der zum ersten Mal ausgeführten Übung zur Umwandlung des persönlichen Schattens erhalten. Hier die Geschichte des Traumes vom 21. Mai 2002:
Ohne es zu merken, werde ich – ein Pazifist – von einer Gruppe von Jugendlichen so geschickt manipuliert, dass ich in eine heftige Auseinandersetzung mit der Polizei gerate. Die Situation ist so weit eskaliert, dass mir keine andere Wahl mehr bleibt, als zusammen mit den Jugendlichen in ein Dachgeschoss zu fliehen, um mich dort zu verstecken. Dies bleibt jedoch nicht unbemerkt, und die Polizei ist uns schon auf den Fersen. Das Dachgeschoss hat mehrere Fenster, aber nur eine niedrige Öffnung, durch die man hineinkriechen kann. Die Jugendlichen drücken mir ein Holzbrett in die Hand und ziehen sich in die hinterste Ecke des Raumes zurück. Ich soll das Brett vor die einzige Öffnung halten, damit die Polizei nicht eindringen kann. Als die Polizisten erkennen, dass wir uns hinter dem Brett verschanzt haben, begin-

nen sie, heftig darauf zu schießen. Das Brett ist glücklicherweise aus Sägespänen und zahlreichen dünnen Holzplatten zusammengeleimt, sodass es durch die vielen Kugeln nicht durchbohrt werden kann. Ich nehme die Situation, in die ich hineingeraten bin, todernst und halte das Brett fest. Dabei macht mich das Verhalten der Jugendlichen stutzig. Sie selbst nehmen die dramatische Situation gar nicht ernst, sondern grinsen und scheinen sich sogar über meine Bemühungen lustig zu machen. Unter dem ständigen Beschuss beginnt mein Brett an den Rändern auseinander zu fallen, und letztlich müssen wir uns der Polizei ergeben. Sobald wir aus unserem Versteck herausgekrochen sind und uns auf der Straße versammelt haben, ist die Sache für die Polizei erledigt. Die Polizisten verschwinden, ohne sich um unser vermeintliches Vergehen zu kümmern. In dem Moment merke ich, dass von überall Wasser auf die Straßen strömt. Eine fürchterliche Flut kündigt sich an.

Ohne genau zu wissen, auf welchen Inhalt sich der Traum bezieht, kann man für die Deutung grundsätzlich feststellen, dass ich Opfer einer Verschwörung geworden bin. Offenbar ist mir eine Überzeugung oder Ideologie untergeschoben worden, durch die meinen Taten die Kraft der Wahrhaftigkeit entzogen wurde. Als Folge davon werde ich in bestimmte Entscheidungen und Handlungen hineingezogen, die im Blick auf das Ganze letztlich keinen Sinn machen. Das Abschlussbild des Traumes würde bedeuten, dass meine Kräfte aufgrund des unbekannten Fehlers zum Zerfließen neigen, was in krassem Gegensatz zu der dringenden Forderung steht, alle verfügbaren Kräfte zu bündeln und in die Unterstützung der Erdwandlung zu lenken.

Auf der Suche nach dem toten Winkel meiner Wahrnehmung, dem ich zum Opfer gefallen bin, stiegen sämtliche Träume in meiner Erinnerung auf, die ich zuvor nicht genügend beachtet hatte – zum Beispiel der Traum mit dem verletzten Adler, der sich auf meinem Kopf niederlässt und einer Henne gleicht. Ich hatte ihn neun Tage nach dem Attentat vom 11. September geträumt, nachdem ich gefragt hatte, ob Gefahr für mich bestünde, wenn ich jetzt in die USA fliegen würde. Die Botschaft hieß schon damals, dass der Macht, die der epochalen Erd- und Menschwandlung entgegenwirkt, das Rückgrat gebrochen sei. Es wurde jedoch unterstrichen, dass eine andere Gefahr drohe, die mir nicht bewusst sei.

Der Adler hatte eine Strategie entwickelt, um im verletzten Zustand zu überleben und seine tödliche Wunde zu heilen. Dies wurde mir dadurch demonstriert, dass er sich so stark in meiner Kopfhaut festkrallte, dass ich nach dem Aufwachen noch jede seiner Krallenspitzen an meinem Kopf spüren konnte.

Das Festhalten des Adlers an meinem Kopf könnte ich so deuten, dass die zukünftige Überlebensstrategie der finsteren Macht darin besteht, sich die Muster anzueignen, die die zukunftsorientierten Bewegungen entwickelt haben, um die Prozesse der Erd- und Menschwandlung zu unterstützen und dadurch für die Zukunft des Lebens zu sorgen. An einer gesicherten Zukunft sind auch die Gegenkräfte interessiert, obwohl sie der Weiterentwicklung der Menschheit und der Erde entgegenwirken. Es handelt sich um einen paradoxen Zustand, der inzwischen leider Wirklichkeit geworden ist.

Der Lärm und die Aufregung, die nach dem Attentat vom 11. September unter Führung der USA auf politischer Ebene weltweit produziert wurden, dienten demnach dazu, das listige Manöver zu verdecken, durch das die Gegenkräfte versuchen, das Boot zu besteigen, das gerade dabei ist, seine Anker zu lichten und in das neue Zeitalter zu segeln.

An diesem Punkt sollte genauer erklärt werden, was unter »Gegenkräfte« oder »finstere Macht« zu verstehen ist. Diese Phänomene beziehen ihre Kraft aus Unklarheiten, deshalb können wir uns keine Doppeldeutigkeit leisten, wenn wir uns entschlossen haben, den Schatten zu lichten.

Erstens sollte man keineswegs in das alte dualistische Muster vom ewigen Kampf zwischen Gut und Böse verfallen. Wer an diesem Muster festhält, muss auch in Kauf nehmen, dass er – obwohl scheinbar fest auf der Seite des Guten stehend – sich früher oder später auf der anderen Seite der künstlich gezogenen Trennlinie wiederfinden wird. Das Leben verlangt von uns, irgendwann zu lernen, Teilung und Trennung zu überwinden.

Zweitens möchte ich klarstellen, dass es sich im Fall der listigen Gegenkräfte nicht um die kosmischen Kräfte des Finsternis handeln kann, die die heute hoch geschätzte Hildegard von Bingen die »Cherubim der Finsternis« genannt hat. Mit »Cherubim der Finsternis« meint sie die verborgene Wirkung der Gegenkräfte auf der kosmischen Ebene. Ihre Aufgabe liegt darin, alle Entwicklungen im Universum gnadenlos anzugreifen, die bewusst oder unbewusst Keime der Zerstörung der kosmischen Harmonie und Balance in sich tragen. Dadurch, dass die betroffenen Wesenheiten oder Kulturen sich der dunklen Kraft entweder stellen oder die schmerzhaften Folgen ihrer Angriffe erleben müssen, besteht die Möglichkeit, dass es irgendwann zur Korrektur der Fehlentwicklung kommen wird.

In meinem Buch *Die Erde wandelt sich* habe ich ausführlich eine meiner frühen Erfahrungen im Prozess der gegenwärtigen Erdwandlung dargestellt, die besagt, dass der Prozess überhaupt dadurch beginnen konnte, dass die Erde ein Geschenk der göttlichen Gnade erhielt. Die »Cherubim der Finsternis« wurden aus ihrem Leib herausgezogen – und dadurch auch aus dem Körper der Menschheit. In der Bildersprache der Apokalypse ausgedrückt, wird der »rote Drache« für die Zeitspanne eines Jahrtausends in Ketten gelegt (Offenbarung 20,2).

Also kann es sich bei dem listenreichen Manöver nicht um die Wirkung der Gegenkräfte handeln, die ihre Rolle innerhalb des kosmischen Holons finden. Es kann nur um die dunkle Macht gehen, die innerhalb des planetaren Holons wirkt. Im Kapitel über den 11. September habe ich sie als eine schattenartige Verkörperung der zwei extremen Pole des entfremdeten Menschen dargestellt, durch die die Menschheit entweder verführt oder unterjocht wird. Die persönlichen Schattenaspekte, von denen am Anfang des Kapitels gesprochen wurde, repräsentieren das Duplikat der beiden Extreme innerhalb des persönlichen Holons des Einzelmenschen.

Es wurde bereits auf die leider zu oft verborgen gehaltene Tatsache hingewiesen, dass den Gegenkräften des planetaren Holons aufgrund der bösartigen Absichten der Menschen, die mit ihnen verkehrten, eine Intelligenz einverleibt wurde. Diese ermöglicht es ihnen letztendlich, sich als ein dämonisches Eigenbewusstsein zu konstituieren. Ich meine »dämonisch« nicht im Sinne einer Wertung und Verurteilung. Eher geht es darum, dass diesem unnatürlich zusammengeballten Bewusstsein kein göttlicher Kern innewohnt, sondern nur ein leerer Wille zum Überleben.

Es gibt jenseits der Spaltung in die Kräfte des machtgierigen Materialismus und des entarteten Idealismus noch eine dritte bösartige Macht. Sie verbirgt sich hinter den Erscheinungen der beiden Gegenkräfte und benutzt sie für das eigene Überleben. Nach Bedarf wechselt sie die Masken des Ahriman und des Luzifer, indem sie die Menschen entweder aufgrund ihrer eigenen Machtgier beherrscht oder durch pervertierte Glaubensvorstellungen irreführt.

Es wäre jedoch unangemessen, ein zu dramatisches Bild des Dämons der Menschheitsentwicklung zu zeichnen. Die seltenen Erfahrungen, die ich damit gesammelt habe, bezeugen, dass es sich eher um ein böswilliges Männlein handelt, in dem eine komprimierte Form von menschlich entwickelter listiger Intelligenz nistet. Das Traumbild der grinsenden Jugendlichen, die sich darüber amüsieren, dass sie mich in die ernsthafte Auseinandersetzung mit der Polizei gelockt haben, gibt den Dämon sehr passend wieder. Derbe Schadenfreude geht Hand in Hand mit einer *absoluten* Lieblosigkeit. Die Abwesenheit von Mitgefühl wird durch eine kalte Intelligenz verdeckt.

Es wäre sowohl falsch, das abscheuliche Wesen zu verteufeln und auszugrenzen, als auch, es zu akzeptieren. Statt zwischen diesen beiden Möglichkeiten zu pendeln, sollte man wissen, dass es sich bei dem Dämon um den kollektiven Schattenaspekt der Menschheit handelt. Da jeder von uns einen Teil der Menschheit darstellt, geht es auch um unseren eigenen Schattenaspekt, vor dem wir nicht fliehen können.

Genügt es demnach nicht, wie oben vorgeschlagen, sich der Umwandlung der persönlichen Schattenaspekte intensiv zu widmen, um den eigenen Anteil am kollektiven Dämon zu erlösen?

Es ist tatsächlich sehr zu empfehlen, an der Umwandlung des persönlichen Schattens zu arbeiten. Aber dies reicht nicht aus, seitdem wir wissen, dass die Intelligenz des Dämons eine List entwickelt hat, durch die er *sich selbst* den Erlösungsversuchen entziehen kann. Dies ist das Problem, mit dem wir es zurzeit zu tun haben.

Der alarmierende Zustand, in den der Prozess der Wandlung aufgrund der neuen Strategie der Gegenkräfte geraten ist, wurde mir am 29. November 2002 durch einen Traum gezeigt, den ich in Loibach, Kärnten, empfing:

Eine unbekannte Macht will meine Kehle mit Akupunktur behandeln. Mit dicken, mindestens 18 Zentimeter langen Stahlnadeln will sie in meinen Rachen bohren. Meine Empörung und Furcht führen dazu, dass ich aus dem Schlaf erwache.

Nachdem ich wieder eingeschlafen war, wurde der Traum fortgesetzt: Ich werde von einem ehemaligen General durch Landschaften geführt, die lange als Truppenübungsplätze strapaziert worden sind. Die Armee hat sie in einem höchst erbärmlichen Zustand verlassen. Am Ende des Rundgangs verabschiedet sich der General und geht fort. Als er schon weit entfernt ist, beginnt mein inneres Kind, das ich in den

Armen halte, verzweifelt nach ihm zu rufen, damit er zurückkehren möge. Der dabei ausgerufene Name des Generals erinnert mich dem Klang nach an den Namen meines geistigen Meisters. Mein Ego bemerkt die Andeutung nicht. Es wird mir unangenehm, dass das Kind dem General nachbrüllt. Ich bemühe mich eifrig darum, dass das Kind wieder still ist.

Die Botschaft könnte sofort verstanden werden, doch ich war davon überzeugt, dass die Mächte, die der Erd- und Menschwandlung *bewusst* entgegenwirken, schon im Jahr 1997 aus dem Prozess ausgeschieden wären. Es gab nach meiner Ansicht zwar die beiden Extreme der von den Menschen verstümmelten Kraft, aber wir würden sie unter Kontrolle haben, nachdem sie sich gegenseitig die tödliche Wunde geschlagen hatten.

Wenn ich nicht durch solche eingefahrenen Vorstellungen geblendet gewesen wäre, hätte ich einsehen können, dass mir durch den ersten Teil des Traumes die Diskrepanz zwischen meinen Erwartungen und der wirklichen Lage der Dinge demonstriert wurde. Ich erwartete, dass die Gegenkräfte nach dem Abzug der »Cherubim der Finsternis« und ihrem Zusammenbruch am 11. September bereit wären, auf ihren Weltherrschaftsanspruch zu verzichten, und der Erdheilung keine Hindernisse mehr in den Weg stellen würden.

Vollkommen anders, als von mir erwartet, hatte - so die Traumbotschaft - die finstere Macht die für sie ungünstige Weltlage dazu genutzt, eine neue Überlebensstrategie zu entwickeln. Die höchst gefährlichen Nadeln, mit denen an meiner Kehle operiert werden sollte, wiesen darauf hin, dass es sogar um eine aggressive Strategie ging, dazu angetan, die menschliche kreative Potenz anzugreifen. Das Kehlkopf-Chakra steht für die Fähigkeit des geistigen Schaffens.

Der geistige Meister erschien im zweiten Traumteil in eigener Person, um mich an eine einfache Tatsache zu erinnern: Aufgrund der weltweiten Zerstörung, die Menschen und Kulturen - angestiftet durch die böswillige Intelligenz der Gegenkraft – verursacht haben, ist nicht zu erwarten, dass die dahinter stehende Macht verschwinden kann, ohne einen tiefen Umwandlungsprozess zu durchlaufen. Es handelte sich um einen Aufruf an mein vermeintlich verantwortungsvolles Bewusstsein, das in jener Zeit leider der erwähnten Verblendung unterlag und nicht fähig war, so weit zu denken.

Ein zweiter Warntraum schloss daran an: Die Blase meiner emotionalen Welt, einem riesigen Kürbis gleich, wird weich gekocht und an einer Seite geöffnet. Eine jungfräuliche Wesenheit schiebt sich mit ihrem Oberkörper in die schleimige, durchsichtige Masse hinein. Die heilende Wärme meines Bauches ist für sie ein grenzenloser Genuss. Sogar mir gefällt es, ein Kind im Bauch zu tragen, bis ich merke, dass die Augen der Wesenheit plötzlich einen dämonischen Glanz bekommen. Ihr Gesicht verwandelt sich in eine Fratze.

Einige Nächte später kam der dazu komplementäre Warntraum: Ich werde einer Operation an der Kehle unterzogen. Eine Art Polypen werden mir entfernt. Es macht mich stutzig, dass der Chirurg während der Operation in eine unangenehme Wesenheit verwandelt wird, die an der getrockneten Blutmasse zehrt, die sie aus meinen abgeschnittenen Polypen herausschält.

In Nachhinein fällt es mir nicht schwer, aus den letzten zwei Träumen die Information zur Vorgehensweise herauszulesen, die der Dämon der Menschheitsentwicklung gewählt hat, um sein Überleben während der epochalen Erdwandlung zu sichern: Er findet leichtsinnige Personen, die unbewusst dazu bereit sind, seine Kraft in ihre Gefühlswelt dringen und sie in der Blase ihrer selbstbezogenen Gefühle baden zu lassen. Ich meine damit die Gefühle des Selbstmitleids, der Selbstgenügsamkeit, Selbstbeschuldigung, Selbstverherrlichung und so weiter.

Nachdem sich die fremde, dämonische Macht in der Gefühlswelt einer »unschuldigen« Person eingenistet hat, beginnt sie, sich von deren kreativen Energien zu nähren, die durch das

Kehlkopf-Chakra produziert werden. Es werden besonders jene Qualitäten angegriffen, die die persönliche Identität ausmachen – deshalb im Traum die Anspielung auf Blut. Aufgrund der daraus folgenden Schwächung der Abwehrkraft des Organismus kann wiederum das warme Bett im Bauch okkupiert werden.

Was gibt es hier an Neuem, das mit der epochalen Erdwandlung in Zusammenhang steht? Die finsteren Kräfte haben schließlich schon immer jede Chance ausgenutzt, sich in der Gefühls- und schöpferischen Welt der Menschen einzunisten, die negative Gefühle und zerstörerische Gedanken hegen. Es gehört einfach zu ihrer Aufgabe, den Menschen, die sich entschlossen haben, einem Irrweg zu folgen, den Spiegel vorzuhalten. Warum wurde durch alarmierende Träume ständig versucht, meine Aufmerksamkeit darauf zu lenken?

Die Antwort auf diese Fragen gelangte in mein Bewusstsein, als ich mich am 10. Januar 2003 dazu entschloss, angesichts des drohenden Krieges im Irak etwas für den Frieden zu tun. Schon in der darauf folgenden Nacht kam mir ein Traum zu Hilfe, durch den ich die Inspiration erhielt, wie ich die Meditation gestalten sollte, die später weltweit verbreitet wurde. Sie ist im Anhang auf Seite 287 zu finden. Der Traum enthielt zudem eine Botschaft, die für unsere Auseinandersetzung mit der dunklen Intelligenz wichtig ist:

Ich bin mit zahlreichen Begleitern bereit, einen Hafen zu verlassen und zu einer weiten Reise aufzubrechen. Plötzlich ertönen tief im Bauch des riesigen Schiffs nacheinander zwei Detonationen. Ihr Schall ist gedämpft hörbar. Das Schiff neigt sich gefährlich weit erst auf die eine, dann auf die andere Seite, und dann schaukelt es noch ein paar Mal hin und her. Danach kommt es zu einer dritten, viel heftigeren Detonation, deren Schall aber wieder gedämpft ist. Das Schiff neigt sich diesmal extrem weit bis zum Rand. Mir stockt der Atem. Doch wir überstehen die Gefahr. Die ganze Besatzung stürmt an Deck, um sich ein Bild zu machen und nach der Ursache des

Angriffs zu suchen. Überraschenderweise steht unweit des Schiffs eine Gruppe von erwachsenen Männern bis zu den Knien im Wasser. Die Männer halten sich an den Händen und bilden einen Kreis. Die eine Hälfte ist in strahlend weiße Laborkittel gekleidet, die andere in pechschwarze smokingartige Anzüge. Ich bin geradezu schockiert. Es passt keineswegs zu einer Männerbande, so gekleidet zu sein und sich wie bei einem spirituellen Ritual an den Händen zu halten. Dazu kommt, dass der Kreis sich speziell zu mir wendet, ohne dass die Männer die Hände loslassen. Die Männer blicken mich mit einem bösartigen Grinsen an, als ob sie sagen wollten: »Schau, wir haben es geschafft.« Ich werde nie diesen hinterlistigen, schadenfrohen und spöttischen Blick vergessen.

Als Erstes fiel mir die Parallele zum Traum vom 22. September 2001 auf, in dem ich zwei auf Leben und Tod gegeneinander kämpfende Riesen wahrgenommen hatte, die genauso bis zu den Knien im Wasser standen. Sie repräsentierten die Polaritäten des herkömmlichen Bewusstseins, die bei der Katastrophe vom 11. September aufeinander geprallt sind.

Die ersten beiden Detonationen dieses neuen Traumes erinnern wohl an den Aufprall der zwei Flugzeuge in die Türme des World Trade Center. Damals sind die zwei Extreme der Gegenkraft aufeinander getroffen.

Bei der dritten Detonation stehen im Traum Schwarze und Weiße Schulter an Schulter gemeinsam im Kreis. Haben die bislang miteinander verfeindeten Kräfte inzwischen gelernt, ihr Schwarzweißdenken, ihre extreme Gegensätzlichkeit zu überwinden?

Der schadenfrohe Blick der verbündeten ehemaligen Gegner, der mir zugeworfen wurde, ließ keinen Zweifel daran, dass ihr Einvernehmen vorgetäuscht war. Ich werde Zeuge einer List, durch die der Dämon der Menschheitsentwicklung versucht, den Weg der Verkörperung nachzuahmen, den die Christuskraft genommen hat, um erneut unter den Menschen zu erscheinen.

Weiter oben in meinen Ausführungen zum kosmischen Doppelgänger, zur Zwillingsseele des Menschen, habe ich erwähnt, dass die göttliche Inspiration, die wir im Westen Christus nennen, einen unerwarteten Weg eingeschlagen hat, um erneut unter den Menschen zu erscheinen. Dieser Weg führt durch das Bewusstsein und die Gefühlswelt eines jeden, der inzwischen gelernt hat, die Gegensätze in seinem Innern zu überbrücken und den inneren Frieden zu wahren.
Das letzte Traumbild bestürzte mich. Ich war besorgt, da ich auf die Gefahr hingewiesen wurde, dass der Weg der Erlösung blockiert und zu einer Überlebensstrategie der dunklen Macht pervertiert werden kann. Durch den Kreis der verbündeten einstigen Gegner wird mir ihre Absicht angedeutet, die beiden Qualitäten vorzutäuschen, die ich oben als einen Erkennungscode bezeichnet habe. Durch diesen Code würde der Erlösungsweg geschützt sein; ich denke dabei an die Harmonie der Gegensätze, die Wahrung des inneren Friedens.
Als Antwort auf meine Besorgnis wurde mir in einer der folgenden Nächte der Einblick in die Technik gewährt, die der Menschheitsdämon benutzt, um zum beschützten geistig-seelischen Pfad vorzudringen. Ausgangspunkt sind die meist unbewussten Gewohnheiten, mit denen wir Menschen unser Fortbestehen sichern wollen. Es geht um den Obolus, den wir an die entfremdete Weltstruktur entrichten müssen, um uns noch weiter zu ihren Untermietern zählen zu dürfen, beziehungsweise geht es um unseren Glauben, uns verraten zu müssen, um von den Mitmenschen besser verstanden zu werden.
Die Kluft zwischen dem, wer ein Mensch in Wahrheit ist, und dem, was er nach außen zeigt und was er vorgibt zu sein, kann von nun an verhängnisvoll sein. Die oft kaum bemerkbare Diskrepanz kann von der finsteren Macht als Eintrittspforte benutzt werden, um sich in der Gefühlswelt der nichtsahnenden Person einzunisten. Was von den meisten

Menschen nur als harmlose Unschlüssigkeit angesehen wird, kann dazu führen, dass man zum unfreiwilligen Helfer der finsteren Macht wird, die versucht, sich vor der bevorstehenden epochalen Reinigung zu verstecken.

Ich möchte keinesfalls Angst oder Unsicherheit verbreiten. Es ist mir zudem klar, dass wir in einer Weltstruktur leben, die von uns verlangt, dass wir uns Institutionen und gesellschaftlichen Normen unterwerfen. Doch darum geht es nicht; äußere Dinge besitzen nicht die Potenz, die durch die Gegenkraft ausgenutzt werden könnte. Was ich meine, sind die oft unbemerkten innerlichen Akte der Selbstverleugnung. Sie sind es, die jene verhängnisvollen Folgen nach sich ziehen. Jeder ist aufgerufen, die nötige Sensibilität zu entwickeln oder Intuition zu gebrauchen, um diese Art Falle rechtzeitig zu erkennen und ihre Ursachen dem Wandlungsprozess zu unterziehen.

Der erklärende Traum dazu wurde mir am 12. Februar 2003 geschenkt:

Ich stehe am Rand eines Steges mit einem nackten Kind »von sieben Tagen« in den Armen und beobachte die Tiefe des Meeres. Plötzlich sagt eine unbekannte Stimme in mir, ich könne das Kind gefahrlos ins Meer werfen, da es sowieso durch das Prinzip des Auftriebs wieder an die Oberfläche getragen werde. Ich halte dies für einleuchtend und werfe das Kind unbekümmert ins tiefe Wasser. Das Kind kommt lange nicht hoch, sodass Furcht in mir aufsteigt. Als es doch hochkommt, bekommt es keine Luft, weil sein Kopf dauernd von Wellen überspült wird. Außerdem läuft es Gefahr, an die Klippen geschleudert zu werden. Ich bin dabei zu überlegen, ob ich ins Meer springen soll, um das Kind zu retten. Als ob ich Gefangener einer unbekannten Kraft wäre, kann ich mich dazu nicht recht entschließen, obwohl die Notlage offensichtlich ist.

Um erfolgreich der Gefahr vorzubeugen, ein Komplize der Gegenkraft zu werden, die sich der großen Reinigung zu entziehen trachtet, verfüge ich über zwei verschiedene Arten von Werkzeugen: erstens eine klare ethische Haltung und zweitens klare Emotionen.

Eine klare ethische Haltung

Grundlage sind die sieben Sendschreiben an die sieben Gemeinden in Kleinasien, die am Anfang der Offenbarung des Johannes zu finden sind. In meinem Buch *Die Erde wandelt sich* habe ich ihre Bedeutung für die Zukunft und Entwicklung des Wesens Mensch dargestellt. Sie sind auf eine besondere Weise verschlüsselt und enthalten genaue Anweisungen für die innere Einstellung während der epochalen Wende und ihrer zu erwartenden Turbulenzen. Die sieben Hinweise zum ethischen Verhalten sind auch eine ausgezeichnete Hilfe bei der Auseinandersetzung mit der dämonischen Macht. Sie werden durch die sieben Städte aus der Apokalypse vermittelt, wo es frühe christliche Gemeinden gab:
- *Ephesos: Liebe!*
  Folgen Sie in jedem Moment der Stimme des Herzens. Prüfen Sie, ob Sie in der gegebenen Situation tatsächlich die Stimme der ursprünglichen Liebe verkörpern.
- *Smyrna: Keine Angst!*
  Scheuen Sie nie vor dem zurück, was Ihnen Ihr persönliches oder das kollektive Schicksal schickt. Bewahren Sie in jeder Situation den inneren Frieden.
- *Pergamon: Wandle dich!*
  Seien Sie bereit, dem unablässigen Strom der Wandlung zu folgen. Prüfen Sie, welcher Aspekt von Ihnen oder von Ihrem Schaffen als Nächstes nach einer Veränderung ruft.
- *Thyatira: Sei wahrhaftig!*
  Prüfen Sie, ob Sie im gegebenen Moment nicht einen

Aspekt der Wahrheit vor Ihnen selbst oder vor den anderen verstecken. Erforschen Sie immer wieder Ihr Herz und Ihren Geist, ob Sie nicht das Opfer eines Selbstbetrugs geworden sind.
- *Sardes: Sei ganz!*
Werden Sie sich immer wieder Ihrer vielschichtigen Ganzheit gefühlsmäßig bewusst. Halten Sie das große Rund Ihres Wesens durch das Bewusstsein umarmt und in Ihrer Mitte verankert.
- *Philadelphia: Sei treu!*
Vergessen Sie nicht, wer Sie sind und welchen Idealen Sie innerlich die Treue geschworen haben. Erinnern Sie sich immer wieder neu an Ihre geistige Bestimmung.
- *Laodicea: Entscheide dich!*
In jeder Situation stehen Ihnen verschiedene Möglichkeiten zur Wahl. Sie sind aufgerufen, Entscheidungen zu treffen. Das Einzige, das Sie in der Epoche der großen Wandlung nicht dürfen, ist, unentschieden zu bleiben.

Klare Emotionen

Es geht bei der Auseinandersetzung mit den Gegenkräften nicht unbedingt nur um die Reinigung der vital-energetischen Felder des eigenen Holons. Vielmehr ist die Reinheit der emotionalen (astralen) Ebene gefragt. Hier liegen die angreifbaren Bereiche, durch die sich fremde Kräfte einschleichen können.
Die folgende Übung hat mir geholfen, zu mir selbst und zu emotionaler Klarheit zurückzukehren:
- Finden Sie Ihre Mitte – tief im Kelch Ihrer Hüften, ungefähr dort, wo sich der Lendenkanal befindet. Seien Sie dort in Ihrer Mitte eine Weile ganz stark, entschieden und präsent.

Es ist empfehlenswert, Ihren geistigen Meister oder Ihren Schutzengel oder den Erzengel Michael oder einen anderen geistigen Helfer um Unterstützung zu bitten.
- Wenn der richtige Moment gekommen ist, lassen Sie dort in Ihrer Mitte mit Hilfe Ihrer Imagination einen Urknall entstehen. Wichtig ist dabei, dass es kein feuriger, sondern ein »kalter« Knall ist – als ob ein Stück eines Eisberges abbrechen und ins Polarmeer stürzen würde. Außerdem ist Ihr Urknall nach innen und nicht nach außen gerichtet.
- Als Folge des Urknalls breiten sich vom Punkt Ihrer Mitte reinigende Wellen ringförmig aus. Um ihre reinigende Kraft zu erhöhen, können Sie sich diese konzentrischen Wellenringe in der Farbe Violett vorstellen. Nachdem die Wellenringe dann vom Rand des Holons zurückgeprallt sind, werden sie in die Farbe Weiß getaucht, um die Qualität der Reinheit durch das Holon zu schicken.
- Wenn nötig, wiederholen Sie die Übung mehrmals. Bedanken Sie sich für die geistige Unterstützung.

Das Erdbewusstsein organisiert seine Gefühlsebene neu

Elementarwesen im Dienst der Nächstenliebe

Parallel zum unangenehmen Erstarken der »dunklen Kräfte« wurde glücklicherweise in der zweiten Hälfte des Jahres 2002 noch eine andere Schicht der Erdwandlungen in Gang gesetzt. Durch sie verbreiten sich Freude und Optimismus.
Der Traum vom 23. Juni 2002, der mich auf diese Schicht hinwies, hatte einen recht dramatischen Charakter; er jagte mir Angst ein. Es stellte sich jedoch heraus, dass die Botschaft des Traumes nur deswegen bedrohliche Züge zeigte, damit das neue Thema meine ungeteilte Aufmerksamkeit erhielt:
Ich werde eingeladen, an einer öffentlichen Ausschreibung teilzunehmen. Nachdem ich das Projekt abgegeben habe, bin ich überzeugt, dass mir einer der Preise zufallen wird. Umso unangenehmer überrascht mich die kurze Notiz der Jury, dass meine Pläne mit einem zu blassen Bleistift ausgeführt seien, sodass sie nicht fotokopiert werden könnten. Dies sei der Grund, warum mein Projekt abgelehnt werde. Ich könne jederzeit kommen und die Unterlagen abholen. Als ich eintreffe, werden mir zwei Blätter mit den Zeichnungen gezeigt. Sie sind voll von rhythmischen Mustern, ausgemalt mit ganz feinen, pastellartigen Farben. Danach wird mir ein Plastikbeutel gereicht. Ich schaue in den Beutel hinein und sehe zwei Blatt Papier, die aufgrund des misslungenen Versuchs, die Zeichnungen zu fotokopieren, auf einer Seite vollkommen schwarz sind. Auch mir wird schwarz vor Augen, weil ich spüre, dass mir Unrecht getan wurde. Darf ein Projekt nur deshalb zurückgewiesen werden, weil die Zeichnungen zu subtil sind, um den groben Fotokopiervorgang zu überstehen?

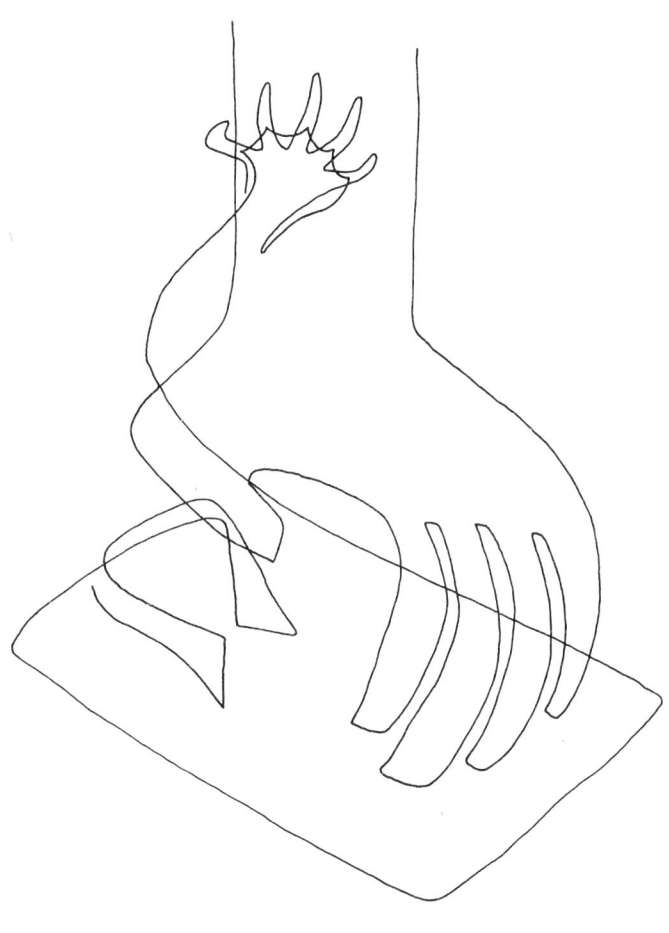

Aus dem Hemdenstapel schob sich ein Händchen heraus und berührte meinen Arm

Wenn man spätere Offenbarungen in die Deutung einbezieht, wird durch den Traum eine neue Phase der Erdwandlung angekündigt. Dabei wird speziell auf eine Tatsache hingewiesen, die offenbar eine entscheidende Bedeutung gewonnen hat: Meine derzeitige Einstimmung ist zu grob, um die Qualitäten wahrzunehmen, die in der neuen Phase zum Brennpunkt der Entwicklung geworden sind. Es wird mir durch die subtilen Muster auf den beiden Blättern angedeutet, um was für zarte Kräfte es sich in der neuen Phase der Erdwandlung handelt.

Aber erst der folgende Traum weihte mich in das Geheimnis ein, woher die hoch empfindlichen Kräfte stammen: Ich bin dabei, das Gepäck für eine weite Reise vorzubereiten. Der Koffer ist fast voll, als sich aus dem Stapel meiner Hemden eine dünne, dunkelhäutige Hand herausschiebt. Zunächst denke ich, dass es sich um ein Tier handelt, das sich unter meiner Wäsche versteckt hat. Das Händchen könnte aber auch einem kleinen Kind gehören – nur gibt es unter meinen Hemden nicht genügend Platz für den dazugehörigen Körper eines Kindes. Hinzu kommt, dass die Hand an den Fingern eine Andeutung von Schwimmhäuten zeigt. Es kann sich also um kein menschliches Kind handeln.

Die dünne Hand legt sich liebevoll um meinen Arm, um meine Angst zu vertreiben. Um herauszufinden, wer mit mir das Versteckspiel treibt, drücke ich leicht auf den Hemdenstapel, unter dem das Wesen verborgen sein müsste. Es ist etwas so Feines wie der weiche Bauch eines Säuglings zu spüren.

Als ich mit einem seligen Gefühl aus dem Traum erwachte, wurde ich sofort an die zarten Gefühle erinnert, die die beiden Zeichnungen des vorangegangenen Traumes verkörperten. Es handelte sich um die Qualität einer unbeschreiblich zarten und gleichzeitig gut geerdeten Liebe. Dem Händchen der unbekannten Wesenheit wohnte genau diese Qualität inne. Ich hatte sie bereits einige Male erlebt, als ich mit den gewandelten, »neuen« Elementarwesen in Kontakt gekommen war.

Die eindruckvollste Erfahrung dieser Art war mir ein Jahr zuvor im österreichischen Waldviertel zuteil geworden, als ich das schon erwähnte Seminar in Rastenberg gab. Ich wollte der Seminargruppe ein Elementarwesen »zeigen«, das auf die neue Gestalt der Erde eingestimmt ist und mit ihr schwingt. Ich fand zwei dieser Elementarwesen in der Nähe des Seminarhauses.

Eines habe ich an einer einsamen Lichtung wahrgenommen und mich für seine Aufgabe interessiert. Als Antwort sah ich sein Gesicht, das eine aufgerichtete Schlange am Dritten Auge zeigte. Das Bild wurde durch die stille Erklärung begleitet, dass es sich um einen Boten handle, dessen Aufgabe es sei, in der Welt der Elementarwesen die Botschaft der Auferstehung zu verbreiten.

Ich hätte keine Ahnung davon gehabt, was in diesem Zusammenhang mit dem Begriff der Auferstehung gemeint ist, wenn ich nicht zuvor Pan begegnet wäre – ein Erlebnis, das ich bereits mehrfach beschrieben habe und das sich im Frühjahr 2000 in einem Wald in Saarland zugetragen hatte. Vor mir war die hohe Gestalt Pans erschienen, des antiken Gottes der Natur. An seinen Händen und Füßen sowie an seiner Seite hatte ich deutlich die Wundmale Christi sehen können. Aus ihnen waren silberne Strahlen an die entsprechenden Stellen meines eigenen Körpers geschossen.

In meinem Buch *Die Tochter der Erde* habe ich Pans Botschaft wie folgt übersetzt: Der Sohn der Jungfrau ist für die Menschenwelt gestorben, um durch die Natur wieder zu erscheinen.

Es handelt sich demnach um das erneute Erscheinen Christi in der gegenwärtigen Erdwandlung. Eine andere Form seines Erscheinens – als eine komplementäre Erscheinung derselben kosmischen Kraft – wurde schon in Zusammenhang mit dem kosmischen Doppelgänger des Menschen angesprochen. Dabei geht es um die Wiederkehr der Christuskraft durch viele Einzelpersonen, die innere Arbeit tun, das heißt, die sich auf ihren eigenen Wesenskern einstimmen und die Schatten der Vergangenheit umwandeln.

Die Christuskraft offenbart sich jetzt überraschenderweise durch die Wesenheiten der Natur. Es handelt sich um einen geheimnisvollen Prozess, bei dem die Elementarwesen eine innere Umwandlung durchlaufen, die man mit der Auferstehung Christi vergleichen kann. Zuvor waren sie ganz in ihre eigene Welt und in ihre spezialisierten Tätigkeitsfelder eingebunden. Nach der Auferstehung werden sie zu den Trägern der kosmischen Liebe, jener Kraft, die sie zuvor auf eine geheimnisvolle Weise verwandelt hat.

Um genauer zu definieren, wohin die Verwandlung der Elementarwesen führt, möchte ich noch das zweite Elementarwesen der neuen Art aus Rastenberg beschreiben. Es befand sich an einer anderen Stelle nahe des Seminarhauses. Kaum hatte ich mich nach innen gewandt, um eine Beziehung zu ihm aufzubauen, wurde auch schon mein Herzzentrum in einen fein geschliffenen Rubin verwandelt. Es bedeutete, dass durch den bloßen Kontakt mit dem Elementarwesen meine Fähigkeit zu lieben enorm gestiegen war.

Außerdem spürte ich eine brüderliche Nähe zu dem Elementarwesen, als ob es mein Wesensgenosse sei. Diese Erfahrung der engen Verwandtschaft zwischen uns Menschen und den Elementarwesen führe ich auf die Christuserkenntnis zurück, die nun beiden von uns vertraut wird. Man denke dabei an die Gottesoffenbarung, die wir im Westen mit dem Begriff der Verkörperung Christi gleichsetzen. Es handelt sich dabei um eine Offenbarung der allumfassenden Liebe und der individuellen schöpferischen Kraft. Sie ist offenbar nicht mehr nur auf die menschliche Welt begrenzt, sondern wird auch anderen Wesenheiten des Alls zuteil.

Dazu zählt noch eine weitere Qualität, die ich bei den »neuen« Elementarwesen entdeckt habe. Sie ist mit der menschlichen Individualität vergleichbar. Es scheint so, als ob Elementarwesen im Zuge ihrer Erneuerung auf eine bestimmte Weise individualisiert werden. Vorher waren sie vollständig in ihre Aufgaben im Rahmen der Lebensprozesse der Natur vertieft. Sie verfügten über keinen persönlichen Freiraum, wie wir Menschen ihn kennen.

Ein persönliches Ich im menschlichen Sinne kennen sie allerdings auch jetzt nicht. Jedes Elementarwesen bleibt weiterhin ein Steinchen im Mosaik des allumfassenden Bewusstseins der Erde. Das Durchlaufen der Christusinitiation ermöglicht es ihnen jedoch, eine kollektive Selbsterkenntnis zu entwickeln. Sie macht es ihnen in einem nächsten Schritt möglich, die Ebene zu erreichen, auf der sie mit den Menschen kommunizieren können. Eine ähnliche Nähe zur Menschenwelt habe ich bislang nur bei den seltenen Elementarwesen erlebt, die in der Vergangenheit zusammen mit den Menschen bei gewissen Ritualen mitgewirkt haben. Sie wurden dadurch in die Welt der menschlichen Qualitäten eingeweiht.

Es ist auch charakteristisch, welche Antwort ich auf meine Frage nach der Aufgabe des Elementarwesens von Rastenberg bekam. Es ließ mich wissen, dass sein Dienst darin bestehe, die Menschen, die dort vorbeikämen, mit einem seligen Gefühl der Nähe zur Natur zu beschenken. Es fügte hinzu, dass es ein gewandeltes Elementarwesen des Elements Feuer sei.

Genau dieser Punkt ist für unser Verständnis der neuen Elementarwesen wichtig. Es handelt sich gar nicht um wirklich neue Elementarwesen, sondern um die alten Elementarwesen, die einen tief greifenden Wandlungsprozess durchlaufen haben, den ich mit einer geistigen Einweihung gleichsetze. Teilweise zeigen die Elementarwesen sich gar nicht in ihrer neuen Qualität, weil dafür noch kein Bedarf besteht oder weil die Menschen dafür noch nicht offen sind.

In diesem Zusammenhang mag mein Kontakt mit der Nymphe in Sankt Gallen, Schweiz, vom September 2002 von Interesse sein. Die Nymphe residiert dort, wo ein wilder Bach die Stadtlandschaft von Sankt Gallen erreicht – und gleich darauf leider in den Kanalisationsröhren verschwindet. Der Legende zufolge nahm an jenem Platz die Stadtentwicklung ihren Ausgangspunkt. Dies ist auch der Grund, warum ich die Nymphe seit langem kenne; vor einigen Jahren habe ich Seminare zur Regenerierung der Stadtlandschaft von Sankt Gallen durchgeführt.

Als ich im September 2002 wieder einmal kurz in Sankt Gallen weilte, wurde mir erzählt, dass die Nymphe in Schwierigkeiten geraten sei, und man fragte nach meiner Meinung dazu. Ich ging also zu dem historischen Ort, um mir ein Bild zu machen. Die ersten Wahrnehmungen der Nymphe waren tatsächlich unangenehm. Sie schien irgendwie gebrochen zu sein. Der Bereich ihres »Kopfes« war mit dunklen Schatten überzogen.

Ich hatte schon begonnen, mir Sorgen zu machen, als ich die Eingebung bekam, meinen Blickwinkel zu ändern. Ich sollte mich auf die Ebene der »neuen« Elementarwesen einstimmen. Daraufhin konnte ich einen ganz neuen und erfreulichen Aspekt der Nymphe von Sankt Gallen wahrnehmen: Sie glich einem liebenden Frauengesicht, das so groß war, dass es sich von dort durch die ganze Stadt ergießen konnte. Die Präsenz der Nymphe diente nicht mehr ausschließlich der Natur des Ortes. Sie war auch ein Segen für die Menschen, die sich dort angesiedelt haben. Die Nymphe von Sankt Gallen spiegelt zum einen in ihrem tragischen Gewand die Misere der entfremdeten Zivilisation wider, die sich um ihre Füße herum ausgebreitet hat. Zum anderen versucht sie, die Menschen zu der Wandlung zu inspirieren, die sie selbst erlebt hat.

Sicher sind Sie an der Übung interessiert, mit deren Hilfe ich mich auf den neuen Aspekt der Nymphe einstimmen konnte. Die Übung wurde mir zwei Monate vor der Begegnung mit der Nymphe von Sankt Gallen zuteil. Es geschah, als ich in Mondsee, Österreich, zufällig auf eine Gruppe von gewandelten Elementarwesen stieß.

Ich war am Abend in Mondsee angekommen, wo ich wegen

Links die verdunkelte Gestalt der alten Nymphe von Sankt Gallen, rechts ihre sich ausweitende neue Präsenz

eines in Salzburg stattfindenden Seminars wohnte. Trotz der späten Stunde wollte ich kurz den gleichnamigen See besuchen, für dessen Wohl ich jahrelang erdheilerisch tätig gewesen war. Als ich an den riesigen Linden entlang in Richtung See spazierte und schon in Ufernähe angelangt war, blieb ich plötzlich stehen. Ich war auf eine Gruppe von unsichtbaren Wesenheiten gestoßen.

Um Elementarwesen wahrzunehmen, gebrauche ich oft eine Übung, bei der ich vom Chakra des Elements Erde ausgehe, das sich zwischen den Knien befindet. Wenn wir Menschen einen schönen Schweif hätten, wie zum Beispiel eine Wölfin, würde dieses Chakra sich am Ende des Schwanzes befinden. Man konzentriert sich also auf das Chakra zwischen den Knien und öffnet sich gleichzeitig für die Kommunikation mit der betreffenden Wesenheit.

Als ich diese Übung am Mondsee anwenden wollte, wurde mein auf das Chakra zwischen den Knien eingestellter Fokus nach oben gelenkt. Der Punkt der Aufmerksamkeit war nun zwischen Bauch und Herz angesiedelt. Als ich mich von dort aus der Präsenz der unbekannten Wesenheiten öffnete, konnte ich sie auf eine unerwartet klare Weise wahrnehmen.

Es handelte sich um eine Gruppe von gewandelten Elementarwesen, die sich mitten auf dem Weg platziert hatten, den täglich zahllose Touristen nutzen, um zum Ufer des romantischen Sees zu gelangen. Die Menschen, die diesen Weg nehmen, laufen unweigerlich durch die Gruppe hindurch. Dabei werden sie durch die »neuen« Elementarwesen liebevoll berührt, um innerlich beruhigt und inspiriert zu werden. Die Unsichtbaren demonstrierten außerdem an meiner Person, wie fähig sie sind, energetische und emotionale Abfälle aus der Aura von Passanten rasch herauszufiltern und sie in Licht zu verwandeln.

Das Beispiel illustriert, wie weit der Prozess der Wandlung der Elementarwesen während der letzten drei Jahren vorangekommen ist. In der Nacht vom 21. auf den 22. Juli 2002, die der Begegnung mit den »neuen« Elementarwesen am Mondsee voranging, wurde mir bereits die nächste Phase ihrer Wandlung vorgestellt. Die Botschaft kam während des Sommers 2002 dann zu ihrer vollen Entfaltung. Hier der Traum: Eine kleine Gruppe von uns steht am Rand einer stark befahrenen Straße. Wir möchten die Straße überqueren. Der dichte, schnelle Autoverkehr lässt dies jedoch nicht zu. Meine Tochter Ajra, die das Reiten liebt, ist ebenfalls dabei. Sie hält ein hoch gewachsenes Pferd am Zügel. Doch dann ist das Pferd nicht mehr bereit, länger zu warten. Es steigt auf die Hinterbeine und wirft sich mit den Vorderhufen auf das gerade vorbeifahrende Fahrzeug. Es handelt sich um eine elegante silberfarbene Limousine, in der ein älterer Herr sitzt. Der gefährliche Sprung wird vom Pferd so geschickt ausgeführt, dass kein wirklicher Schaden entsteht. Es hat mit seinen Vorderhufen lediglich die eine Seite des Automobils gestreift. Da aber an seinen Hufen Stallmist klebte, sind an der Autoseite zwei dicke, stinkende Streifen zurückgeblieben.

Wir erwarten bestürzt die Reaktion des Fahrers. Er bleibt mit seiner Limousine etwas weiter entfernt am anderen Straßenrand stehen. Zwei Frauen aus unserer Gruppe laufen hin; jede hält eine Flasche Wein in der ausgestreckten Hand. Ich denke mir, dass sie mit den Weinflaschen den Zorn des Fahrers besänftigen wollen.

Die einsam am Steuer sitzenden Autofahrer, die in dem Traum an uns vorbeibrausen, repräsentieren den modernen Menschen, der vereinzelt und eingesperrt in seine mentale Panzerung ständig an der Wirklichkeit vorbeifährt. »Meine« Gruppe am Straßenrand besteht – im Sinne der oben dargestellten neuen Beziehungen zum Elementarreich – aus Menschen und Elementarwesen. Nicht nur das Pferd, sondern auch seine Reiterin, die es am Zügel führt, deuten auf die Welt der Elementarwesen hin. Es ist kein Zufall, dass meine Tochter Ajra diese Rolle übernommen hat. Durch ihr Buch

Von der Ewigkeit berührt wurden ganz neue Einsichten zum Reich der Elementarwesen übermittelt.
Aus dem Traum geht hervor, dass es nicht die Menschen sind, die in der neuen Phase der Erdwandlung die Initiative ergreifen, sondern die Elementarwesen. Zum einen wird dies durch das kraftvolle Pferd illustriert, das zwei dicke Markierungen aus Mist an der Limousine manifestiert hat. Zum anderen symbolisieren es die zwei Weinflaschen, die den Zorn des Fahrers besänftigen sollen.
Die Streifen aus Mist auf der glitzernden Oberfläche der Limousine deute ich als ein Warnzeichen. Ich setze es mit den Naturkatastrophen gleich, die immer häufiger um uns herum auftreten. Besonders auffällig war in diesem Zusammenhang der Monat, der dem Traum folgte. Am 14. August überflutete die Moldau Prag; 45 000 Menschen mussten aus der Stadtmitte evakuiert werden. Einige Tage später erreichte die große Flut Dresden und danach andere deutsche Städte entlang der Elbe. Zur gleichen Zeit wüteten große Waldbrände auf der Insel Borneo.
Damals befand ich mich auf der kleinen Insel Srakane im adriatischen Meer, um mich dort wie jedes Jahr für eine Weile zurückzuziehen. Ich hatte wieder die Gelegenheit, mich mit Julius zu beraten, meinem Meister aus der Welt der Elementarwesen, der dort seit Urzeiten auf einer Anhöhe residiert. Meine Frage an ihn lautete: »Die Naturkatastrophen sind doch etwas vollkommen Natürliches. Es gab sie schon immer, und es wird sie auch zukünftig geben, solange das Prinzip der Wandlung zur Entwicklung des Lebens gehört. Wie kommt es, dass die Nachrichten über die dramatischen Umwälzungen in der Natur in der letzten Zeit viele Menschen so tief berühren, als ob darin zusätzlich eine Botschaft eingewoben wäre?«
Der Meister wies auf das Zeichen hin, das das Pferd mit seinen Hufen an der Limousine erzeugt hatte. Das Automobil wurde dabei überhaupt nicht beschädigt! Das Zeichen kann man also nicht als einen Angriff der Natur sehen, der gegen

Das Pferd als ein Repräsentant der Welt der Elementarwesen wollte nicht länger am Straßenrand warten

die egozentrische Haltung des Menschen gerichtet wäre. Es ist vielmehr eine Botschaft. Da es sich aber um eine alarmierende Botschaft handelt, wird sie immer wieder durch dramatische Umstände übermittelt, die die Natur durch die vier Elemente hervorrufen kann. Es kann sich um Erdbeben handeln (Element Erde), Vulkanausbrüche (Element Feuer), Orkane und Wirbelstürme (Element Luft) oder reißendes Hochwasser und Überflutungen (Element Wasser).

Die Elementarwesen stehen außerhalb der menschlich indoktrinierten Welt. Sie können sehr wohl wahrnehmen, in welcher verhängnisvollen Lage sich der heutige Mensch befindet. Eingeschlossen in die »Limousine« seines perfekt ausgearbeiteten Denkens, ist er dabei, die letzten Kontakte zu der Wirklichkeit der Natur, der Erde und des Kosmos zu verlieren. Damit steuert er blind auf einen Abgrund zu.

Die Natur besitzt nicht die Fähigkeit, über die drohende Gefahr, die sie wahrnimmt, mit uns Menschen zu diskutieren. Die einzige Möglichkeit, die den Elementarwesen verbleibt, um uns vor dem Abgrund zu warnen, ist die Sprache der unmittelbaren körperlichen Erfahrung, die durch Naturkatastrophen vermittelt werden kann. Durch die empfindliche Störung der gewohnten Lebensumstände und das daraus resultierende Leiden besteht die Möglichkeit, dass die alarmierende Botschaft den mentalen Panzer durchdringt und das Bewusstsein des Menschen erreicht.

In regelmäßigen Abständen Alarm zu schlagen ist jedoch nicht der einzige Weg, den die Elementarwesen gewählt haben, um den Menschen zu helfen. Hinsichtlich eines zweiten möglichen Weges sei an die Schlussszene des Traumes erinnert, in der zwei »Frauen« aus unserer Gruppe rasch zum zornigen Autofahrer laufen und jeweils eine Flasche Wein in der ausgestreckten Hand halten.

Ich hatte mich gewundert, wieso die beiden Frauen beim Laufen eine vollständig identische Gestalt zeigten. So etwas kommt bei Menschen fast nie vor, dafür bei den Elementar-

wesen, denen die Geheimnisse der Individuation nicht so bekannt sind wie uns Menschen. Also handelte es sich auch in diesem Fall um Elementarwesen – und um eine mir unbekannte Möglichkeit, den Menschen in bedrängter Lage zu helfen.
Wieso waren Weinflaschen das Symbol für Hilfe? Weil der Mensch durch Alkohol berauscht wird?
Als Antwort wurde ich durch Julius, den alten Weisen, intuitiv zu einer niedrigen Kiefer geführt. Ich stand dort eine Weile in Stille. Plötzlich begann das dort ansässige Elementarwesen, das ich seit langem kenne, an meinem Geschlecht zu »melken«. Ein beglückendes Gefühl breitete sich durch meinen Körper aus. Was sollte das bedeuten?
Julius wies mich auf die stimmungsaufhellenden Botenstoffe im menschlichen Körper hin. Sie sind unter dem Namen Endorphine bekannt. Sie werden zum Beispiel beim Liebesakt freigesetzt. Doch was haben die Elementarwesen damit zu tun?
Die Antwort hieß, dass es sich diesmal nicht um die vier Elemente handele, jene mächtigen Wesenheiten, die die Ereignisse der Natur lenken und die Naturkatastrophen bewirken, um Alarm zu schlagen. Ich lernte, dass es um den Einsatz des persönlichen Elementarwesens ging, das jeden Menschen durch die Phasen seiner Verkörperung begleitet. Im ersten Kapitel wurde bereits darauf hingewiesen.
Das persönliche Elementarwesen findet sich sehr gut im Bereich der Geschlechtsorgane zurecht und kann die stimulierenden Botenstoffe auch selbst freisetzen. Darauf deutet das Symbol der Weinflasche hin. Endorphine können ausgeschüttet werden, um einem Menschen bei der Aufweichung starrer, festgefahrener Denkmuster zu helfen. Das Baden in einem beglückenden Gefühl kann helfen, sich der kosmischen Ganzheit zu nähern. Danach wird der Mensch eher fähig sein, den Eingebungen seines Herzens zu folgen und liebevoller zu handeln.
Die Elementarwesen, die dem Menschen »Wein« zur Besänfti-

gung anbieten, symbolisieren die Möglichkeit, dass das Individuum durch die Kräfte der Natur von innen angesprochen wird. Mir wurde durch Julius versichert, dass dabei in keinem Fall versucht wird, den mentalen Panzer, in dem wir uns selbst gefangen halten, zu durchbrechen. Das Engagement des persönlichen Elementarwesens zielt vielmehr darauf ab, dass der Letzte von innen »aufgeweicht« und »aufgelöst« wird. Um mir zu zeigen, wie diese Methode wirkt, wurde mir folgende Übung vorgeschlagen:
- Sie zentrieren sich in Ihrer Herzmitte. Dann lenken Sie Ihre Aufmerksamkeit entlang der Wirbelsäule nach unten, bis die Spitze des Steißbeins erreicht ist. Danach wird die an der Basis der Wirbelsäule konzentrierte Kraft durch eine rhythmische Bewegung der beiden Hände am Rücken dynamisiert. Die Bewegung ähnelt dem Schwanzwedeln eines Hundes (A).
- Zwischendurch greifen Sie immer wieder mit beiden Händen nach oben zum Kopf und ziehen die Hände wie einen Kamm entlang der Wirbelsäule nach unten und danach wieder nach oben (B). Auf diese Weise werden die vom Elementarwesen ausgelösten Impulse im ganzen Körper verbreitet (C).

Es entspräche jedoch nicht der Eigenständigkeit und Individualität des Wesens Mensch, wenn der Einzelne bei der Erdung seiner Liebesgefühle von den Elementarwesen abhängig würde. Je mehr ich mich für das Wirken des persönlichen Elementarwesens begeisterte, desto stärker wurde der Wunsch, eine Übung zu finden, durch die jeder Mensch befähigt wird, selbst die Kraft der elementaren Liebe in seinem Innern zu wecken. Als Antwort darauf wurde ich mit einer einfachen Übung beschenkt:
- Stellen Sie sich vor, dass von dem Mandala Ihres Herzzentrums ein winziges goldenes Stück abbricht und durch die wässrigen Schichten, das heißt die emotionalen Schichten,

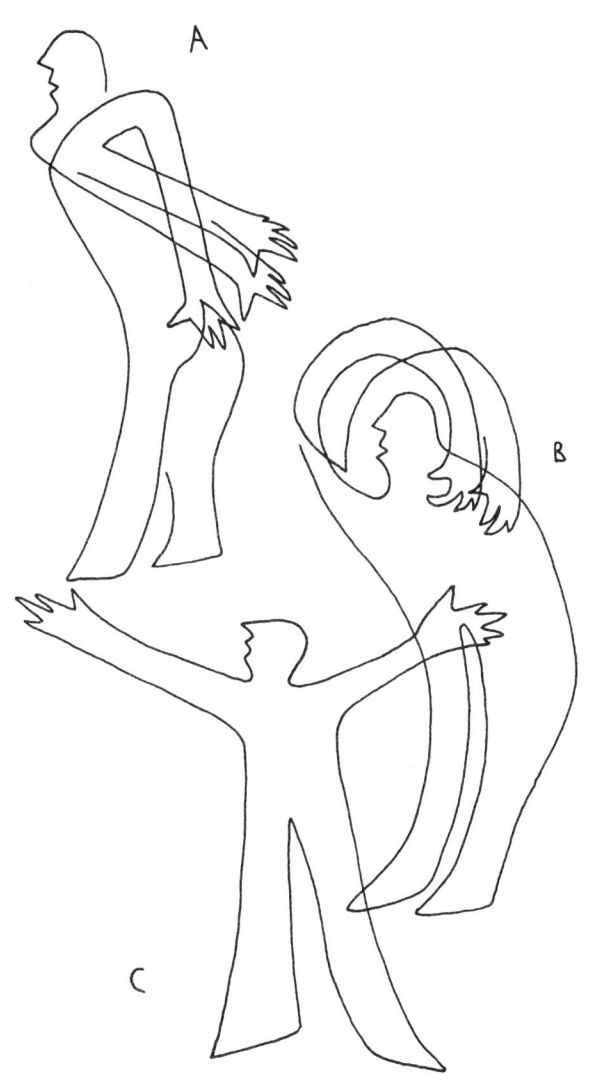

Die witzige Übung des Schwanzwedelns

Ihres Bauches langsam nach unten gleitet. Es kommt schließlich auf dem Boden des Beckens, an Ihrem Schambein zur Ruhe.
- Erspüren Sie genau, was geschieht, wenn das Schambein durch das goldene Stückchen berührt wird. Folgen Sie der möglichen Explosion der aufwärts strebenden Gefühle. Lassen Sie Ihr Herz darin baden, um die Kraft der geerdeten Liebe in seine Ganzheit einzubeziehen.

Was ist mit »geerdeter« oder »elementarer« Liebe gemeint? Zunächst geht es darum, die Blockade zu überwinden, die die Liebesenergien des Menschen in zwei voneinander getrennte Kraftfelder teilt. Das eine wird mit den sexuellen Trieben gleichgesetzt und das andere mit den geistigen Dimensionen der Liebe. Durch diese verhängnisvolle Teilung wird der Mensch in seiner Fähigkeit geschwächt, mit Hilfe seiner Liebeskraft Berge zu versetzen.

Es wird viel von der Macht der Liebe gesprochen, doch das Weltgeschehen dreht sich in liebloser und zerstörerischer Weise weiter. Um die Machtlosigkeit des Herzens zu überwinden, ist es notwendig, die gut geerdete elementare Kraft der Liebe »unten« mit der geistig beflügelten Kraft der Liebe »oben« zu vereinen. Dadurch kommt das einheitliche emotionale Feld der Herzkraft im Menscheninnern zustande – und daraus erwächst auch die reale Hoffnung, dass die Welt endlich nach dem Gesetz der Liebe umgestaltet werden kann.

Eine zweite Übung zur Erdung der Liebeskraft wurde mir durch die Fee eines kleinen Olivenhains auf der Insel Srakane gezeigt:

- Beide Hände werden waagerecht Rücken an Rücken unterhalb des Herzzentrums gehalten.
- Sie stellen sich vor, dass Ihr Herzzentrum in der Form einer goldenen Kugel auf der oberen Handfläche liegt.
- Sie führen die beiden Hände, die die Kugel tragen, langsam nach unten, bis Ihr Geschlechtsbereich erreicht wird. Sie

Die holografische Übung zum Erden der Herzkraft

bleiben eine Zeit lang mit der goldenen Kugel dort und verbinden sich mit den Potenzialen der elementaren Liebeskräfte.
- Die untere Hand wird weiter dort gehalten, während Sie nun die obere Hand hochführen, bis das Herzzentrum wieder an seinem Platz ist.
- Versuchen Sie, das Kraftfeld der geerdeten Liebe zu erspüren, das sich zwischen der unteren und der oberen Hand aufgebaut hat. Nehmen Sie es in Ihr ganzes Wesen hinein. Atmen Sie mit ihm.
- Um das Herzfeld durch die Polarisierung weiter zu stärken, können Sie die obere Hand abwechselnd auf die Vorderseite und die – auf Ihrem Rücken befindliche – Rückseite des Herzzentrums legen und in der Beziehung zu der unteren Hand wahrnehmen.

Besondere Wandlungen des Erdbewusstseins

Ich richtete eine weitere Frage an Julius, den alten Weisen: »Haben sich die Elementarwesen nur im Bereich der Beziehungen zum Wesen Mensch gewandelt oder auch in der Beziehung zu den anderen Naturphänomenen?« Es folgte eine kurze Stille. Aus der Stille kam der klare Hinweis an mich, aufzustehen und mich in einer bestimmten Richtung in die Landschaft zu begeben. Der Impuls des Meisters, dem ich folgte, verschwand an einem bestimmten Punkt; ich war am gewünschten Ort angelangt.

Ich kannte den Platz, seitdem ich vor Jahren eine geomantische Untersuchung der Insel durchgeführt hatte. An dieser Stelle verläuft ein Akupunkturmeridian der Erde, das heißt eine Leylinie, die Istrien im Westen mit der dalmatinischen Küste im Osten verbindet. Offenbar war ich hierher geführt worden, um die Energielinie erneut zu betrachten. Ich öffnete also die Augen meiner Seele, um den Verlauf der für das äußere Auge unsichtbaren Leylinie wahrzunehmen.

Habe ich schon erzählt, wie die Augen der Seele geöffnet werden? Beim Stichwort »Augen der Seele« wird man an das Dritte Auge erinnert, das sich hinter der Stirn befindet. Es trifft zwar zu, dass es sich dabei um ein Sehorgan der Seele handelt. Die Seele ist aber kein Wesen mit männlichen Eigenschaften, das danach strebt, sich auf einen einzigen Punkt zu konzentrieren. Aus diesem Grund ist die Vorstellung des Dritten Auges als eines geistigen Wahrnehmungsorgans ein Relikt der alten patriarchalischen Epoche der Menschheitsentwicklung.

Die Seele stellt ein Fraktal – ein holografisches Bruchstück – der Göttin dar. Folglich zeigt sie drei Aspekte, und zwar den:
1. ganzheitlichen Aspekt der Seele (das Mädchen) – Farbe Weiß.
2. kreativen Aspekt der Seele (die Partnerin) – traditionelle Farbe Rot.
3. Wandlungsaspekt (die alte Weise) – Farbe Schwarz.

Man kann sich weiter vorstellen, dass jedes der drei Gesichter der Seele mit einem Auge ausgestattet ist. Demnach gibt es drei Augen der Seele und nicht nur eines. Die drei Augen sind drei Stellen des physischen Körpers zugeordnet, die jeweils für einen Aspekt der Seele charakteristisch sind:
1. hinter der Stirnmitte: das Auge der Mädchengöttin in uns.
2. am oberen Rand des Bauchbereichs: das Auge der Partnergöttin in uns.
3. am Rücken unterhalb des Kreuzbeins: das Auge der alten Weisen in uns (es ist wie die anderen zwei genauso nach vorn gerichtet).

Die komplette Übung ist im Anhang zu finden (siehe Seite 263).

Nachdem ich mit allen drei Augen der Seele die Energiebahn anschaute, entdeckte ich eine dünne, hohe Wesenheit, die entlang der Leylinie lief. Ich spürte plötzlich den Drang, die Wesenheit zu segnen. Meine Hände führten die entsprechende Geste aus. In diesem Augenblick wurde ich von der Wesenheit wahrgenommen. Sie warf sich kopfüber in den Strom der Leylinie und streckte ihre »Füße« so in den Himmel, dass sie einem »Y« glich. Das Zeichen wurde unzählige Male vervielfältigt und entlang der Energiebahn verteilt. Die Information, die ich daraus entnahm, hieß, dass einer Leylinie von nun an ein Bewusstsein innewohnt, was sie aus dem Status eines reinen Energiephänomens heraushebt. Die Botschaft hieße verallgemeinert, dass im Zuge der Erdwandlung die Energiephänomene eine starke Bewusstseinskomponente erhalten. Sie wird durch die »neuen« Elementarwesen verkörpert.

Aufgrund meines Traumes entdeckte ich am nächsten Tag ein weiteres Beispiel der gewandelten Elementarwesen in der Landschaft. Es handelte sich um den alten Riesen, der seinen Platz hinter dem verlassenen Schulgebäude von Srakane hat. Vor genau zehn Jahren hatte ich ihn zum ersten Mal getroffen und darüber in meinem Buch *Elementarwesen – Die Gefühlsebene der Erde* berichtet. Damals hatte ich den unentwegt in die Ferne starrenden Riesen als ein Relikt einer schon längst vergangenen Epoche der Erdentwicklung erlebt. Es war damals nicht herauszufinden gewesen, ob er auch eine Funktion für die Gegenwart erfüllte.

Diesmal war ich überrascht, ihn voller Leben wahrzunehmen. Statt des starren turmähnlichen Körpers erspürte ich diesmal eine dynamische Doppelschlaufe, die zwischen Himmel und Erde pulsierte. Auch kam der alte Riese mir nicht mehr in die eigene Energiestruktur verschlossen vor. Seine Essenz strahlte nun weit in den umliegenden Raum hinein. Die »alte Ruine« wurde durch eine neue Aufgabe wiederbelebt.

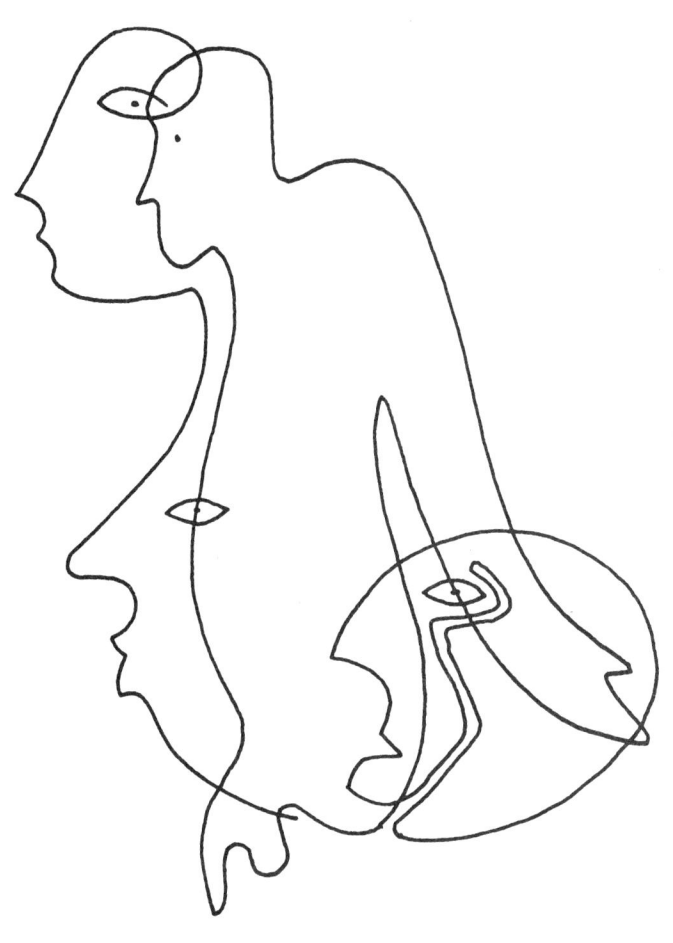

Das Öffnen der drei Augen der Seele – eine Übung

Um mehr über die neue Aufgabe des alten Riesen zu erfahren, wandte ich mich telepathisch an Meister Julius. Er antwortete, dass der alte Riese zuvor eine lange Zeit schlummernde Reserve des Erdbewusstseins dargestellt habe. In diesem Zustand hatte ich ihn vor Jahren wahrgenommen. Aufgrund der komplizierten Prozesse der Erdwandlung muss die Erde viele neue Funktionen ihres Bewusstseins aktivieren. Dazu gehören auch ihre Reserven, und der alte Riese stellte eine dieser wiederbelebten Reserven dar. Er war in einen Lehrer der elementaren Welt »umfunktioniert« worden. Er vermittelte mir, dass seine Aufgabe nun darin bestehe, die Wesenheiten der einzelnen Elemente über die neue Raumbeschaffenheit zu belehren. Dabei solle man berücksichtigen, fügte er hinzu, dass bei den Elementarwesen das Lehren mit dem Sein gleichzusetzen sei.

Später folgte noch ein Traum, durch den ich ein besonderes Werkzeug kennen lernte, das das Erdbewusstsein entwickelt hat, um in die menschliche Welt eingreifen zu können. Es handelt sich um den »Friedensfaden«:

Zuerst wird mir ein älterer Mann gezeigt, der einem Schamanen gleicht und deswegen auf eine besondere Nähe zu der elementaren Welt hindeutet. Ich werde also darauf hingewiesen, dass es sich bei dem Traum um das Thema Elementarwesen dreht. Als Nächstes wird der alte Mann in eine Person verwandelt, die einen Wutanfall bekommt. Der Alte schreit und schlägt mit Armen und Beinen um sich. Die Situation ist so ernst, dass die Polizei gerufen wird. Ein Polizist trifft ein, ohne seine Pistole dabei zu haben. Auch hat er kein Mobiltelefon zur Hand, um Hilfe herbeiholen zu können. Die Lage erscheint äußerst bedrohlich, sodass ich keinen anderen Ausweg sehe, als mich vor der Wahrheit zu verstecken.

Übersetzt in die logische Sprache hieße es, dass zukünftig mit heftigen Auseinandersetzungen innerhalb der Menschheit zu rechnen ist, bei denen die herkömmlichen Werkzeuge zur Wahrung der Ordnung versagen werden.

Der alte Riese auf der Insel Srakane wurde als eine Art Naturengel wieder belebt

Im nächsten Bild sehe ich das Werkzeug, das seitens der elementaren Welt entwickelt wird, um den geliebten Menschen bei den zu erwartenden Turbulenzen Hilfe leisten zu können. Der Mann mit dem Wutanfall liegt nun auf einer hölzernen Bahre und wird an mir vorbei eine Treppe hochgetragen. Er ist überraschenderweise vollkommen ruhig geworden, als ob er schlafen würde. Als ich genauer hinschaue, erkenne ich, dass er mit einem hauchdünnen Faden an die Bahre festgebunden ist. Dadurch ist es offenbar gelungen, ihn zu beruhigen. Der Faden ist durchsichtig und so dünn wie ein Spinnenfaden; er könnte den wilden Mann physisch gar nicht an die Trage fesseln.

Meine Assoziation ist die eines Zauberfadens. Er würde eigentlich in Zusammenhang mit einem Liebeszauber eine Rolle spielen. Wenn ein Paar mit einem solchen unsichtbaren Faden verbunden wird, ist es äußerst schwierig, sich daraus zu befreien.

Die Assoziation trifft jedoch nur teilweise den Kern der Botschaft, da es sich in unserem Zusammenhang um einen Zauberfaden handelt, durch den Frieden gestiftet wird. Um zu erfahren, wie der »Friedensfaden« durch die Elementarwesen gewoben wird, musste ich mich erneut an Julius wenden. Er schickte mich den Hügel hinab zu jenem Eingang in die Unterwelt, der mir schon aus der Zeit bekannt war, als ich an meinem Buch über Elementarwesen schrieb.

Die Information, die ich von den Wesenheiten des Erdelements erfuhr, bezog sich zunächst auf den Modus der Anwendung des Fadens. Falls beispielsweise jemand mit einer Aggression bedrohlichen Ausmaßes konfrontiert wird, kann die Lage dadurch beruhigt werden, dass ein unsichtbarer Faden gesponnen und um das Geschehen gelegt wird. Ich fragte die Zwerge, ob auch ein Mensch diese wunderbare Technik anwenden dürfe. Ja, es sei möglich, hörte ich, doch nur unter der Voraussetzung, dass früher oder später bewusst an der Umwandlung der betreffenden Notlage gearbeitet werde. Der

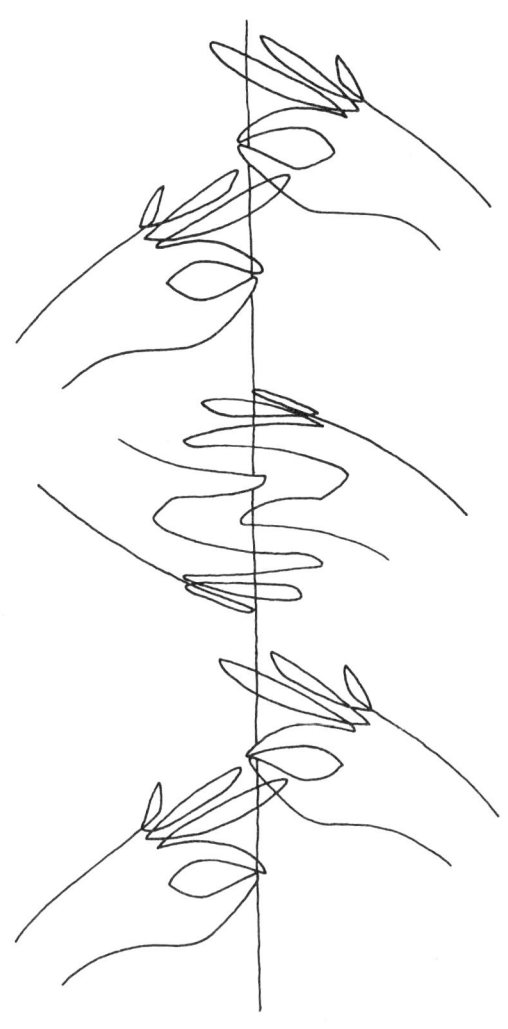

Die holografische Übung des Spinnens eines unsichtbaren Fadens, mit dem man Frieden stiften kann

Friedensfaden könne nur so lange halten, wie es unbedingt notwendig sei.

Danach fragte ich die Zwerge, wie ein Mensch den Friedensfaden spinnen könne und ob ich das Wissen weitergeben dürfe. Es war gestattet, unter der Bedingung, dass damit kein Unfug getrieben werde.

Anschließend wurden meine beiden Hände in das Spinnen des unsichtbaren Fadens eingeweiht:

- Die Hände werden vor der Brust gehalten. Daumen und Ringfinger jeder Hand berühren sich jeweils.
- Danach werden die beiden Hände in einer rhythmischen Bewegung nach oben beziehungsweise nach unten geführt. Die obere Hand geht dabei nach unten und die untere nach oben.
- Die Bewegung ist dadurch möglich, dass sich die beiden Finger in dem Moment nicht mehr berühren, wenn die Hände aneinander vorbeigleiten.

Ich möchte eine weitere Begegnung mit den gewandelten, »neuen« Elementarwesen erwähnen. Ende Oktober 2002 besuchte ich Dresden, die Stadt, die einen Monat zuvor durch das große Hochwasser heimgesucht worden war. Abends hielt ich dort einen Vortrag zum Thema: »Was geschieht mit der Erde und ihren Elementen?« Davor hatte ich zusammen mit einer Gruppe von Mitarbeitern einen Stadtrundgang unternommen, um mir ein Bild der Folgen der Naturkatastrophe zu machen.

Wir waren uns einig, dass nach der Flut in der Stadt eine wunderbare Atmosphäre herrschte. Die Elbe fühlte sich nicht mehr in das vorgegebene Flussbett eingezwängt. Sie ergoss ihre einmaligen Gefühlsqualitäten frei in die umgebende Stadtlandschaft hinein. Es fühlte sich so an, als ob sie noch in derselben Breite präsent war, die sie durch die verhängnisvolle Flut vom August 2002 erreicht hatte. Die Elbe war zwar physisch in ihr Bett zurückgekehrt, aber nicht hinsichtlich

Die Nymphe der Elbe hat meinen »Fischschwanz« bis an mein Herzzentrum gelenkt

ihrer emotionalen und geistigen Präsenz innerhalb der Stadtlandschaft.

Zum Schluss löste ich mich von der Gruppe, um allein das breite Wiesengelände zu überqueren, das den Fluss von der Stadt trennt. Ich hatte den Wunsch, mit der Nymphe der Elbe in Kontakt zu treten. Dazu benutzte ich eine Übung, die meine erste Wahl ist, wenn ich durch Resonanz mit den Elementarwesen der Gewässer in Verbindung treten möchte. Ich visualisierte und spürte Fischschuppen an den Seiten meiner Oberschenkel. Dazu stellte ich mir vor, dass meine Füße zu einem Fischschwanz zusammengewachsen wären.

Nachdem ich all diese Vorbereitungen getroffen hatte, tauchte in meiner Vision ein schönes Mädchen aus der Flusstiefe auf. Telepathisch griff sie zu meinem Fischschwanz und zog ihn nach vorn. Danach ließ sie ihn dicht an meinem Körper langsam nach oben gleiten. Der Fischschwanz rutschte so weit nach oben, bis seine Flosse die Höhe meines Herz-Chakras erreichte. Es fühlte sich so an, als ob meine Herzmitte im Kelch des Fischschwanzes gehalten würde. Ich wusste, dass mir damit das Kosmogramm zur Kommunikation mit den gewandelten Wesenheiten des Elements Wasser gezeigt wurde.

Danach tauchte aus der Tiefe des Flusses eine viel mächtigere Wasserfrau auf und sprach zu mir. Von ihren drei Aussagen kann ich mich an zwei erinnern. In menschliche Worte übersetzt lautete die erste: »Wir Wesenheiten der Elemente haben die wunderbare Natur erschaffen, die euch umgibt. Danach habt ihr die vielen prachtvollen Kulturen entwickelt. Nun sind wir uns ebenbürtig geworden. Lasst uns als Partner eine neue Zivilisation erschaffen!«

Die zweite Aussage klang wie eine Mahnung an uns Menschen: »Letztendlich stellen wir zwei Stränge ein und derselben Erdevolution dar. Warum scheut ihr vor uns zurück; warum verkapselt ihr euch in euren Hülsen?«

Das verwandelte Ego des Menschen

Mit dem letzten Satz gab mir die Nymphe aus Dresden einen wichtigen Schlüssel in die Hand. Falls wir Menschen aufgrund unserer Verkörperung auf Erden tatsächlich so eng mit der Evolution der Elementarwesen verkoppelt sind, wie es mir angedeutet wurde, wäre es dann nicht logisch, dass wir – ob wir es persönlich wollen oder nicht – durch die oben besprochenen Wandlungen mitgetragen werden, die die Elementarwesen während der letzten Jahre erlebt haben? Wenn ja, in welche Richtung werden wir getragen?

Zunächst sollte man sich vergegenwärtigen, dass es dem Menschen möglich ist, seine Verwandtschaft mit der Evolution der Elementarwesen in zweifacher Weise zu betrachten. Es gibt sowohl einen objektiven als auch einen subjektiven Blickwinkel. Beide sind für das Wesen Mensch im Prozess der Wandlung von grundlegender Bedeutung.

Zum objektiven Aspekt unserer Verwandtschaft mit den Elementarwesen gehört die schon besprochene Vorstellung von einem persönlichen Elementarwesen, das den Menschen durch sein ganzes Leben auf der Erde hindurch begleitet. Schon im Mutterleib hilft das persönliche Elementarwesen, den Körper des Kindes aufzubauen. Auch nach dem Tod »seines« Menschen bleibt das dienende Elementarwesen noch an seiner Seite, bis es dem Verstorbenen gelungen ist, seine irdische »Kleidung« bis zur letzten Hülle abzulegen, um frei in die Reiche der Seele einzugehen.

Unsere unbestreitbare Verwandtschaft mit der Evolution der Elementarwesen kann jedoch auch aus einem subjektiven Blickwinkel betrachtet werden. In diesem Fall kann man vom persönlichen Elementarwesen nicht im Sinne einer vom Menschen getrennten Wesenheit reden. Da der Mensch im Laufe seiner Geschichte Bestandteil der irdischen Evolution geworden ist, ist auch jeder von uns unausweichlich in die

große Gemeinschaft der Elementarwesen eingegliedert worden. Anders ausgedrückt: Wir sind zu einem Bestandteil des Erdbewusstseins geworden.
Wie äußert sich diese »unausweichliche« Verwandtschaft – außer dass manche Menschen einem Zwerg oder einer Fee ähnlich sehen?
Die beste Antwort erhält man durch persönliche Anschauung. Dazu schlage ich eine zuverlässig funktionierende Übung vor, die ich mit verschiedenen Gruppen schon viele Male ausprobiert habe. Aus diesem Grund erlaube ich mir auch zu behaupten, dass in dem Fall, dass der Übende nichts spüren oder erfahren sollte, es sich um seine Befangenheit angesichts des beschriebenen Aspekts von ihm selbst handelt, der durch eine lange Epoche unserer Entwicklung hindurch ignoriert worden ist.
Die Übung kann am besten auf einem Stuhl sitzend durchgeführt werden, da der Mensch damit über vier zusätzliche »Beine« verfügt. Doch man kann auch im Bett liegend üben. Da wir mit dem Elementarwesen in uns während unseres ganzen Lebens vollkommen *eins* sind, haben wir kaum die Möglichkeit, es wahrzunehmen. Die Übung ist so gestaltet, dass mit Hilfe einer Imagination zuerst eine Distanz zum eigenen Elementarwesen erzeugt wird und gleich danach eine Wiedervereinigung. Der Moment der Wiedervereinigung darf nicht versäumt werden, weil nur dann das innere Elementarwesen bewusst wahrnehmbar wird:

- Stellen Sie sich vor, dass Sie auf einem Spiegel sitzen. Wenn Sie nach unten blicken, sehen Sie sich selbst – Ihr zweites Ich. Falls Sie die Übung im Liegen machen, stellen Sie sich vor, dass der Spiegel an Ihre Fußsohlen gelehnt ist.
- Wenn Sie bereit sind, lassen Sie das zweite Ich, das Sie im Spiegel sehen, rasch aufstehen, wobei Sie es auf Ihre Schulter emporziehen.
- Umarmen Sie es so, dass Sie die linke Hand auf Ihr Herzzentrum und die rechte auf Ihren Solarplexus legen.

Eine Übung zur Begegnung mit dem persönlichen Elementarwesen

- Wie fühlt sich die Präsenz des Elementarwesens an? Welche Qualität bringt es in das Holon Ihres Wesens? Liebkosen Sie es eine Zeit lang; drücken Sie ihm Ihre Dankbarkeit aus, oder tragen Sie ihm Ihre Bitte vor.

Im ersten Kapitel habe ich davon berichtet, wie ich 2001 an meinem Geburtstag mit der Offenbarung der Wesenheit von Luz beschenkt worden war. Es handelte sich dabei um eines der gewandelten Elementarwesen, die als Geburtshelfer des ganzheitlichen Wesens Mensch dienen. Auch zu meinem nächsten Geburtstag bekam ich von der elementaren Welt ein Geschenk. Diesmal wurde mir durch einen Traum die Einsicht in die sich neu aufbauende Beziehung zwischen der Persönlichkeit und der elementaren Essenz im Menschen zuteil:
Eines frühen Morgens überrascht mich der Postbote mit einer Buchsendung. Als ich das Paket öffne, entdecke ich, dass auf dem Buchdeckel mein Name steht. Es ist also zu erwarten, dass das Buch meine Arbeiten enthält. Doch davon keine Spur! Auf jeder Seite sind zwar Kunstwerke abgebildet, ergänzt durch Kommentare, aber ich kann darunter kein einziges eigenes Werk finden. Mein Ego wird nervös und fühlt sich tief getroffen. Um seinen Ehrgeiz zu befriedigen, sucht es nach einer Reproduktion, die man aufgrund einer Ähnlichkeit mit meinem Werk »adoptieren« könnte. Da merke ich, dass je zwei Buchseiten an der Unterkante durch eine zarte Schwimmhaut verbunden sind. Es ist die gleiche Schwimmhaut, die ich bei der liebevollen Hand des Elementarwesens wahrgenommen habe, die sich aus meinem Gepäck herausstreckte.
Meine persönlichen Reaktionen werden im Traum geradezu karikiert, um anzudeuten, dass es sich um eine Wandlung im Bereich des Ego handelt – etwas, worauf der westliche Mensch stets äußerst empfindlich reagiert.
Es geht im Traum offenbar um den zukünftigen Verlust der egozentrischen Persönlichkeit, die man gewöhnlich auch als

Ego bezeichnet. Vom Verlust des Ego will der moderne Mensch nichts wissen, weil das Ego als ein Beschützer der persönlichen Identität angesehen wird. Ist der Mensch noch ein Mensch, wenn er seine Individualität aufgibt?
Dabei ist gar nicht an die Aufhebung der Individualität des Menschen gedacht. Sie ist inzwischen ein fester Bestandteil des Menschseins. Es gehört zum Menschsein, dass jeder von uns in seiner einmaligen, individuellen Ganzheit zentriert ist und seine persönliche Rolle innerhalb der universellen Ganzheit erfüllt.
Vielmehr geht es allein darum, dass im Zuge der Entfremdung des modernen Menschen sein Ich zersplittert wurde. Einerseits wurde das geistig-seelische Ich in der Hülse der entfremdeten Persönlichkeit verkapselt. Die Stimme der Seele und des »höheren Ich« wurden dadurch fast vollständig zum Schweigen gebracht. Andererseits hat sich Schritt für Schritt das »äußere Ich« entwickelt, das während der vermeintlichen Abwesenheit der inneren Stimme die Führung übernommen hat.
Die problematische Seite dieser Machtübernahme besteht darin, dass die nach außen gewandte egozentrische Persönlichkeit keine Urbilder kennt, durch die ihrem Tun ein tieferer Sinn verliehen werden könnte. Da das Ego die Stimme der Seele regelrecht ignoriert, wird ersatzweise der Verstand zurate gezogen. An diesem Punkt stoßen wir auf das zweite Problem der modernen Egozentrik.
Da der Verstand sich unentwegt auf der Ebene der Logik bewegt, wird er unfähig, Antworten auf Fragen der geistigen Führung zu geben. Es kommt dazu, dass das Ich gezwungen wird, auf die unsicheren Signale der eigenen oberflächlichen Emotionen zu hören. Einen anderen Ausweg scheint es nicht zu geben. Als Folge davon wird der Mensch immer wieder in chaotische Situationen hineingezogen.
Der Traum vom Buch mit den Schwimmhäuten deutet auf eine überraschende Möglichkeit hin, durch die die Persön-

lichkeit gewandelt werden kann, ohne dass der inzwischen erreichte Grad an individueller Eigenständigkeit verloren geht. Im Traum wird das Element Wasser als die Grundlage vorgestellt, auf der die erneuerte Persönlichkeit des Menschen sich zukünftig entfalten kann. Mit dem Element Wasser ist die emotionale Welt angesprochen. Nicht in der luftigen Gedankenwelt sollte zukünftig unser Ego verankert sein, sondern in der wässrigen Welt der Gefühle.

In diesem Sinne kann man auch die Aussage der Moldau-Nymphe verstehen, die ich im September 2002 nach den Folgen der großen Flut in Prag befragt hatte. Die Nymphe sagte zum Schluss, dass es im Übrigen an der Zeit sei, dass der Mensch wieder lerne, seine Kiemen zu benutzen.

Man könnte dies als Scherz verstehen, doch die Worte wurden mit großem Ernst gesprochen. Diese Tatsache hat mich später dazu bewogen, den Elementargeist des Rheins darüber zu befragen. Er erschien mir während einer Bahnfahrt am Rhein entlang, als ich versuchte, mich mit der Wesenheit des Stromes zu verbinden. Der Kontakt geschah zwischen Mainz und Koblenz, wo die Bahnstrecke dicht am Rheinufer entlangführt.

Ich fragte den Elementargeist des Rheins, wo man die Kiemen beim Wesen Mensch suchen solle. Als Antwort begann er, um meine Herzmitte einen Kranz zu flechten, der aus mehreren Wassersträngen gebildet war. Das Flechten begann an meinen Stimmbändern, bewegte sich von dort in Richtung des linken Chakras des Elements Wasser an meiner Brustseite und setzte sich in Richtung Bauchmitte fort. Über das rechte Chakra des wässrigen Elements und in Richtung meiner Kehle wurde der »Wasserkranz« geschlossen.

Man kann die Eingebung des Geistes vom Rhein in eine Übung übersetzen. Mit ihrer Hilfe lässt sich erspüren, wo zukünftig die Persönlichkeit angesiedelt werden soll. Wie dem Schneewittchen aus dem berühmten Märchen der Gebrüder Grimm wird der Persönlichkeit ein Zufluchtsort bei den Ele-

Die »Kiemen« beim Menschen: ein Wasserkranz, der vom Kehlkopf über die beiden Chakren des Wasserelements bis zum Sonnengeflecht reicht. Mittelpunkt ist das Herz

mentarwesen angeboten. Es handelt sich hier jedoch nicht um das Reich der Zwerge, sondern um den Wasserkranz des persönlichen Elementarwesens innerhalb des Menschen:
- Sie finden Ihre innere Stille.
- Den Kontakt mit Ihrer elementaren Essenz finden Sie, indem Sie mit liebevoller Aufmerksamkeit aus dem Sexualbereich langsam in Richtung Herzmitte aufsteigen. Irgendwo zwischen dem Solarplexus und der Herzmitte finden Sie den Punkt, wo Ihr elementarer Aspekt beheimatet ist, seitdem er die gegenwärtigen Wandlungen innerhalb der elementaren Welt mitgemacht hat. Sie bleiben dort eine Zeit lang.
- Ausgehend von Ihrem Kehlkopfbereich beginnen Sie nun, den Wasserkranz zu flechten. Er wird aus mehreren Strängen kristallklaren Wassers geflochten. Er verläuft über das linke Chakra des Wasserelements nach unten bis zur Bauchmitte und über das rechte Chakra des Wasserelements zum Kehlkopf zurück.
- Danach richten Sie Ihre Aufmerksamkeit auf die oben erwähnte Mitte des Kranzes. Sie sind in der Mitte präsent und lassen den Kranz um die Mitte herum rund werden. Sie erlauben, dass seine wässrige Substanz in das Gefühl der geerdeten Liebe übersetzt wird, das die Elementarwesen kennen.
- In der Mitte Ihres Holons entsteht ein kugelartiger wässriger Raum. Daran sind sowohl die Kräfte des Kopfes, des Verstandes als auch die Qualitäten des Bauches, des Gefühls, angeschlossen. Was auch immer Sie im Alltag tun, Sie sollten lernen, aus diesem neuen Raum der integralen Persönlichkeit heraus zu denken, zu wollen und zu handeln.

Um mir die Wege der Umwandlung des Ego zu verdeutlichen, wurde mir am 16. September 2002 noch ein zweiter Traum geschenkt:

Ich stehe auf einer flachen Wiese und warte auf die anderen Mitglieder meiner Familie. Ich schaue dauernd nach hinten in die Ferne, als ob die Familienmitglieder aus der Vergangenheit bald zu mir stoßen würden.
Darin sehe ich das Bild der alten egozentrischen Persönlichkeit, die keine Fähigkeit der Zukunftsschau besitzt, sondern davon abhängig ist, was durch den Verstand als Erinnerung an Vergangenes gespeichert wurde.
Plötzlich stellt sich die Wiese hinter mir aufrecht. Die dadurch entstehende vertikale Wand macht meine Hoffnung zunichte, dass die anderen Mitglieder der Familie mir folgen. Ich fühle mich endgültig verloren, vereinzelt und von meinen gewohnten Wurzeln getrennt.
Ich erlebe hier die Hilflosigkeit der Persönlichkeit angesichts der sich wiederholenden Umstülpungen des Raumes, die völlig neue Lebensumstände entstehen lassen.
Völlig unerwartet geht oben am Himmel eine kleine Tür auf, zu der eine hölzerne Leiter führt. Aus der Türöffnung springen zwei meiner Töchter heraus und weinen so heftig, dass ihre Tränenströme sich in die Tiefe ergießen. Sie sagen, dass ihre Mutter erkrankt sei. Die vermeintlich traurige Nachricht schmettert mich keineswegs noch mehr nieder. Eine Glückswelle beginnt mich zu durchströmen. Ich erlebe mich wieder in meinem Familienkreis aufgehoben.
Die Nachricht, dass meine Frau krank sei, erscheint als ein Symbol der Wandlung. Auch die strömenden Tränen haben nichts mit Trauer zu tun. Vielmehr stehen sie für die neue Funktion der emotionalen Ebene, von der oben erzählt wurde. Und schließlich existiert eine hölzerne Himmelsleiter, durch die ich meine Lieben wieder erreichen könnte.
Zusammenfassend vermittelte mir der Traum die Botschaft, dass die Tage des alten Persönlichkeitsmodells gezählt sind. Durch die sich wiederholenden Umstülpungen des Raumes verschwinden die sowieso nur dürftigen Grundlagen, auf die sich das moderne Ego stützt. Ich werde jedoch dadurch

getröstet, dass mir Einsichten in die neue Gestalt der menschlichen Persönlichkeit geschenkt werden.

Wenn man die Botschaften beider Träume zusammenfasst, könnte man die Gestalt der neugeborenen Persönlichkeit des Menschen wie folgt charakterisieren:

- Die gewandelte, von Nächstenliebe durchströmte elementare Essenz des individuellen Menschen stellt die Grundlage für die neue Gestalt der Persönlichkeit dar – mit dem Ziel, das Ego zu veredeln.
- Es ist der Weg der ständigen Wandlung, durch den sich die Persönlichkeit in Richtung des ganzheitlichen Menschen entwickelt – eines Menschen, bei dem die verschiedenen Ebenen und Ausdehnungen nicht mehr voneinander getrennt sind.
- Der wässrige Tanz der Emotionen bildet von nun an die Grundlage, auf der sich die Individualität und Persönlichkeit eines Menschen ausdrücken sollten.

Das nächste Ziel des Wandlungsprozesses

Die Ankunft der Erlöserin

Man könnte das Lesen eines Buches als eine Form der Kommunikation zwischen Ihnen als Leser oder Leserin und mir als Autor verstehen. Ein Buch ließe sich in diesem Zusammenhang als ein psychischer Raum interpretieren, in dem Ideen, Erfahrungen und Wissen ausgetauscht werden.
Darüber hinaus könnte man sich ein Buch auch als einen Initiationsraum vorstellen, durch den Autor und Leser in Geheimnisse eingeweiht werden, von denen beide zuvor nur eine oberflächliche Ahnung hatten. Ich bin sicher, dass dies der Grund ist, warum man bestimmte Bücher überhaupt zu schreiben und zu lesen beginnt.
Mich interessiert noch etwas anderes: Könnte ein Buch auch zu einem kreativen Raum gestaltet werden, in dem durch den Leser oder die Leserin und den Autor an der Wandlung der Erde und des Menschen mitgearbeitet wird? Eine inspirierende Art des Mitwirkens kommt beim Lesen eines Buches ohnehin zustande. Durch meine Worte werden nacheinander bestimmte Auslöser aktiviert, die meine Partner – meine Leser und Leserinnen – dazu bewegen, mitzudenken, mitzufühlen und auch Gegenmeinungen zu entwickeln. So etwas wird auch schöpferischer Prozess genannt.
Man sollte in Betracht ziehen, dass dieses Buch von mehreren tausend Menschen gelesen wird. Jedes Mal wird der mitschöpferische Prozess erneut in Gang gesetzt und sogar variiert. Praktische Übungen sind in den Text eingebettet, um dafür zu sorgen, dass der Wandlungsprozess in der persönlichen Erfahrung geerdet bleibt. Die Zeichnungen sollen verhindern, dass die Impulse zu trockenen Gedankengängen verkümmern.

Meine Idee, dass die epochale Wandlung der Erde und des Menschen ein Prozess ist, an dem man sogar durch das Lesen eines Buches Anteil nehmen kann, stützt sich auf eine eindrucksvolle Vision, die mir im Jahr 2000 zuteil wurde. Zu jener Zeit leitete ich ein Seminar für biodynamisch arbeitende Bauern in Norwegen. Während ich in der wunderbaren Kirche von Stange mit der Seminargruppe meditierte, erschien im Raum eine gewaltige Krone. Sie war auf barocke Art prunkvoll ausgestaltet und mit Edelsteinen reich übersät. Mir schien, dass mir das Himmelreich gezeigt würde, und ich genoss es mit Staunen. Plötzlich stand die Krone in Flammen. Ihre Pracht wurde durch das Feuer verzehrt, und schon bald war nichts mehr von ihr übrig. Ich fand mich lange Zeit in eine totale Leere starrend. Ich fragte mich schließlich, ob es einen Neubeginn überhaupt noch geben könne. In diesem Augenblick schälte sich aus dem Nichts ein Vögelchen heraus, das geradewegs zum Himmel emporflog.

Ich bin in der Vogelkunde nicht so gut bewandert, dass ich die Art jenes Vogels sofort hätte bestimmen können. Glücklicherweise fand ich ihn in dem erwähnten venezianischen Gemälde von Giambattista Tiepolo wieder. Wie beschrieben, sitzt er auf einer Eisenstange gegenüber der Himmelskönigin, um die Vollkommenheit der Göttin widerzuspiegeln. Daraufhin ergab sich die Möglichkeit, einen Ornithologen nach dem Vögelchen zu fragen. Seiner Meinung zufolge handelt es sich um einen Stieglitz.

Der Vogelkundler belehrte mich auch, dass ein slowenischer Volksmythos davon erzählt, dass Gott alle Tiere nacheinander mit den ihnen entsprechenden Farben versehen hat. Der Stieglitz kam als letztes unter den Tieren an die Reihe, und es war von keiner Farbe genügend übrig geblieben, um das Vögelchen einheitlich zu bemalen. Also hat Gott die Reste aller Farben verwendet und dem Stieglitz ein buntes Gefieder geschenkt.

Handelt es sich hier nicht um die oft besprochene Umstülpung, bei der das Letzte zum Ersten wird? Die himmlische Krone, die wohl das Höchste symbolisiert, wurde durch die Flammen in den winzigen Stieglitz, den Letzten in der Reihe der Tiere, umgewandelt.

Wenn die Wandlung der Erde und des Menschen so einfach ist, wie kann man sich den Übergang dann praktisch vorstellen? Seitdem die epochale Wandlung ihre Wirkung voll entfaltet hat, sollte man heute davon ausgehen, dass wir Menschen parallel zwei unterschiedliche Leben führen. Tagsüber sind wir noch in die Höhen und Tiefen der »alten« Welt eingebunden. Nachts genießen wir schon die »neue« Erde und stimmen uns schrittweise auf ihre Gesetzmäßigkeiten ein.

In Übereinstimmung mit dem Prinzip der Umstülpung sollte der nächtliche Raum zum bewussten Tagesraum werden. Im Zuge der Wandlungen sollten wir lernen, den Brennpunkt unserer Aufmerksamkeit von der alten Welt in das Zentrum des ehemaligen nächtlichen Raumes, der jetzt zum zukünftigen Licht- und Lebensraum entwickelt wird, zu verlagern. Wenn dies einmal geschafft ist, kann der langfristige Prozess in Gang gesetzt werden, bei dem einzelne Aspekte des gewandelten Menschen sich aus der Dunkelheit des Ungewissen herausschälen. Gleichzeitig werden die Bindungen aufgelöst, die uns an die alte Weltstruktur fesseln.

Dies mag alles einleuchtend klingen, aber wenn man um sich schaut und von der Erdwandlung nicht überzeugt ist, zeigt sich ein ganz anderes Bild: Fast niemand unter den Milliarden von Menschen scheint daran interessiert zu sein, was die Erde will und wozu uns die geistige Welt zu inspirieren versucht. Die Bindungen an die alte Weltstruktur sind von nahezu hundertprozentiger Festigkeit.

Trotz dieser wenig optimistischen Einschätzung besteht meine Intuition darauf, dass die Lage nicht aussichtslos ist. Ich wurde sogar belehrt, dass ich mich zu schnell durch äußere Umstände beeinflussen ließe. Dazu ein Traum vom 23. Oktober 2002, der mich erschüttert hat:

Ich warte zusammen mit vielen Menschen auf ein Gespräch mit einem spirituellen Lehrer und Meister. Der Guru ist ständig mit Leuten beschäftigt, die mit irgendwelchen Fragen an ihn herantreten und beraten werden möchten. Ich versuche dauernd, dem Meister Zeichen zu geben, dass es sich in meinem Fall um keine persönliche Angelegenheit handelt, sondern um die dringenden Fragen des Weltschicksals. Ich komme damit jedoch nicht weiter. Plötzlich setzt sich eine Frau vor dem Meister auf ein Stühlchen, das mit einem weichen Tierfell überzogen ist. Sie hat offenbar tausend Fragen an den Guru. Da sie sich dort regelrecht häuslich niedergelassen hat, sehe ich keine Chance mehr, in absehbarer Zeit mit meinem Anliegen an die Reihe zu kommen. Es bleibt mir nichts anderes übrig, als den Ort zu verlassen und mich wieder meinen alltäglichen Aufgaben zu widmen. Während ich meiner gewohnten Arbeit nachgehe, kaue ich Backäpfel. Sie sind äußerst trocken und hart, sodass ich dauernd auf ihnen herumkauen muss und es nicht wage, etwas hinunterzuschlucken.

Die ersten zwei Traumbilder fassen die Umstände zusammen, über die ich mich oben beklagt habe. Suchende müssen sich für einen Weg entscheiden. Entweder bindet man sich geistig an verschiedene Gurus oder spirituelle Institutionen, die im Blick auf die Zukunft eine ausreichend tiefe emotionale Sicherheit anbieten können. Entscheidungen dieser Art liegt eine gefühlsmäßig aufgeladene Beziehung zugrunde, die man gewöhnlich als liebende Hingabe beschreibt. Das Tierfell, auf das sich im Traum die Schülerin vor mir setzt, deutet auf das unterbewusste Bedürfnis hin, angesichts einer Welt voller Unsicherheit und ständiger Wandlungsprozesse durch eine vermeintliche geistige Führung emotional beschützt zu werden.

Oder man entscheidet sich für den Weg der intellektuellen Eigenständigkeit. Man ist dann zwar nicht von einem Guru abhängig; es zeigen sich aber nicht weniger Probleme. Sie

werden im Traum durch mein unentwegtes Kauen symbolisiert. Dieses Kauen macht nie satt. Es wird diskutiert, nachgedacht und geplant, aber aus der Perspektive der bevorstehenden Wandlung kommt man keinen Schritt weiter.
Daraufhin werde ich im Traum zu einem Ort geführt, der sich genau in der Mitte zwischen den beiden Extremen befindet. Es ertönt eine donnernde Stimme: »Es wäre an der Zeit, die Glocken erklingen zu lassen.« Ich soll mich zu diesem Zweck der Glocken bedienen, die in einer langen Reihe an der Wand hängen. Zu meinem Erstaunen befinden sich darunter keine Glocken, mit denen man Alarm schlagen könnte, sondern nur feine silberne Glöckchen verschiedener Größen und Ausführungen. Ich verstehe nicht, was diese feinen Glocken Sinnvolles bewirken könnten. Wer vermag eine solche silberne Glocke überhaupt zu hören, wenn sie geläutet wird? Ich bin deshalb nicht bereit, dem Ruf der donnernden Stimme zu folgen. Stattdessen behaupte ich, dass erstens die Zeit noch nicht reif sei, um die Glocken erklingen zu lassen. Zweitens meine ich, dass die Menschen dem Läuten sowieso nicht wohlgesinnt seien.
Der zweite Teil des Traumes deutet auf eine geradezu fantastische Möglichkeit hin, die uns Menschen offenbar erst im Zuge der Wandlungsprozesse und der damit verbundenen Einwirkung der göttlichen Gnade zugänglich geworden ist. Es handelt sich um eine Methode, die den Menschen weder der Abhängigkeit einer Guru-Beziehung ausliefert, noch ihn in den Netzen des eigenen Intellekts gefangen hält. Leider ist die durch die feinen silbernen Glocken symbolisierte Lösung all unserer Probleme so absolut neu und deswegen scheinbar undenkbar, dass ich sie zunächst zurückweisen musste.
Darf ich die Leserin, den Leser um Hilfe bitten? Lassen Sie uns gemeinsam die Antwort auf die Frage suchen, welche wunderbaren Dinge, von denen wir (noch) keine Ahnung haben, uns jetzt angeboten werden. Die große Zahl von Glocken, die ich an der Wand gesehen habe, zeigt die Möglich-

keit, dass jeder von uns eine eigene Variante der Lösung finden kann, obwohl sie alle auf ein und demselben Prinzip gründen.

Ich möchte unsere gemeinsame Meditation durch eine Übung zur Öffnung des Herzzentrums einleiten:

- Stellen Sie sich vor, dass sich vor Ihrer Herzmitte ein hölzernes Tor mit doppelten Flügeln befindet. Das Tor ist geschlossen.
- Dann sehen Sie, wie die beiden Flügel langsam geöffnet werden und das Licht Ihres Herzens zu strahlen beginnt.
- Die Flügel öffnen sich weiter und weiter, bis sie am Rücken des Herzens zusammenstoßen.
- Aus den vereinten Flügeln entsteht eine starke Wurzel, durch die Ihr Herzzentrum im Herz Ihres kosmischen Zwillings hinter dem Rücken eingepflanzt wird. Ihr Herz strahlt offen nach allen Seiten aus.
- Sie halten sich im Herzbereich des kosmischen Doppelgängers fest verwurzelt und wenden sich unserer Frage zu: Welche überraschende Möglichkeit der Wandlung ist uns angeboten worden, von der wir bislang keine Ahnung hatten?

Meine eigene Antwort auf diese Frage erhielt ich im Laufe des folgenden Monats November auf vielen Umwegen. Es fing an mit der Einladung, nach Ecuador zu fliegen, um für die Hauptstadt Quito ein Lithopunkturprojekt vorzubereiten. Meine Reise nach Quito führte über Madrid. Als wir jedoch gerade Barcelona überflogen, fing die Rechenanlage auf dem Flughafen in Madrid Feuer, sodass unsere Maschine in Barcelona zwischenlanden musste. Den Anschlussflug nach Quito habe ich dann verpasst.

Ich war gezwungen, mich dem Schicksal zu fügen und vierundzwanzig Stunden im Flughafenhotel zu warten. Um die Zeit zu füllen, begann ich, mich mit der Deutung des oben erzählten Traumes, den ich vierzehn Tage zuvor erhalten hat-

Über mir tanzte die jungfräuliche Göttin. Nach und nach nahmen ihre Gesichtszüge menschlichen Charakter an

te, zu beschäftigen. Zunächst kam ich damit nicht recht voran. Den Schlüssel erhielt ich erst durch eine Offenbarung, die ich während der darauf folgenden Nacht im Traum erlebte: Ich stehe vor einer hohen und breiten Bühne. Als ich meinen Blick hebe, um zu sehen, was auf der Bühne vor sich geht, bin ich wie vom Donner gerührt. Ich sehe eine riesengroße dunkelhäutige Frau auf der Bühne tanzen. Eine solche Kraft und Schönheit habe ich zuvor noch nie erblickt. Die Frau ist vollkommen nackt und tanzt, ohne sich von der Stelle zu rühren. Irgendwie bewegt sie jeden Muskel am Körper und schiebt sie alle seitlich in eine Richtung. Es folgt eine rasche Umdrehung, und schon bewegen sich die Muskeln in die entgegengesetzte Richtung. Ihr Tanz gleicht den unzähligen Wellen eines gewaltigen Meeres, die der Wind in eine Richtung treibt.

Gefesselt starre ich die rotbraune Göttin an, deren Tanz dem Rauschen von tausend Ozeanen gleicht. Dann sehe ich die Figur, die sie in ihrer linken Hand hält: das Christuskind! Es wird mir bewusst, dass ich das Privileg habe, die göttliche Jungfrau zu erschauen. Offensichtlich will sie mir etwas zeigen. Nun kann ich erkennen, dass das Christuskind aus zwei Knabengestalten zusammengesetzt ist, die sich auf ihrem Arm so dicht gegenübersitzen, als ob sie sich ergänzen würden. Das eine Kind ist rein und vollkommen; das andere ist mit Kreuzigungs- und anderen Folterwerkzeugen beladen.

An dieser Stelle sei darauf hingewiesen, dass es in der christlichen Ikonografie tatsächlich die Darstellung von zwei Jesusknaben mit einer derartigen Rollenverteilung gibt. Ein Beispiel ist der Hauptaltar der Kathedrale von Konstanz am Bodensee. Ganz oben auf der rechten Seite des Altars steht die heilige Maria mit einem vollkommenen Knaben, der die Geste des Segnens zeigt. Auf der entgegengesetzten Seite kann man den heiligen Josef erkennen, der einen identischen, mit einem Kreuz beladenen Knaben auf dem Arm trägt.

Es handelt sich um die Zusammenführung von zwei Urbildern, mit denen wir uns im ersten Teil des Buches beschäftigt haben. Zum einen geht es um die Vollkommenheit des inneren Kindes, das die Ewigkeit in uns repräsentiert. Zum anderen haben wir es mit unserem kosmischen Doppelgänger zu tun, der die Erinnerung unserer inneren Entwicklung speichert und dadurch auch gezwungen ist, unsere Schattenseiten auf sich zu nehmen – so lange, bis man sie in Licht umzuwandeln versteht.

Zurück zum Traum: Kaum nehme ich die doppelte Erscheinung des Christusknaben in der Hand der Göttin wahr, als mein Blick von ihrem Gesicht angezogen wird. Es ist nicht klar erkennbar, sondern es befindet sich in einem merkwürdigen Zustand der Veränderung. Die Veränderungen beginnen immer wieder mit fremden, maskenartigen Gesichtszügen, die eine erhabene kosmische Qualität zeigen, wie man sie aus den Darstellungen der Göttinnen alter Kulturen kennt. Es ist darin keine Individualität zu erkennen, sondern es zeigt sich das Allumfassende, das sowohl das strahlendste Schöne als auch das Hässlichste einbezieht. Darauf folgt stets eine zweite Phase, bei der die Gesichtszüge immer menschlicher werden. Sie gewinnen dadurch an Individualität und werden von einer tiefen Liebeskraft durchdrungen. Es vollzieht sich eine Menschwerdung der Göttin, die kaum zu fassen ist!

Hat Gott den Menschen – so die Bibel – nicht nach seinem Bild erschaffen? Doch danach ist, so die Botschaft der Evangelien, derselbe Gott auf der Erde geboren worden, um sich in menschlicher Gestalt zu verkörpern. Wieder ein Umstülpungsprozess!

Was ich bei den Gesichtszügen der göttlichen Jungfrau auf der Weltenbühne über mir erkennen kann, entspricht einem ähnlichen Prozess. Indem die kosmische Erhabenheit transzendiert wird und die menschlichen Züge einfließen, wird ihre Präsenz deutlicher, liebevoller und fassbarer.

Kaum bin ich mit der Sprache des Gesichts der kosmischen

Frau vertraut geworden, wird meine Aufmerksamkeit schon von der Muskulatur ihres Körpers angezogen. Ich stelle überrascht fest, dass ihr prachtvoller weiblicher Körper an bestimmten Stellen zeitweilig eine männliche Charakteristik annimmt. Ich sehe eine ausgeprägte Muskulatur, wie man sie sonst bei Spitzenathleten bewundern kann.

Bei der Deutung dieses Traumbildes meinte ich zunächst, dass es sich dabei um das Problem der allgegenwärtigen patriarchalischen Übermacht handeln würde. Aber je länger ich das rhythmische Erscheinen der männlichen Muskulatur im Zuge ihres Tanzes betrachtete, desto natürlicher erschien es mir. Als ob der Rücken eines Wales auf der von Wellen gekräuselten Oberfläche des Ozeans auftauchen und gleich darauf verschwinden würde, so tauchte stellenweise die männliche Muskulatur am tanzenden Oberkörper der göttlichen Jungfrau immer wieder auf und verschwand genauso schnell.

Offenbar wird damit eine eigenartige Partnerbeziehung zwischen den beiden Geschlechtern des Göttlichen beziehungsweise zwischen den beiden Polaritäten des Universums symbolisiert. Kurz gesagt: Innerhalb des weiblichen Aspekts der Gottheit ist das männliche Prinzip genauso anwesend, wie das weibliche Prinzip innerhalb des männlichen Gottesaspekts anwesend ist. Das entsprechende Urbild im Rahmen der christlichen Kosmologie zeigt Maria und Jesus beide auf dem himmlischen Thron sitzend, wobei der gekrönte Christus der Jungfrau eine Krone aufsetzt, die seiner wesensgleich ist.

Zusammenfassend könnte man sagen, dass die drei letzten Merkmale, die ich an der tanzenden »Riesin« wahrgenommen habe, in die Geheimnisse der Menschwerdung der Göttin einweihen: Erstens, die göttliche Jungfrau nimmt einen Körper an, der zwar weiblich ist, aber das männliche Prinzip einbezieht. Zweitens, sie steigt herab und nähert sich der Menschengestalt an. Drittens, sie zeigt ihren Sohn nicht nur in der Erhabenheit seiner kosmischen Rolle, sondern auch beladen

Ein Schlussstein der gotischen Kathedrale zu Marburg an der Lahn zeigt die Partnerbeziehung zwischen den beiden Geschlechtern des Göttlichen

mit den Schatten, die er aufgrund seiner Nächstenliebe freiwillig auf sich genommen hat.

In meinem zuletzt erschienenen Buch *Die Tochter der Erde* habe ich bereits vorsichtig angefangen, von der »Erlöserin« zu sprechen. Es war für mich keine einfache Entscheidung, denn ich fühle mich dem Prinzip der Eigenverantwortlichkeit des Menschen verbunden, und mir ist die Vorstellung fremd, dass jemand von außen kommen und uns aus unserer Verstricktheit retten soll. Dennoch kann ich die sich mehrenden Zeichen nicht mehr ignorieren, dass tatsächlich ein geheimnisvoller kosmischer Erlösungsplan aktiviert ist.

Dass es sich tatsächlich um eine Hilfe »von oben« handelt, geht aus den Traumbildern klar hervor. Der Tanz der Jungfrau spielt sich auf einer Bühne über mir ab. Ich muss die ganze Zeit zu einer Daseinsebene hinaufschauen, die eine gewaltige Stufe höher liegt als die Ebene, auf der wir hier auf Erden stehen.

Es gab keinen Anhaltspunkt dafür, dass die vibrierende Göttin ihre hohe geistige Ebene je verlassen und nach unten steigen würde. Doch dies sollte man von einem Erlöser, einer Erlöserin ja erwarten. Dennoch hielt sich bei mir der Gedanke an das Erscheinen einer Erlöserin. Eine Erklärung wurde mir durch die Fortsetzung des Traumes mit der tanzenden Göttin gegeben:

Meine Aufmerksamkeit wird wieder auf die sich ständig wiederholenden Tanzbewegungen der göttlichen Jungfrau gelenkt. Erneut betrachte ich mit Begeisterung die rotbraunen Wellen ihrer tanzenden Muskeln, die – von einem gewaltigen unhörbaren Rhythmus inspiriert – von links nach rechts und von rechts nach links rollen. Plötzlich merke ich, dass bei den Muskeln der Oberschenkel etwas schief läuft. Sie bleiben immer wieder zurück, als ob sie bei den Richtungsänderungen, bei den Umkehrungen der Tanzbewegungen nicht mitkommen würden. Wenn die Wellen des tanzenden Körpers schon umgekehrt sind und zum Beispiel nun von links nach rechts laufen, laufen die Wellen der Muskel im Bereich der Oberschenkel noch einige Augenblicke weiter von rechts nach links. Erst nachdem die Wellen der Oberschenkel auch umgekehrt sind, ist für eine kurze Weile am ganzen Körper die Harmonie der Tanzbewegungen wieder hergestellt. Doch dann tritt der nächste Richtungswechsel ein, und das Spiel beginnt von vorn. Dabei wird mir etwas Merkwürdiges gezeigt. Immer wenn es zu der Gegenläufigkeit der beiden Bewegungen kommt, werden die Oberschenkel der Göttin steif wie zwei Rohre. Die wellenartigen Bewegungen werden durch diese Starrheit gestoppt. Sie setzen erst wieder ein, wenn die beiden Tanzbewegungen für einen Moment harmonisiert sind.

Die Botschaft dieses letzten Traumteiles hieße, dass die Erlöserin mir eine Methode zeigen wollte, durch die sie auf die entfremdete irdische Welt einwirken kann, ohne unbedingt von ihrer »Bühne« herabsteigen zu müssen. Es wäre eine salomonische Lösung, bei der die Selbstständigkeit der Menschheit gewahrt bliebe und dennoch unmittelbare göttliche Hilfe und Erlösung erreichbar wären.

Die Göttin ist dabei, einen solchen Tanz der Schwingungen auf der Erdoberfläche zu beginnen, dass die erstarrten und entfremdeten Schwingungsmuster der Menschheit unwiderstehlich in den Wirbel der Wiederbelebung und Harmonisierung hineingezogen werden. Dadurch kann der Prozess der inneren Wandlung, vor dem wir Menschen uns noch sträuben, in Gang gesetzt werden – ob wir es wollen oder nicht. Der Prozess selbst kann jedoch von niemand anderem erfolgreich zum Abschluss gebracht werden als von den betreffenden Menschen selbst.

Darin liegt die Weisheit dieser Lösung: Es werden Umstände geschaffen, durch die den Menschen im Sinne der Erlösung wesentlich geholfen werden kann. Um die Früchte der Erlösung überhaupt genießen zu können, wird jeder Mensch jedoch an seiner persönlichen Wandlung kreativ mitwirken müssen – zum Beispiel durch die Übungen, die im Anhang aufgelistet sind.

Nachdem ich im Traum mit Hilfe meiner Intuition realisiere, welches gewaltige Geschenk die göttliche Jungfrau für die Menschheit vorbereitet, bin ich so entzückt und hingerissen, dass aus der Tiefe meines Herzens der Ruf erschallt: »Mutter!« Die Stimme der Hingabe und Dankbarkeit ist so stark, dass ich mich damit selbst aus dem Schlaf reiße.

Der Traum hatte viele meiner Fragen beantwortet, ohne jedoch das wesentliche Problem anzuschneiden: Wie können die in der eigenen Entfremdung verkapselten Menschen konkret in den Wirbel der Wandlung gezogen werden? Wie kann so etwas praktisch bewirkt werden, wenn die Gottheit selbst nicht unmittelbar unter den Menschen erscheint, um sie zur tief greifenden Wandlung zu inspirieren?

Die Antwort darauf enthüllte sich mir Schritt für Schritt, als ich im darauf folgenden Monat in zwei Ländern tätig war, die Teil der großen Wasserlandschaft Amazoniens sind: Ecuador und Brasilien.

Die nächste Wandlungsphase wird vorbereitet

Quito, die Hauptstadt Ecuadors, liegt auf einer Hochebene zwischen zwei schneebedeckten Andenketten. Einige der Berge sind aktive Vulkane. Die besondere Kraft des Ortes besteht darin, dass Quito entlang eines gewaltigen Lichtkanals gebaut wurde, der – einem luftigen Drachen ähnlich – hoch in der Atmosphäre verläuft. Durch diesen Energiekanal tauschen die beiden großen Ozeane, der Pazifik und der Atlantik, ihre Kräfte aus.

Die Ozeane sind Speicher der Urkräfte auf der Erdoberfläche, vergleichbar mit dem Rückenraum beim Menschen. Durch einen solchen Kanal werden die Speicher ständig untereinander ausbalanciert. Die Ozeane unterstützen sich dadurch gegenseitig in ihrer Lebensfülle und in ihrer inneren Stabilität. Meinem Gefühl nach verläuft ein Zwillingskanal dazu etwas nördlicher, wobei die mexikanische Halbinsel Yucatán und die amerikanische Halbinsel Florida gestreift werden.

Meine Entdeckung des Lichtkanals über Quito wurde dadurch bestätigt, dass einige der wichtigsten sakralen Orte der präkolumbischen Kulturen entlang des Kanals aufgereiht sind. Von diesen heiligen Orten muss eine Gruppe von fünfzehn Stufenpyramiden in Pichincha eine besonders hohe Bedeutung gehabt haben. Nach meiner Wahrnehmung wurden diese Pyramiden mit der Absicht erbaut, einen Teil der Energie nach unten zu leiten und sie an der Erdoberfläche entlangfließen zu lassen. Dadurch wurden die ehemals bedeutsamen Kultplätze von Quito belebt. Die Pyramidengruppe, durch die der »Bypass« zustande kam, hat die Eroberung des Landes – zuerst durch die Inkas und später durch die Spanier – überdauert, weil sie von Erde und Pflanzen überdeckt wurde und dann einer natürlichen Hügellandschaft glich.

Der entscheidende ehemalige Kultplatz, zu dem der »Bypass« führt, ist ein interessanter Hügel, der sich heute inmitten der Stadtlandschaft von Quito befindet. Seine Form gleicht einer riesigen Stufenpyramide. Die Spanier haben ihn scherzhaft Panecillo benannt, was so viel wie »Brotlaib« heißt. Sein ursprünglicher Name war jedoch Chungoloma, »Hügel des Herzens«. Das Herzzentrum, das er beherbergt, ist gewaltig.

Als ich mich in das Geheimnis des Hügels vertiefte, auf dem heute eine Riesenskulptur der Jungfrau von Quito steht, nahm ich eine sehr starke, durch die Urkräfte des transozeanischen Lichtkanals unterstützte Verbindung zwischen dem »Hügel des Herzens« und der wässrigen Landschaft von Amazonien wahr. Sie verläuft im rechten Winkel zum Lichtkanal in Richtung Osten, wobei sie einen breiten wasserreichen Berg namens Ilalo streift.

Die Bedeutung der Verbindung zu Amazonien blieb mir so lange verborgen, bis ich wenige Tage später auf der anderen Seite des Kontinents angelangt war, an der brasilianischen Atlantikküste. Eigentlich hatte mir schon der Flug nach Rio de Janeiro, der über Santiago de Chile in einem Bogen um das wässrige Amazonastiefland herumführte, die wesentlichen Einsichten gebracht.

Wenn man in einem Flugzeug hoch über Orten und Landschaften fliegt, kann das Charakteristische der betreffenden Länder ausgezeichnet wahrgenommen werden. Dazu ist es notwenig, sich über den Weg der Resonanz auf die jeweiligen Schwingungsstrukturen einzustimmen. Auch in diesem Fall hatte ich während des Fluges die geografische Karte von Südamerika auf meinen Knien, um mit ihrer Hilfe meine Wahrnehmungen zu konkretisieren.

Schon vor einigen Jahren, als ich in Buenos Aires tätig gewesen war, hatte ich erkannt, dass dem südamerikanischen Kontinent Unrecht getan wird, wenn man ihn – dem Blick des weißen Eroberers folgend – von oben nach unten betrachtet. Um dem Zwillingscharakter des amerikanischen Kontinents gerecht zu werden, müsste man ihn von Mittelamerika aus betrachten.

Vom Standpunkt Mittelamerika aus gesehen gleicht der südamerikanische Kontinent einer schwangeren Muttergöttin. Die Gebirgskette der Anden beziehungsweise der Kordilleren stellt ihre Wirbelsäule dar; das Feuerland an der Spitze repräsentiert ihre Krone. Die riesige wässrige Tiefebene des Amazonas, umgeben von verschiedenen Gebirgszügen, zeigt die Form ihres »schwangeren Bauches«.

Es ist dieser gigantische wässrige Bauch, in dem etwas Neues erschaffen wird, der mit der oben geschilderten Offenbarung der göttlichen Jungfrau aus Madrid zu tun hat. Ich konnte erspüren, dass sämtliche Energiekanäle, die aus verschiedenen Richtungen zu dem »schwangeren Bauch« von Amazonien hinführen, gerade im Begriff sind, revitalisiert zu wer-

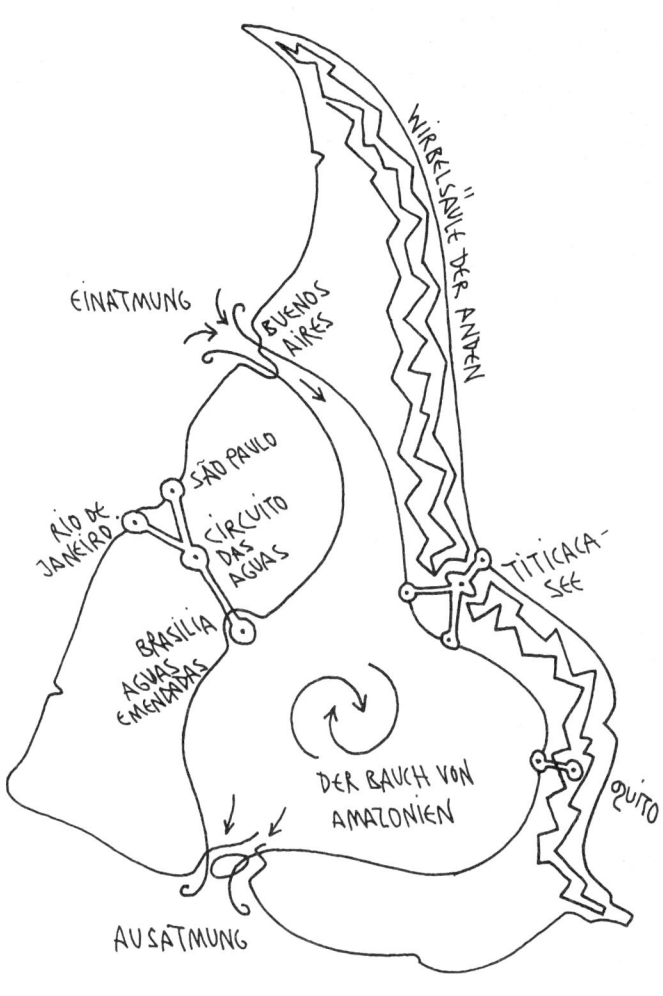

Der südamerikanische Kontinent mit Amazonien, dem »schwangeren Bauch«. Dargestellt sind die drei Lichtkanäle, die Amazonien mit ihrer geistig-emotionalen Kraft nähren

den. In diesem Zusammenhang erwähnte ich bereits die Verbindung zwischen Quito und Amazonien. Ein zweiter Energiekanal in Richtung Amazonien verläuft vom Pazifischen Ozean über den Titicacasee. Außerdem gibt es noch eine dritte Chakren-Reihe, die ihren Ursprung parallel in São Paulo und in Rio de Janeiro nimmt, um sich über die Hauptstadt Brasilia nach Amazonien zu erstrecken.

In den folgenden Tagen hatte ich das Glück, mich zusammen mit den örtlichen Stadtheilungsgruppen sowohl mit São Paulo als auch mit Rio de Janeiro zu beschäftigen. Einbezogen in die Heilungsarbeit war außerdem eine Landschaft im Süden des Bundesstaates Minas Gerais, wo die beiden Energiekanäle aus Rio de Janeiro und São Paulo zusammenfließen. Die Landschaft heißt Circuito das Aguas, »Wasserkranz«, weil es dort unzählige Mineralquellen gibt. Ich hatte vor einigen Jahren das Vorrecht, ein Lithopunktursystem für Circuito das Aguas zu errichten.

Diesmal bekam ich dort einen Traum geschenkt, durch den ich eine Ahnung erhielt, um was es sich bei der Aktivierung des wässrigen Bauches von Amazonien durch die drei Energiekanäle handelt:

Das emotionale Kraftfeld von Amazonien wird mir in Form eines gewaltigen Sees gezeigt. Plötzlich merke ich, dass sich die Farbe des Wassers zu verändern beginnt. Sie wird strahlend grün, als ob das Wasser von innen beleuchtet würde. So etwas habe ich bei einem See noch nie gesehen. Die Oberfläche des Sees beginnt dann sogar, sich in ihrer Farbigkeit zu unterscheiden. Schöne, starke harmonische Muster entstehen, die sich in rhythmischen Bewegungen transformieren. Sie laufen einmal intensiv nach links, das nächste Mal nach rechts, sodass eine klare Verbindung zum wellenartigen Tanz der göttlichen Jungfrau aus Madrid hergestellt wird. Ich schaue suchend, woher der Impuls stammt, der diese Transformation des Sees bewirkt. Ich sehe sämtliche Flüsse der Umgebung in den See münden; sie tragen an ihrer Oberfläche das charakteristische Muster, das schließlich durch das »emotionale Wasser« des großen Sees in die beschriebenen Wellenbewegungen verwandelt wird. Dabei fällt mir auf, dass einer der Flüsse aus meiner Richtung zum See fließt.

Übersetzt in die Alltagssprache würde die Botschaft heißen, dass im wässrigen Bauch von Amazonien ein gewaltiges Kraftfeld erschaffen wird, das eingestimmt in den kosmischen Tanz der epochalen Wandlung schwingt. Dieses Feld wird durch die erwähnten Energiekanäle aktiviert und in seiner Qualität bestimmt. Durch seine eigenartige Dynamik und Kraft werden die Gefühlsfelder der Menschen weltweit so stark angezogen, dass sie aus den alten Vorstellungsmustern herausgehoben werden. Damit wird uns eine neue Chance gegeben, unseren bedrohlichen Rückstand im Prozess der epochalen Wandlung aufzuholen.

Nach meinen Beobachtungen entstehen solche magnetisch anziehenden emotional-kosmischen Kraftfelder außerdem innerhalb der Lagune von Venedig und in der Mitte von Asien, genauer gesagt zwischen Alma-Ata und dem Balchaschsee in Kasachstan.

Der künftige Schauplatz der Wandlung: die geistig-emotionale Ebene

Am Tag, als ich Südamerika verlassen wollte, erreichte mich die Nachricht, dass ein brasilianischer Schamane, der mich persönlich nicht kannte, in der Nacht zuvor von mir geträumt habe. Glücklicherweise hatte er den Traum jemandem erzählt, der gerade meinen Workshop in São Paulo besucht hatte – und der darin eine Botschaft für meine Erforschung der Lichtkanäle, durch die der wässrige Bauch von Amazonien in seiner neuen Rolle belebt wird, erkennen konnte.

In diesem Traum reisen wir beide gemeinsam nach Chile. Als wir an der Grenze des Landes ankommen, sehen wir geschlachtete Tiere, die mit dem Kopf nach unten an einem Seil hängen. Daran ist nichts Tragisches, da die Tiere im Rahmen eines schamanischen Rituals geopfert worden sind. Auch wirkt das Blut, das auf die Erde tropft, auf das Grundwasser so wohltuend, dass das Wasser vollkommen gereinigt dem Boden entsteigt.

In einem zweiten Bild befinden wir uns im Wald und sehen Tiere um uns herum auf die Erde stampfen. Überall dort, wo sie hintreten, beginnt kristallklares Wasser aus dem Boden herauszuquellen.

In einem dritten Bild laufen wir beide durch die Wälder, denn es hatte geheißen, man solle so viel wie möglich schwitzen. Jeder Tropfen Schweiß, der auf den Erdboden fällt, bewirkt etwas Ähnliches wie die Blutstropfen der geopferten Tiere: Der Erde entsteigt kristallklares Wasser.

Dieser Traum, der mich über den Umweg eines mir nicht bekannten Schamanen erreichte, wollte meine Aufmerksamkeit von der planetaren Ebene zurück zum Prozess innerhalb des persönlichen Holons des Menschen lenken. Es ist kein Zufall, dass ein Schamane gewählt wurde, ihn zu träumen. Schamanen hüten das Wissen über den kosmischen Ursprung der Tiere. Im Traum hängen die geopferten Tiere vom Himmel herab, da verschiedene Tierarten eine Verkörperung unterschiedlicher kosmischer Archetypen darstellen. Man denke dabei an den Tier*kreis*, der zwölf Archetypen darstellt.

Die wundersame Wirkung der Tierblutstropfen auf die Erde deutet auf die Rolle der Tiere hin, die man am besten als die von Vermittlern der urbildlichen Qualitäten aus dem kosmischen Raum in die Gegebenheiten des irdischen Holons verstehen kann. Durch die Einwirkung der kosmischen Urbilder auf die irdische Ebene kommt es dazu, dass der Erde die wundervollen Kräfte der Heilung, Reinigung und Belebung entspringen. Diese heute leider vergessene Tatsache wird durch das zweite Traumbild bestätigt, wobei betont wird, dass diese Rolle durch das reine Sein der lebendigen Tiere verwirklicht wird und sie keineswegs auf ihrem Tod, ihrem Opfer, beruht. Meine Erfahrung mit der Tierwelt ergab, dass Tiere von einer tiefen kosmisch-emotionalen Reinheit durchdrungen sind, die beim Wesen Mensch fast nie vorkommt. Die emotionale Reinheit der Tiere ist von geradezu fantastischer kristallener Klarheit. Der Mensch könnte in dieser Hinsicht zu einem Schüler der Tiere werden. Ich denke dabei jedoch nicht so sehr an Haustiere, die permanent dem Einfluss des Menschen ausgesetzt sind. Sie besitzen andere Qualitäten. Ich denke vor allem an einfache, wild lebende Tiere wie Vögel, Fische, Libellen oder Rehe. Es kann sich auch um Jungtiere handeln wie zum Beispiel um ein Rehkitz oder ein Lamm.

Wir haben es hier mit einer Ebene der Existenz zu tun, die unserem modernen Bewusstsein fast vollkommen fehlt: mit der *geistig-emotionalen Ebene*. Am besten kann sie wahrgenommen werden, wenn die Tiere als Vermittler eingeladen werden. Dazu die folgende Übung, die ich »Das persönliche Geschenk der Tiere« nenne:

- Sie laden mit Hilfe Ihrer Imagination das erwählte Tier in Ihr Holon ein. Sie lassen es darin schwimmen oder zwitschern oder weiden – oder einfach nur da sein.
- Achten Sie darauf, dass sich die emotionale Qualität, die das Tier verkörpert, durch Ihren gesamten persönlichen Raum ausbreitet – um alle Illusionen, chaotischen Zustände oder schmutzigen Stellen aufzulösen, die in den Nischen Ihrer emotionalen Kraftsphäre zu finden sind. Lassen Sie dies einfach geschehen, und verfolgen Sie es mit Staunen.
- Dann bedanken Sie sich und lassen das Tier frei.

Zurück zum Traum des unbekannten Schamanen: Ich möchte noch auf das dritte Bild hinweisen, bei dem die Blutstropfen der Tiere durch menschliche Schweißtropfen ersetzt werden.

Dabei kommen mir die silbernen Glöckchen aus meinem weiter oben geschilderten Traum in den Sinn, die man in der gegenwärtigen Phase der Erdwandlung zum Klingeln bringen sollte. Schweiß ist eine Flüssigkeit, die im Innern des Menschen aufgrund seiner Aktivität produziert wird, und die feinen silbernen Glocken haben nur Sinn, wenn sie im Innern des Menschen geläutet werden. Ihr Klang ist zu schwach, um im Außen wirksam zu sein.

Es hieße, dass im Menscheninnern eine ähnliche Fähigkeit existiert, wie die Tiere sie kennen. Die unzähligen Kulturen der Menschheit, die die kosmischen Urbilder jeweils auf ihre eigene Weise in Rituale, Mythen und Religionen übersetzt haben, legen Zeugnis davon ab, dass eine solche Fähigkeit dem Menschen nicht fremd ist. Es ist nur so, dass wir es lediglich sehr gut gelernt haben, diese Fähigkeit in kollektive Formen zu übersetzen. Die beiden Träume deuten aber auf die Möglichkeit hin, dass dieselbe Qualität durch eine individuelle Anwendung zur Geltung kommen sollte: Man soll lernen, die kosmischen Archetypen durch seine Gefühlswelt zu verkörpern.

Es handelt sich um eine bevorstehende Aufgabe, die zum Beispiel durch die tanzende Göttin aus Madrid dargestellt wurde, die drei der kosmischen Grundarchetypen zeigte. Ich denke dabei erstens an das Urbild des inneren Kindes, zweitens an das Geheimnis der Individuation, das ich aus ihren sich wandelnden Gesichtszügen herauslas, und drittens an das Gleichgewicht von weiblich und männlich. Diese Archetypen wurden im Zuge ihres wellenartigen Tanzes in wässrige Bewegungsmuster übersetzt.

Es hieße, dass die Verkörperung der kosmischen Urbilder durch unsere Gefühlswelt der Schlüssel zu der neuen Phase der Erd- und Menschwandlung ist. In Bezug auf die Erde als Ganzes vollzieht sich die Verkörperung der kosmischen Archetypen durch die Wandlung bestimmter wässriger Landschaften, wie am Beispiel Amazonien dargestellt. Was hindert uns Menschen daran, dieser spannenden Aufgabe innerhalb unseres persönlichen Lebens Raum zu geben und tatkräftig daran mitzuwirken? Was hindert uns daran, die geistigen Urbilder im Spiegel der emotionalen Ebene aufleben zu lassen? Mein Traum vom 22. Februar 2003 bietet eine Antwort an: Eine Gruppe von uns besucht einen tibetischen Tempel, der einem Initiationsplatz gleicht. Wir kommen in einem Auto an. Vor dem Aussteigen ziehe ich meine Schuhe aus, da ich vermute, dass wir Ritualen unterzogen werden, denen man barfuß beiwohnen sollte. Wir müssen zuerst durch verschiedene Gebäude gehen, die einzelne Einweihungsstufen darstellen. Ich bin bei der Durchführung der Ritualhandlungen sehr gründlich, sodass der Durchgang bei mir etwas länger dauert als bei den anderen Mitgliedern der Gruppe. Sie sind schon weitergegangen, als ich als Letzter den kleinen Tempel verlasse und mich auf einem breiten Hof befinde. Inzwischen ist es dunkel geworden. Im schimmernden Mondlicht nehme ich wahr, dass der Hof vor mir etwas sumpfig ist. Da ich meine Schuhe im Fahrzeug ausgezogen habe, könnte ich nass werden, wenn ich den Hof überquere. Dies wäre gar nicht so schlimm, wenn ich tatsächlich barfuß ginge. Ich hatte die Strümpfe jedoch nicht zusammen mit den Schuhen ausgezogen. Nun stehe ich in schwarzen Kniestrümpfen da und weiß, dass sie nass werden, wenn ich auf dem Initiationsweg weitergehe. Ich sehe keine andere Möglichkeit, trockenen Fußes zu bleiben, als umzukehren und die Schuhe aus dem Auto zu holen. Unterwegs kommt mir noch eine andere Lösung in den Sinn. Ich könnte auf den Initiationsweg verzichten und im Speisesaal des Tempels essen, trinken und auf meine Kollegen warten, bis sie mit der Initiation fertig sind. Ich entschließe mich für letztere Möglichkeit. Ich bin im Speisesaal und esse und trinke reichlich. Viel Zeit ist vergangen, aber der Rest der Gruppe lässt sich noch immer nicht blicken. Die unangenehme Lage bringt mich letztlich dazu, mich doch noch für die erste Möglichkeit zu entscheiden. Obwohl es inzwischen stockdunkel ist, begebe ich mich zu dem Platz, wo wir das Auto zurückgelassen haben, um mir die Schuhe anzuziehen und dann nach dem Rest der Gruppe zu suchen. Das Auto ist inzwischen zusammen mit meinen Schuhen fort.

Barfuß auf der Erde gehen heißt, eine freie und unmittelbare Beziehung zur Erde und zur Natur zu bewahren. Die Schuhe sind ein Symbol der kulturell bedingten entfremdeten Beziehung des Menschen zur Erde und zur Natur. Die Schuhe auszuziehen heißt, zur ursprünglichen Verbindung mit der Erde und der Natur zurückkehren zu wollen.

Von derselben Haltung, die ich im Traum durch das Ausziehen der Schuhe demonstriere, werden heutzutage viele Menschen inspiriert. Es ermöglicht, dass die Erd- und Menschwandlung überhaupt ins Rollen kommt. Der Vorgang hat uns bislang durch verschiedene Phasen geführt, die ich im Traum als Initiationsstufen erlebt habe.

Nun sind wir zu der Phase der wässrigen Kraftfelder und urbildlichen Qualitäten emotionaler Art gelangt. Offenbar genügt der symbolische Akt des Ausziehens der Schuhe nicht, um dem epochalen Wandlungsprozess weiter folgen zu können. »Um nicht nass zu werden«, müsste man nun noch die Kniestrümpfe ausziehen.

Damit scheint ein tief greifendes Problem verbunden sein, denn bevor ich bereit wäre, die Strümpfe auszuziehen, will ich im Traum lieber den viel versprechenden Initiationsweg verlassen. Die beiden Optionen, die ich nacheinander als Ausweg gewählt habe, erweisen sich als unpassend. Doch die Möglichkeit, die Strümpfe einfach auszuziehen und barfuß ins Nasse zu treten, scheint mir einfach nicht in den Sinn zu kommen.

Zur Erklärung wäre zu sagen, dass Strümpfe keine Schuhe sind. Es handelt sich dabei um kein Symbol der greifbaren Beziehung zu Erde und Natur, sondern um eine viel transparentere Ebene der Beziehung. Wenn man sich entscheidet, ins Wasser zu treten, werden die Füße nass, selbst wenn man

Strümpfe trägt. Die Transparenz des Strumpfgewebes deutet auf eine emotionale Beziehung hin, die genau in der Mitte zwischen Geist und Materie angesiedelt ist. Ich möchte hier vorzugsweise von einer geistig-emotionalen Beziehung sprechen.
Dabei spielt ein zweiter Aspekt des Symbols Strumpf eine Rolle. Es handelt sich im Traum explizit um Kniestrümpfe. Knie sind ein traditionelles Symbol für die Seele. Es heißt, dass die Seele nicht so tief in die Materie hineinreicht wie der Körper. Mit den Fußsohlen berührt der Körper die Erdoberfläche. Die Seele dehnt sich demgegenüber nach unten nicht weiter als bis zu den Knien aus. Es hieße, dass man kniend auf den Füßen der Seele steht. Aus diesem Grund sinkt man auf die Knie, um zu beten.
Demnach repräsentieren die Kniestrümpfe, die die Zone zwischen dem Erdboden und den Knien bedecken, das Verhältnis zwischen der Geistseele des Menschen und der ihn umgebenden manifestierten Welt. Es handelt sich um eine sensible Beziehung, von der der Grad unserer geistigen Anwesenheit im Hier und Jetzt abhängt. Wenn man mit seinen seelischen Kräften an den Knien hängen bleibt, dann geht die feine Einwirkung der Seele auf das tägliche Leben verloren. Die eigenen nicht geerdeten geistigen Schätze beginnen, irgendwo oben zu schwimmen. Wenn man andererseits zu fest in den Schuhen sitzt, tendiert die Stimme der Seele dazu zu verstummen, denn das Verbindungsglied, das im Fall meines Traumes durch Kniestrümpfe symbolisiert wird, geht verloren. Die Kommunikation mit der Seele wird unterbrochen.
Es ist zu betonen, dass es sich diesmal nicht um eine geistige Beziehung zur Seele handelt wie im Fall der Übungen mit dem inneren Kind. Es handelt sich hier um eine gefühlsmäßige Beziehung, bei der es um die Verwirklichung der seelischen Urbilder im täglichen Leben geht. Ohne das Hineinmischen des Salzes der Seele in das tägliche Brot wird das Leben

leer und öde – wie im Fall meines Traumes, als ich mich aus dem Initiationsweg herausziehe.
Um die geistig-emotionale Qualität des kostbaren Bindegliedes zwischen der Seele und der tagtäglichen Realität zu erfahren, schlage ich folgende Übung vor:
- Sie knien auf dem Boden.
- Sicher haben Sie schon Pflanzen gesehen, die ihre fast durchsichtigen Wurzeln nicht in der Erde, sondern im Wasser ausbreiten. Sie lassen von den Knien solche durchsichtigen Wurzeln in die Tiefe wachsen. Dabei stellen Sie sich vor, dass die Erde nicht aus fester Gesteinskruste, sondern aus Wasser besteht.
- Sie geben jeder einzelnen der feinen Wurzeln eine andere Farbe des Regenbogens. Sie lassen sie in die wässrige Tiefe der Erde eindringen und ihren Strömungen folgen.
- Zum Schluss stehen Sie auf und ziehen die Wurzeln hoch, ohne sie dabei zerreißen zu lassen. Der Zweck der Übung wird erfüllt, wenn es Ihnen gelingt, auch im Stehen oder beim Laufen die emotionalen Wurzeln der Seele zu bewahren.

Es erscheint unmöglich, schon jetzt eine eindeutige Antwort auf die Frage zu geben, wohin uns der Wandlungsprozess als Nächstes führen wird. Es gibt verschiedene Entwicklungsstränge mit dem Schwerpunkt Wiederbelebung der emotionalen Ebene. Der letzte Hinweis, den ich vor dem Abschluss des Buchmanuskripts erhielt, ist ein Traum vom 2. Mai 2003: Ich trage gerade den oberen Teil der Gipsfigur einer antiken Göttin über einen Hof, da wird ihre Hand plötzlich lebendig und streichelt hauchzart meine rechte Wange.
Der Traum führt uns zu der tanzenden Göttin aus Madrid zurück – und zu der Fähigkeit der kosmischen Mutter, den scheinbar verschlafenen Weltenraum auf eine verblüffende Weise wieder zu beleben. Es entstehen gewaltige Zusammenballungen der gereinigten und mit der Kraft der kosmischen

Die Verwurzelung der Seele – eine Übung

Archetypen durchdrungenen emotionalen Felder, von denen ich eines in Zusammenhang mit Amazonien beschrieben habe.

Diese vergeistigten emotionalen Felder verbreiten sich von dort weltweit und stehen den Menschen und anderen Wesenheiten zur Verfügung, die mit ihrem Wandlungsprozess ringen. Wenn man sich auf die besondere Schwingung dieser Felder einstimmt, kann man die gewünschte Hilfe, Unterstützung oder Inspiration herbeiholen. Möglich ist aber auch eine unbewusste Einstimmung, die dadurch zustande kommt, dass der Einzelne oder die Gruppe im gegebenen Moment einfach aus inneren Impulsen heraus handelt. Plötzlich wird die Welt schöner, Beziehungen vertiefen sich, und man möchte vor Glück jubeln.

Bislang habe ich drei solcher geistig-emotionalen (wässrigen) Felder identifiziert, und zwar das emotionale Feld
- der Heilung,
- der Beziehungen zwischen verwandten Seelen,
- der Lebenskunst.

Doch wie kann sich der Einzelne bewusst auf eines dieser Felder einstimmen?

Den Kontakt zum entsprechenden Feld sollte man über den Rücken oder den Hinterkopf aufbauen; dazu mein Vorschlag:
- Im Knien, Stehen oder Liegen stellen Sie sich vor, dass Sie sich so weit nach hinten beugen und die Füße gleichzeitig nach oben ziehen, dass Ihr Hinterkopf von den Fußsohlen berührt wird. Durch die Berührung sind Sie abgerundet, und über den Punkt der Berührung wird auch die Verbindung mit dem gewünschten geistig-emotionalen Feld möglich.
- Dann lassen Sie das Bild los und atmen die gesuchte Qualität eine Zeit lang in Ihren Körper beziehungsweise in Ihr Holon hinein. Freuen Sie sich der Geschenke.

Der aktuelle Stand der Dinge

Probleme mit dem überspitzten Yang

Nachdem man einmal verstanden hat, dass – zumindest seit Beginn der Erdwandlungen – die Weltlage als eine kontinuierliche Botschaft zu sehen ist, fällt es nicht schwer, die Situation, wie sie sich im Frühjahr 2003 darstellte, zu deuten: Einerseits haben wir es mit dem Krieg im Irak zu tun, in dem Hunderttausende von Soldaten kämpfen. Sie sind mit Waffen von höchstem technischem Entwicklungsstand ausgerüstet. Tod wird mit harter Hand und mit dem ideologisch zum Schweigen gebrachten Herzen gesät. Gleichzeitig müssen wir machtlos mit anschauen, wie der todbringende winzige Virus der atypischen Lungenentzündung sich blitzschnell über die ganze Erdkugel verbreitet. Menschen sterben trotz der nicht weniger ausgefeilten Hightech-Apparaturen und »Waffen«, die die veräußerlichte moderne Medizin entwickelt hat.
In beiden Fällen können wir die Auswirkungen eines überspitzten, extremen Yang-Zustandes beobachten. Im ersten Fall zeigt sich das Übermaß an männlicher Kraft in unserer Zivilisation anhand des Tötens von Mitmenschen und der Umwelt durch Instrumente höchsten technischen »Fortschritts«, der Tag für Tag eine neue Steigerung erfährt. Im zweiten Fall zeigt sich die Hilflosigkeit des aufgeblähten Yang gegenüber einer mikroskopisch kleinen Wesenheit der Natur.
Seit einem Jahr mehren sich in meinen Träumen Hinweise, dass demnächst eine Phase der Erdwandlung zu erwarten ist, durch die das enorme Ungleichgewicht zwischen den Yin- und den Yang-Kräften der modernen Zivilisation berührt wird. Eigentlich hat auch dieses Buch damit begonnen, dass

ein Mann sich umdreht und sein reines Yang – den Knaben in ihm – in seine Arme hebt. Das Yang sollte zu seinem Ursprung zurückkehren. Aber erst der Traum vom 14. Februar 2003 hat deutlich gemacht, dass der bevorstehende Yin-Yang-Ausgleich in den Fokus der Erdwandlungsprozesse rückt:

Ich werde mit Goldmünzen gefüttert. Während ich den Mund weit geöffnet halte, wird mir die erste Goldmünze auf die Zunge gelegt. Die Zeremonie erinnert mich an das rituelle Aufnehmen der Hostie beim christlichen Abendmahl. Es fällt mir unheimlich schwer, die glänzende Münze hinunterzuschlucken. Wie sehr würde ich mir einen Schluck Wasser wünschen, damit das Goldstück besser nach unten gleiten könnte. Wie bei einer Röntgenaufnahme sehe ich die Münze langsam und mühselig nach unten Richtung Magen rutschen.

Die Farbe Gelb ist eine Yang-Farbe; der strahlende Glanz des Goldes steht für die Yang-Kraft der Sonne. Das Geld, das die ganze Welt beherrscht und kontrolliert, ist ein Symbol der Übermacht des Männlichen, der Yang-Kräfte, in unserer Zivilisation. Mein brennender Wunsch nach einem Schluck Wasser ist demgegenüber ein deutliches Zeichen für den Mangel an weiblichen Yin-Kräften. Auch das Essen als ein Einverleiben von organischer Nahrung aus der umliegenden Natur ist ein Yin-Vorgang. Dass Gold auf eine rituelle Weise gegessen wird, symbolisiert die geradezu in den Kataklysmus führende Übermacht des Yang.

Dabei soll nicht übersehen werden, dass in dem geschilderten Traum die problematische Übermacht des Yang in ihrer Auswirkung auf die persönliche Ebene demonstriert wurde – und nicht auf die internationale, kollektive Ebene, wo sie zurzeit tobt. Heißt das etwa, dass im Rahmen des Individuellen auch die Lösung zu finden ist?

Wie man persönlich an der Lösung des zurzeit an erster Stelle stehenden Weltproblems teilhaben könnte, wurde mir durch eine Vision deutlich. Ich erhielt sie bei einem Seminar in

Die moderne Pietà: Unser Yin hält den Raum aufrecht, in dem das überspitzte Yang zu sich selbst zurückfinden kann

Kempten während einer Übung zum Yin-Yang-Ausgleich. Es handelte sich um die im ersten Kapitel auf Seite 38 dargestellte Übung, bei der die Frau ihren inneren Mann erfährt und der Mann seine innere Frau.

Bislang hatte ich bei dieser Übung die Frau in mir stets so wahrgenommen, dass sie ganz still in Richtung Rücken blicken würde. Doch diesmal sprang sie rasch aus meiner Haut heraus, drehte sich nach vorn zum Leben und breitete beschützend ihre Arme aus. In Reaktion darauf zog sich mein Yang-Anteil dankbar nach innen zurück, in den Rückenraum der Frau, und fiel dort in Ohnmacht.

Die Vision entspricht dem Urbild der Pietà: Die Gottesmutter Maria hält den toten Sohn Jesus auf dem Schoß. Die Frau trauert zwar, aber sie ist stark genug, um den tödlich verwundeten Mann zu tragen. Das überspitzte Yang kann langfristig nur dadurch geheilt werden, dass es einen Zusammenbruch seiner Übermacht erlebt. Diese Erfahrung stößt den Mann jedoch nicht in den endgültigen Tod, weil im dramatischen Moment seines Kollabierens durch die Frau in ihm ein geschützter Raum geschaffen wird, in dem er seine tödliche Wunde heilen kann. Der Auferstehungsprozess steht bevor.

Am besten könnten Sie als Mann oder Frau die neue Art des Gleichgewichts zwischen Yin und Yang so darstellen, dass Ihr eigener männlicher Aspekt sich nach innen zurückzieht, um die innere Kraft zu verkörpern. Wie eine goldgelbe Säule steht die Yang-Kraft an Ihrem Rücken, um Ihnen die innere Klarheit und den Mut zur Wandlung zu verleihen.

Die Frau in Ihnen breitet sich dagegen wie eine geöffnete Blüte nach vorn aus. Durch die Farben Grün und Blau wird ihre Yin-Qualität manifestiert. Sie ist bereit, liebevoll und lebenstüchtig vorzutreten und sich den Herausforderungen des Zeitalters der Wandlung zu stellen.

Es handelt sich wiederum um eine Umstülpung, bei der das, was vorher extrem nach vorn geschoben wurde, nach innen gezogen wird, und umgekehrt. Dazu folgende Atemübung:

- *Erste Einatmung:* Sie ziehen den Atem aus der Breite des Universums in Ihren Kehlkopfbereich ein – Farbe *Kristallweiß.*
- *Erste Ausatmung:* Der Atem wird bis zum Beckenboden vertikal nach unten ausgeatmet, um die Yang-Säule aufzubauen – Farbe *Goldgelb.*
- *Zweite Einatmung:* Der Atem wird aus der Erdtiefe in das Herzzentrum nach oben gezogen – Farbe *Grün.*
- *Zweite Ausatmung:* Aus dem Herzzentrum wird die Kraft des Yin in den Raum vor Ihnen ausgeatmet – Farbe *Blau.*

Zur Fortsetzung der Übung beginnen Sie wieder mit der »Ersten Einatmung«.

Noch eine Warnung

Die Warnung bezieht sich auf das Problem der schwindenden Lebenskräfte, auf das ich seit einem Jahr in Zusammenhang mit der fortschreitenden Erdwandlung aufmerksam gemacht werde. Die Warnung ist am besten anhand meines Traumes vom 20. Januar 2003 zu verstehen.

Im ersten Teil des Traumes werde ich daran erinnert, dass der »alten« Weltstruktur die Lebenskräfte nach und nach entzogen werden. Die Erde ist dabei, sich immer mehr auf den Ausbau des neu entstehenden Raumes zu konzentrieren. Darüber habe ich im Kapitel »Die entscheidende Umstülpung des Raumes im Februar 2002« berichtet. Dazu gehört auch ein für uns Menschen stark herausfordernder Vorgang, bei dem jener Ebene des täglichen Lebens, auf der wir Menschen mit unseren Lebensprozessen gegenwärtig angesiedelt sind, die vitalen Kräfte entzogen werden. Und doch müssen wir noch eine Zeit lang mit dem »alten« Raum auskommen – so lange, bis wir alle gelernt haben, durch die neuen Lebensumstände zu atmen.

Im Traum wird diese unerfreuliche Lage durch ein Mietverhältnis dargestellt, das ich mit einem »Hüter des Lebens« abgeschlossen habe. Die Verabredung besagt, dass ich die monatliche Miete für den Raum in Form einer goldgelben Apfelspalte bezahlen solle. Der Apfel steht für die Fülle der Lebenskraft. Einige Male zahle ich die Miete problemlos, indem ich mit meinen starken Zähnen jedesmal eine Spalte vom Apfel abbreche. Dann stelle ich jedoch fest, dass die Spalten immer dünner werden. Zuletzt ist die Apfelspalte schon so schmal, dass ich tiefe Scham empfinde, als ich sie dem Hüter übergeben will. Ich nehme sie lieber zurück. Mir fällt ein, dass ich die Miete stattdessen durch ein Material zahlen könnte, das sich in meinem Sakralbereich angesammelt hat. Es handelt sich um ein abscheuliches Knäuel, wie es sich oft in Abflusssieben ansammelt, zusammengesetzt aus Haaren, Fettschmutz und anderem Abfall. Um es in eine Form zu bringen und als Zahlungsmittel benutzen zu können, stecke ich das Knäuel in den Mund und beginne darauf zu kauen. Es ist von Ekel erregendem Geschmack, und es gelingt mir nicht, das steife, tote Material in eine Form zu bringen. Ich wünsche mir, dass ich eine kleine Presse hätte, durch die ich das steife Material in eine einfache Form bringen könnte, ohne es in meinen Mund nehmen zu müssen.

Die Botschaft des Traumes hieße, dass wir uns dem Punkt nähern, an dem die Lebenskraft der Umwelt so weit geschwunden ist, dass wir davon nicht mehr belebt werden können. Sie wird ab einem gewissen Zeitpunkt durch den Erdorganismus nicht mehr erneuert. Wenn wir Menschen uns noch länger ausschließlich mit der alten Weltstruktur identifizieren, werden wir es zunehmend mit toter Materie zu tun haben.

Die Schwierigkeit liegt zum einen darin, dass wir die Abwesenheit der Lebenskräfte gar nicht zur Kenntnis nehmen können, da es uns modernen Menschen im Allgemeinen an der Fähigkeit mangelt, die innere Qualität der Nahrung oder der

Umwelt zu beurteilen. Zum anderen können wir das katastrophale Fehlen der Lebenskräfte im alten, gewohnten Raum kaum feststellen, da die Natur in uns und um uns herum schon in den Frequenzen des neuen Raumes schwingt und uns deswegen gesund und lebensvoll entgegentritt. Ihre Üppigkeit und Schönheit dürften zukünftig noch zunehmen.

Aber was nutzt uns die Lebenskraft des neuen Raumes, wenn wir noch weiter den Gesetzmäßigkeiten der alten Weltstruktur ausgeliefert sind und an die Kraftfelder des alten Raumes gekoppelt bleiben? Es besteht die Gefahr, dass wir Menschen mitten in der Fülle des Lebens an einem Mangel an Lebenskraft untergehen. So etwas Tragisches darf nicht geschehen! Was kann man tun, um rechtzeitig umzusteigen? Meine Vorschläge gehen in zwei Richtungen:

Als Erstes sollte man sich kontinuierlich bemühen, der alten, mental erschaffenen Weltstruktur die Aufmerksamkeit so weit wie möglich zu entziehen, denn sie ist am Schwinden. Die Erde und der Kosmos sind nicht mehr bereit, die alte, schon abgelegte Raumstruktur unseren egozentrischen Wünschen zuliebe weiter zu beleben. Wir sollten unsere Aufmerksamkeit stattdessen immer wieder auf die schwingende, tanzende Essenz des Lebens lenken, unabhängig von der Art ihrer Erscheinung, die uns dabei entgegenkommt. Wenn die Aufmerksamkeit von innen durch die Herzkraft gelenkt wird, findet sie immer das richtige Ziel. *Der Mensch ist genau dort präsent, wo seine Aufmerksamkeit hinzielt.*

Gleichzeitig sollte man sich angewöhnen, sich immer wieder von der schwindenden alten Realität abzukoppeln. Zwar muss man sie so nehmen, wie sie ist, und sie so lange dulden, bis alle Menschen gelernt haben, sich mit der neuen lebensvollen Wirklichkeit zu verbinden. Aber man sollte nicht länger als nötig mit der alten Welt energetisch, gefühlsmäßig und gedanklich verkoppelt bleiben. Wir sollten in bewusster und liebevoller Weise Distanz zu der alten Weltstruktur halten. Dafür kann man sich folgender Übung bedienen:

- Sie sind in Ihrer Herzmitte; Sie versenken sich in die Stille.
- Stellen Sie sich nun vor, dass Ihr Herzzentrum einer goldenen Kugel gleicht. Diese Kugel ist von mehreren Hüllen aus kristallklarem Licht umgeben. Die Hüllen ähneln einem feinen Filtersieb.
- Mit Hilfe der Kraft Ihres Herzens schieben Sie diese siebähnlichen Lichthüllen von allen Seiten durch Ihre Körper- und Energiestrukturen hindurch. Schieben Sie sie durch Ihre Emotionalfelder hindurch. Alle Muster und Kräfte, die der alten Welt angehören, werden damit aus Ihren Zellen und Feldern gesiebt.
- Sie bitten darum, dass alle Ihre Bindungen und Abhängigkeiten in Bezug auf die schwindende alte Weltstruktur aus Ihrem Körper herausgezogen werden. All das »alte Gerümpel« bringen Sie auf diese Weise so weit nach außen, dass Sie es schließlich aus Ihrem Holon hinausschieben können.
- Dann sammeln Sie das »Gerümpel« in einer separaten Energiekugel, die von der Sphäre Ihres Holons klar getrennt ist. Sie bedanken sich für die Lehren, die Sie aufgrund der Bindungen, die nun gelöscht werden, erfahren haben. Sie bringen jedoch klar zum Ausdruck, dass Sie ab sofort nichts mehr mit ihnen zu tun haben wollen.
- Dann stellen Sie sich vor, wie diese Kugel aus den Resten der alten Welt mit großer Geschwindigkeit in den in der Ferne gelegenen Bereich der Wandlung geführt wird. Dort löst sie sich in Licht auf.
- Seien Sie sich voller Dank der wahren Gestalt der Ganzheit bewusst.

Die zweite Möglichkeit, sich von der schwindenden Lebenskraft nicht mitreißen zu lassen, wurde mir in einem Traum vom 15. Februar 2003 gezeigt:
Ich besuche eine große Kunstausstellung. Für mich selbst überraschend, bin ich plötzlich entschlossen, eine der Zeichnungen zu stehlen. Das Vorhaben kommt mir unlogisch vor,

da ich selbst Zeichner bin. Außerdem gleicht der Stil der Zeichnung meinem eigenen Stil. Ich nehme die Zeichnung schnell aus dem Rahmen; den quadratischen Rahmen lasse ich hinter einer Zierpflanze verschwinden. Danach rolle ich die Zeichnung zusammen und stecke sie unten in meinen linken Schuh, sodass die zusammengerollte Zeichnung an meinem Bein liegt und oben bis zum Knie reicht. Ich ziehe das Hosenbein darüber, um sie zu verstecken. Obwohl der Raub geschickt ausgeführt wurde, habe ich Angst, dass ich ertappt werde.

Es hat fast drei Monate gedauert, bis ich verstanden habe, dass in der Traumgeschichte genaue Anweisungen verborgen sind, und zwar wie man regenerierend mit der alten Realität umgehen sollte, ohne sich dabei den fragenden Blicken der Umgebung auszusetzen.

Die Anweisungen lassen sich wie folgt in eine Übung übersetzen:

- *Die Zeichnung wird aus ihrem Rahmen genommen*: Man sollte das, was nach einer Erneuerung ruft, mit Hilfe der Imagination aus dem Rahmen der Realität herausheben.
- *Die Zeichnung wird zusammengerollt*: Der betreffende Sachverhalt, die fragliche Situation, sollte in Zusammenhang mit einem der drei Lichtkanäle behandelt werden. Der Herzkanal empfiehlt sich in allen Fällen. Je nach Bedarf sind auch der Stirn- und der Lendenkanal geeignet. Der Lendenkanal ist sinnvoll, wenn es um einen Mangel an den Urkräften des Lebens geht; der Stirnkanal, wenn es des geistigen Segens bedarf.
- *Die Rolle reicht von der Fußsohle bis zum Knie*: Durch dieses Bild wird erklärt, wieso es mit Hilfe eines der drei Lichtkanäle möglich ist, die schwindende Kraft zum Beispiel der Nahrung zu erneuern. Die drei Kanäle stellen die Brücke dar, die die unendlich vitalen Kräfte der Geistseele mit der Alltagsrealität verbindet. Wie oben dargestellt, sind die Knie ein Symbol für die ewige Seele. Die Fußsohlen stellen den Berührungspunkt mit dem Boden dar.

- *Darüber wird das Hosenbein gezogen*: Die Aktion kann fast unbemerkt ausgeführt werden. Wenn zum Beispiel das Essen vor Ihnen auf dem Tisch steht, schließen Sie kurz die Augen und bitten um die Reinigung und Wiederbelebung der Nahrung. In Ihrer Vorstellung nehmen Sie die Essenz der Mahlzeit kurz in Ihren Mund, um sie in den Segensbereich des darüber verlaufenden Stirnkanals zu bringen. Danach senken Sie sie in den Herzraum, um sie zu regenerieren, und anschließend noch tiefer bis ins Becken, um sie durch den Lendenkanal mit den Urkräften des Lebens zu stärken. Dann vereinen Sie die Essenz der Nahrung wieder mit der Mahlzeit vor Ihnen auf dem Teller und sagen Dank. Die Übung kann je nach den Erfordernissen des Augenblicks angepasst und beliebig umgestaltet werden. Den Grundtext finden Sie im Anhang.

Es liegt eine recht stürmische Periode vor uns. Wünschen wir uns also gegenseitig eine gute Reise durch die Turbulenzen der Wandlung.
Ich hoffe, Sie mit den notwendigen Werkzeugen ausgestattet zu haben, die man braucht, um sich den Herausforderungen der epochalen Erneuerung zu stellen. Falls trotzdem einmal etwas schief zu laufen scheint, bleibt Ihnen immer noch der eine unübertroffene Weg: Gehen Sie auf die Knie, verbinden Sie sich mit dem Lichtfunken in Ihrer Herzmitte, und bitten Sie. Bleiben Sie der Mutter treu, die wir Erde nennen.

Anhang

Die Übungen im Überblick

1. Das innere Kind
Die Übungen dienen dem Umgang mit den verschiedenen Urbildern der geistigen und seelischen Ebene des Menschen.

1.1. Das innere Kind erleben
- Sie legen sich mit ausgestreckten Beinen hin und werden still. Dann stellen Sie sich vor, dass Sie selbst als ein kleines »Kind von sieben Tagen« mit dem Kopf nach unten im Wasser Ihres Bauches liegen.
- Plötzlich beginnt der Prozess des Umstülpens. Im wässrigen Bereich Ihres Unterleibes macht das Kind eine Art Purzelbaum rückwärts. Wie ein Fisch im Wasser dreht es sich um und steigt auf, um in der Mitte Ihres Oberkörpers zu landen.
- Sein Scheitel ist im Bereich Ihrer Kehle zu spüren, und sein Wurzel-Chakra im Bereich Ihres Solarplexus. Das Wasser ist verschwunden.
- Versuchen Sie die Präsenz des inneren Kindes überall zu erspüren. Es ist das wachgerufene innere Selbst, das nun im Herzzentrum fokussiert ist.

1.2. Das göttliche Kind – das höhere Ich – wird Ihnen überreicht
- Sie sitzen einige Minuten lang vertieft in die innere Stille. Wenn Sie bereit sind, das göttliche Kind im Schoß zu halten, strecken Sie die Arme leicht aus und bitten die Mutter der Ganzheit, die göttliche Jungfrau, es Ihnen zu übergeben.
- Eine Zeit lang halten Sie das Kind, um die kosmische Qua-

lität zu erspüren, die aus dem Innern des Christuskindes strahlt.
- Plötzlich sieht das Kind in Ihrem Schoß scheinbar etwas Hochinteressantes am Boden und beugt sich nach unten, um es zu berühren – so weit, dass der Scheitel des sich vorbeugenden Kindes schließlich in Richtung Erdmitte zeigt. Es kommt dadurch zu der Umstülpung, von der das Wort Jesu berichtet: Das Oberste wird zum Untersten, und dadurch wird das Tor zur Ewigkeit aufgestoßen.
- In diesem Augenblick stellen Sie sich vor, dass der Körper des Kindes sich nun rasch umwendet wie beim Purzelbaumschlagen und durch Ihre eigene Körperstruktur nach oben steigt. Es handelt sich um eine Bewegung, die dem Geburtsvorgang genau entgegengesetzt ist. Sie werden sozusagen erneut geboren, aber diesmal nicht durch den Geburtskanal der leiblichen Mutter, sondern durch eine bewusste Umkehrung auf dem eigenen Weg.
- Nun befindet sich das Kind mitten in Ihrem inneren Raum. Sie sind aufgefordert, Formen und Vorstellungen nach und nach loszulassen und sich auf das Erleben der emotionalen, seelischen und geistigen Qualitäten zu konzentrieren. Wie fühlt sich der erwachte göttliche Kern in Ihnen an? Was bringt Ihnen der damit verbundene freie Zugang zum Urraum der Ewigkeit?

1.3. Weiterführung der Übung mit dem göttlichen Kind
- Sie stellen sich vor, dass das innere Kind in seiner vollen Präsenz in Ihrer Mitte steht.
- Dann berühren Sie in Ihrer Vorstellung mit den sensiblen Spitzen der Finger beider Hände verschiedene Punkte an den Fußsohlen des Kindes. Es ist bekannt, dass die einzelnen Zonen der Fußsohlen mit verschiedenen Körperorganen und -funktionen in Resonanz stehen. Übertragen auf die Fußsohlen des göttlichen Kindes hieße es, dass diese Punkte mit den »Organen« und »Funktionen« der universel-

len Ganzheit in Resonanz stehen, genauer gesagt mit den verschiedenen Kräften, die das Universum beseelen.
- Sie verbinden und verankern sich durch die Fußsohlen des inneren Kindes mit der Mehrdimensionalität des Lebens.

1.4. Das innere Mädchen als Symbol der Seele
- Diesmal wird die Quelle der Inspiration durch Christus als Vater vertreten, der das kleine Mädchen Maria im Schoß hält. Bitten Sie ihn, Ihnen das Mädchen zu überreichen. Erspüren Sie, wie es ist, das Urbild Ihrer Geistseele im Schoß zu halten.
- Dann gehen Sie zur oben besprochenen Umstülpung über. Verfolgen Sie aufmerksam, wie die Ausdehnung der neuen, beseligenden Qualität innerhalb Ihres Wesens diesmal zustande kommt. Geschieht es womöglich unterschiedlich oder sogar komplementär zu der Weise, wie der männliche Aspekt des inneren Kindes sich in Ihnen offenbarte?

1.5. Der Knabe und das Mädchen in Ihnen
Es handelt sich um die gleichzeitige Anwesenheit des inneren Knaben und des inneren Mädchens »von sieben Tagen« im Wesenskern des Menschen. Dort sind sie eins. Der Knabe symbolisiert die geistige Identität des Menschen, das Mädchen seine ewige Seele.
- Um die Unterschiede zwischen den beiden Urbildern unseres inneren Selbst zu erforschen und zu erfahren, bitten Sie – im Rahmen einer Imagination – die heilige Anna, Ihnen die beiden Kinder nacheinander zu reichen. In der christlichen Welt repräsentiert die heilige Anna selbdritt die allumfassende Muttergöttin.

1.6. Mit dem inneren Kind sprechen
- Sie suchen sich einen ruhigen Platz und legen ein Kissen in der Nähe bereit. Sie vertiefen sich in die Stille und sind in Ihrer Mitte zentriert.

- Sie nehmen Ihr inneres Kind in den Schoß und erspüren seine segensvolle Präsenz. Dann strecken Sie Ihre Arme leicht aus.
- Sie bitten nun entweder die göttliche Jungfrau oder den himmlischen Vater, Ihnen das innere Kind einer bestimmten Person zu reichen. Es kann sich auch um eine bereits verstorbene Person handeln.
- Sie setzen das innere Kind dieser Person auf das vorbereitete Kissen. Dann lauschen Sie dem Klang des Gespräches zwischen den beiden Kindern. Was für Gefühle oder Bilder lässt das heilige Gespräch in Ihnen aufsteigen?
- Zum Schluss danken Sie dem inneren Kind der betreffenden Person und reichen es an die göttlichen Eltern zurück. Ihr eigenes inneres Kind wird durch die in Übung 1.1 beschriebene Umstülpung in Ihrer Ganzheit integriert.

1.7. Hilfe durch das innere Kind

Aufgrund des Anna-selbdritt-Archetypus ist eine Übung entstanden, durch die man anderen Menschen helfen kann – Menschen, die leiden oder die einen Schock erlitten haben oder die lediglich einer liebevollen Umarmung bedürfen:

- Sie nehmen in der Vorstellung Ihr inneres Kind auf den Schoß und verbinden sich gefühlsmäßig mit ihm. Danach strecken Sie Ihre Arme leicht aus und stellen sich dabei vor, dass Ihre Hände mit den zarten Händen des Kindes eins sind.
- Nun folgt der nächste Schritt, bei dem Sie zusammen mit Ihrem inneren Kind die himmlischen Eltern – beziehungsweise die Mutter oder den Vater – der betreffenden Person bitten, Ihnen ihr inneres Kind zu reichen. Zusammen mit Ihrem eigenen inneren Kind nehmen Sie es auf den Schoß.
- Um sich zu vergegenwärtigen, wie es dem betreffenden Menschen geht, ist es als Erstes nötig, dessen Präsenz an Ihrem vereinten Herzen zu erspüren.

- Dann ist die Zeit reif, ihm Ihrer beider Geschenk zu übergeben: Mit Ihren vereinten Händen segnen Sie von der linken und von der rechten Seite her das innere Kind jener Person. Beobachten Sie gleichzeitig die Wandlungen, die am inneren Kind des betreffenden Menschen erlebbar werden.
- Nach einer gewissen Zeit wird das innere Kind jener Person dadurch verabschiedet, dass es den Eltern zurückgereicht wird. Ihr eigenes inneres Kind wird durch die in Übung 1.1 beschriebene Umstülpung integriert.
- Ihre Hände sollten dann in einer Dankesgeste gefaltet werden.

1.8. Das elementare und das göttliche Kind in Ihnen
Mit Hilfe der Übung lässt sich ein harmonisches Verhältnis zwischen den beiden Teilaspekten unseres inneren Selbst erfahren:
- Sie strecken sich auf dem Rücken aus und stellen sich vor, dass innerhalb Ihres Körpers ganz still zwei kleine Knaben liegen – bei einer Frau werden es zwei Mädchengestalten sein.
- Das hellhäutige Kind reicht mit seinem Scheitel bis an Ihre Kehle. Sein dunkelhäutiger Zwilling berührt mit seiner Fontanelle Ihre Knie und reicht mit seinen Fußsohlen bis in Ihren Sexualbereich hinein. Dort werden seine Sohlen an die des hellhäutigen Kindes gelehnt.
- Die sensible Berührung der beiden Fußsohlenpaare sollte ganz genau erspürt werden. Es ist die paradiesische Berührung, durch die die Geburt unseres wahren Selbst möglich wird.

1.9. Mit den Augen der Seele wahrnehmen
Um die inneren Ausdehnungen der Wirklichkeit wahrzunehmen, sollten Sie sich der Augen der Seele bedienen. Das Stichwort »Augen der Seele« erinnert an das Dritte Auge, das sich hinter der Stirn befindet. Es trifft zwar zu, dass es sich

dabei um ein Sehorgan der Seele handelt. Die Seele konzentriert sich aber nicht auf einen einzigen Punkt. Aus diesem Grund ist die Vorstellung des Dritten Auges als eines geistigen Wahrnehmungsorgans ein Relikt der alten patriarchalischen Epoche der Menschheitsentwicklung.

Die Seele stellt ein Fraktal – ein holografisches Bruchstück – der Göttin dar. Folglich zeigt sie drei Aspekte, und zwar den:
1. ganzheitlichen Aspekt der Seele (das Mädchen) – Farbe Weiß.
2. kreativen Aspekt der Seele (die Partnerin) – traditionelle Farbe Rot.
3. Wandlungsaspekt (die alte Weise) – Farbe Schwarz.

Sie können sich weiter vorstellen, dass jedes der drei Gesichter der Seele mit einem Auge ausgestattet ist. Demnach gibt es drei Augen der Seele und nicht nur eines. Die drei Augen sind drei Stellen des physischen Körpers zugeordnet, die jeweils für einen Aspekt der Seele charakteristisch sind:
1. hinter der Stirnmitte: das Auge der Mädchengöttin in uns.
2. am oberen Rand des Bauchbereichs: das Auge der Partnergöttin in uns.
3. am Rücken unterhalb des Kreuzbeins: das Auge der alten Weisen in uns (es ist wie die anderen zwei genauso nach vorn gerichtet; siehe die Abbildung auf Seite 203).

Beim inneren Schauen konzentrieren Sie sich eine Weile auf den Energiekanal der Seele, der entlang der Wirbelsäule verläuft. Danach werden nacheinander die drei Augen der Seele geöffnet. Zum Schluss sollten Sie jegliche Vorstellungen loslassen und sich der Wahrnehmung der geistig-seelischen Ebene des gegebenen Objekts oder Ortes widmen.

2. Das Holon Mensch

Die Übungen sind so zusammengestellt, dass das ganze Holon stufenweise aufgebaut werden kann. Am Anfang steht das Zentrieren und Abrunden. Es folgen Übungen zur

- vertikalen Achse des Holons (Achse Erde-Himmel),
- horizontalen Links-rechts-Achse (Yin-Yang-Achse),
- horizontalen Achse Rücken-Vorderseite des Körpers (Dunkel-Licht-Achse).

2.1. Die eigene Mitte finden

Die innere Mitte wäre gewöhnlich im Bereich zwischen Bauch und Herzzentrum zu suchen. Sie können aber auch die Empfindung haben, dass sie höher oder tiefer liegt. Es ist bekannt, dass die östlichen Kulturen dazu neigen, tiefer im Bauch zentriert zu sein, die westlichen jedoch höher im Bereich des Herzens oder noch höher. Es handelt sich um den Punkt des inneren Friedens, den man in keinem noch so dramatischen Moment des Lebens verlieren sollte.

- Stellen Sie sich den Energiekanal, der entlang der Wirbelsäule verläuft, als eine durchsichtige Röhre vor, in der sich ein Lichtpunkt frei nach oben und nach unten bewegen kann.
- Sie bewegen den Lichtpunkt so lange nach oben und nach unten, bis Sie die Position gefunden haben, wo sich in diesem Moment Ihre Mitte befindet. (Die eigene Mitte kann je nach den verschiedenen Bedingungen an einer anderen Stelle liegen.)
- Sie bleiben eine Weile in Ihrer Mitte zentriert und genießen es.

2.2. Ausbalancierung der eigenen Mitte

Es kann geschehen, dass man den Punkt der eigenen Mitte gar nicht zu erspüren vermag oder dass er zur Seite gerückt scheint, irgendwo seitlich der vertikalen Achse, die entlang der Wirbelsäule verläuft. In solchen Fällen gilt es, langfristig

an der eigenen Zentrierung zu arbeiten, um jederzeit den Platz im eigenen Innern finden zu können, wo man sich »zu Hause« fühlt.
- Sie stellen sich vor, dass an verschiedenen Punkten Ihres Unterkörpers Lichtfäden befestigt sind. An ihrem anderen Ende sind die Fäden an verschiedenen Punkten tief in der Erde verankert.
- Sie stellen sich außerdem vor, dass an verschiedenen Punkten Ihres Oberkörpers eine Fülle von Lichtfäden befestigt ist. Die Fäden enden an verschiedenen Punkten hoch am Himmelsgewölbe, wo sie verankert sind.
- Sie ziehen nun so lange an verschiedenen dieser Lichtfäden – beziehungsweise spannen die Fäden –, bis Sie Ihre Mitte perfekt ausbalanciert haben.
- Den Erfolg können Sie durch die oben beschriebene Übung 2.1 kontrollieren.

2.3. Aufbau der sphärischen Hülle des Holons

Das Holon ist der autonome Kraftraum eines jeden Menschen, der durch verschiedene Schichten von feinstofflichen Hüllen umgeben wird. Sie stellen den persönlichen Schutzmantel dar. Einerseits bewahren die Schutzhüllen die Unantastbarkeit des persönlichen Raumes, andererseits ermöglichen sie die Kommunikation mit dem Umfeld. Man kann sie mit feinen Membranen vergleichen, die ihre winzigen Öffnungen nach Bedarf schließen.
- Sie stellen sich vor, dass Sie innerhalb eines kugelartigen Raumes stehen, der sich zu allen Seiten noch etwas weiter ausdehnt, als Sie mit der Hand reichen können. Er ist von mehreren Schichten einer Schutzhülle aus kristallweißem Licht umgeben. Die Schutzhülle reicht ungefähr siebzig Zentimeter tief in die Erde hinein.
- Sie stellen sicher, dass die Hülle an allen Seiten gut abgerundet und abgeschlossen ist. Um sie zu stärken, können Sie sie von innen intensiv abtasten oder streicheln.

2.4. Körperkosmogramm zur Abrundung des Holons

Die Übung eignet sich vorzugsweise für die Vervollständigung und Stärkung des Holons eines Ortes, eines Gartens oder einer Landschaft. Sie kann auch Ihrem eigenen Mikro-Holon dienen.

- Um sich mit den Kräften des Himmels und der Erde zu verbinden, halten Sie beide Hände so vor den Körper, dass die eine Hand zum Himmel und die andere zur Erde zeigt.
- Sie stellen sich vor, dass Sie zwischen den Händen eine feine Membran aus Regenbogenfarben halten. Die Membran ist so groß, dass sie sich bis zu der Grenze des Holons erstreckt, das Sie für Ihre Übung gewählt haben.
- Die Membran befindet sich dabei nicht nur über Ihnen im Bereich des Himmels, sondern sie dringt auch in die Erde unter Ihnen ein. Folglich ist die Membran kreisförmig; die eine Hälfte dehnt sich in die Höhe, während die andere tief in die Erde hinabstößt.
- Nun beginnen Sie, sich mit äußerster Sorgfalt langsam

nach rechts zu drehen. Die Regenbogenmembran nehmen Sie dabei mit, sodass alles ober- und unterhalb Ihres Standortes durch die Membran hindurch muss. Bedienen Sie sich Ihrer Vorstellungskraft, um sicherzustellen, dass der gewählte Bereich auch tatsächlich Ihrer Drehung entsprechend Zentimeter für Zentimeter durch die Membran geführt wird.
- Die Übung ist abgeschlossen, wenn Sie die Membran in einer 360-Grad-Drehung eingesetzt haben. Sie können die Übung wiederholen, indem Sie sie noch einmal in der entgegengesetzten Richtung ausführen.

2.5. Erste Übung zur vertikalen Achse des Holons (Körperkosmogramm »Davidstern«)

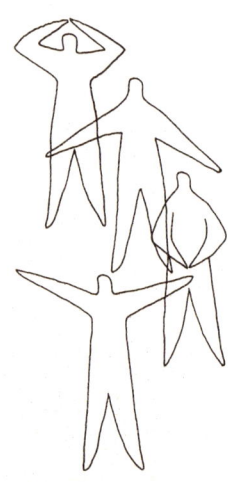

- Sie bilden mit den über den Kopf gehobenen Armen ein Dreieck. Durch dieses Dreieck stellen Sie die Verbindung zu den kosmischen Kräften über Ihnen her.

- Sie senken dann langsam die Arme ab, bis sie schräg nach unten weisen. Sie lassen nun die Kraft des Himmels, die sich in ihnen angesammelt hat, in die Erde fließen.
- Anschließend führen Sie die Hände zueinander und halten die Ellbogen dabei nach außen gerichtet, sodass ein zur Erde gerichtetes Dreieck entsteht. Dadurch stellen Sie die Verbindung zur Kraft der Erde her.
- Nun strecken Sie die Arme langsam und heben sie, bis sie schräg nach oben weisen. Sie lassen die Kraft der Erde, die sich in ihnen angesammelt hat, hinauf in das Universum fließen.
- Sie setzen die Übung fort, indem Sie aus dieser Position heraus wieder ein Dreieck über Ihrem Kopf bilden und sich mit den kosmischen Kräften verbinden. Die Übung sollte mit fließenden Bewegungen mindestens zehnmal wiederholt werden.

2.6. Zweite Übung zur vertikalen Achse des Holons (Verbindung Himmel-Erde)

- Mit Ihrem Bewusstsein berühren Sie das Firmament über Ihnen. Sie projizieren von Ihrem Oberkörper aus feine Lichtfäden in Richtung Himmelsgewölbe und heften sie dort fest.
- Sie lassen das Gefühl entstehen, dass Sie mit Ihrem ganzen Körpergewicht am Firmament hängen. Sie stellen sich vor, dass Sie mit Ihren Füßen die Erde nicht mehr berühren.
- Nun beginnen Sie, sich mit der Erde unter Ihren Füßen zu verbinden. Sie schicken dazu vom Unterkörper feine Lichtfäden in die Erde hinein, um sie an verschiedenen Punkten in der Erdtiefe zu verankern. Spannen Sie dann diese Fäden so weit an, dass Sie schließlich die Erde berühren.
- Sie achten darauf, dass Ihr Körpergewicht zu gleichen Teilen vom Himmel und von der Erde getragen wird. Sie zentrieren sich in Ihrem Herzen und halten von dort aus die Waage zwischen Himmel und Erde.

- Versuchen Sie, diese Qualität in Ihren Alltagsrhythmus hineinzunehmen, und treten Sie nicht schwerer auf die Erde als notwendig.

2.7. Erste Übung zur Yin-Yang-Achse des Holons (Links-rechts-Horizontale)

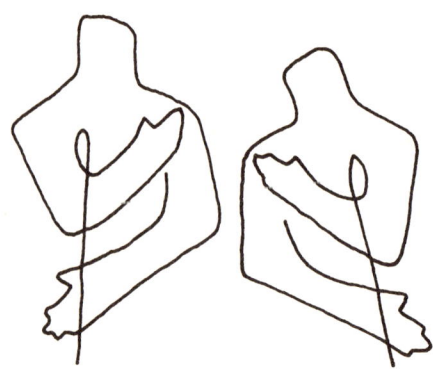

- Sie stehen oder sitzen aufrecht. Sie legen die rechte Hand vorn auf die linke Schulter und die linke Hand auf die Rückseite der rechten Hüfte.
- Nach einer Weile wechseln Sie die Position der Hände, wobei Hände und Arme einen weichen Bogen beschreiben. Nun wandert die linke Hand vorn auf die rechte Schulter und die rechte Hand auf die hintere Seite der linken Hüfte.
- Wechseln Sie mehrmals die Positionen der Hände, um den inneren Ausgleich zu finden.

2.8. Zweite Übung zur Yin-Yang-Achse des Holons (der Partner/die Partnerin in Ihnen)
- Wenn Sie ein Mann sind, dann stellen Sie sich vor, dass in Ihnen auch eine feinstoffliche Frau wohnt. Wenn Sie eine Frau sind, ist es ein innerer Mann. Ihr/sein Gesicht schaut in die entgegengesetzte Richtung von Ihrem.
- Versuchen Sie, Ihrem inneren Partner/Ihrer inneren Partnerin so viel Raum zu geben, wie er/sie braucht: Wie fühlt sich seine oder ihre Präsenz in mir an, wie reagiere ich darauf? Was kann ich in meinem Leben oder in meiner Denkweise ändern, damit beide, die Frau und der Mann meines Holons, glücklich werden? Sie sollten auf eine Art miteinander umgehen können, die zu einer gegenseitigen Bereicherung führt.

2.9. Erste Übung zur horizontalen Achse Rücken-Vorderseite des Körpers (ein Handkosmogramm)
Die Hände sind ein Holon für sich und ähnlich wie das Holon Mensch aufgebaut. Mit Hilfe der Handinnenseite kann der Mensch Schöpferisches leisten. Demgegenüber erscheint der Handrücken unbrauchbar, aber er ist, wie beim gesamten Körper, nicht minder wichtig. Vom Handrücken aus werden die feinen Bewegungen der Finger gesteuert.
- Sie legen Ihre Hände vor der Brust an den Handkanten aneinander, wobei einmal die Handinnenseite und einmal der Handrücken nach vorn zeigt. Die Hände entsprechen so dem Yin-Yang-Zeichen, das heißt, die Vorder- und die Rückseite ergänzen sich.
- Dann beginnen Sie mit dem Rand einer Hand um den Rand der anderen zu kreisen, sodass die Handkanten einander ständig berühren. Wie zwei Mahlsteine kreisen die beiden Hände umeinander. Die Richtung ist nicht wichtig.
- Nach einer Weile stellen Sie sich vor, dass die »Mahlsteine« nicht im Raum vor Ihnen kreisen, sondern in Ihrem Brustraum.

Die öfter wiederholte Übung hilft, die Blockaden zu »zermahlen«, die den vorderen Raum der Verwirklichung vom Speicher der Urkräfte am Rücken trennen.

2.10. Zweite Übung zur horizontalen Achse Rücken-Vorderseite des Körpers (ein Körperkosmogramm)

- Im Stehen greifen Sie mit den Händen in Ihren Rückenraum hinein und führen sie oberhalb des Pos so zusammen, dass sich die Mittelfinger dort berühren. Von dort aus verbinden Sie sich mit den Urkräften der Erdtiefe.
- Dann führen Sie die Hände seitlich am Körper entlang nach oben, bis sich Arme und Hände schräg über Ihrem Kehlkopf nach oben ausstrecken. Dabei werden die Hände wieder zusammengeführt, sodass sich die Mittelfinger erneut berühren.
- Während Sie die Hände nach oben führen, sollten Sie den Kopf so weit wie möglich nach hinten neigen, um auf diese Weise das Hals-Chakra frei zu machen.

- Während Sie den Kopf nach hinten neigen und die Arme vor Ihrem Kehlkopf einen Kreis bilden, sollten Sie sich bewusst sein, dass die Urkräfte des Rückens nun in die schöpferischen Kräfte des Wortes verwandelt werden.
- Dann öffnen Sie die Hände und strecken die Arme aus, damit die Kräfte des Wortes ungehindert in die Welt hinausfließen können.
- Anschließend führen Sie die Arme an den Seiten hinunter und richten dabei den Kopf auf, um dann die Übung zu wiederholen. Üben Sie sie in fließender Weise mehrmals nacheinander.

2.11. Erdung
- Stellen Sie sich vor, dass Sie ein fröhlicher Baum sind. Von Ihrem Unterkörper aus entwickeln sich starke Wurzeln, die Sie breit und tief in der Erde verwurzelt halten. Folgen Sie mit Hilfe Ihrer Vorstellungskraft eine Zeit lang dem Weg der Wurzeln, die sich in der Erde reichlich verzweigen, immer feiner werden und immer mehr mit der Erde vereint sind.
- Stellen Sie sich vor, dass Sie gleichzeitig vom Oberkörper aus eine dichte Baumkrone entwickeln, durch deren Äste Sie an verschiedenen Punkten des Himmelsgewölbes verankert sind.

3. *Die verschiedenen Ausdehnungen des Wesens Mensch*
3.1. Die Erfahrung des kosmischen Doppelgängers
- Sie suchen einen ruhigen, friedlichen Platz auf, um sich in die innere Stille zu vertiefen. Sie stellen sich vor, dass hinter Ihrem Rücken eine Ihnen ähnliche Person sitzt – und zwar sitzen Sie Rücken an Rücken.
- Nun lassen Sie diesen kosmischen Doppelgänger durch Ihren Körper gleiten – einem Hauch ähnlich –, sodass er vor Ihnen erscheint. Schauen Sie ihm in die Augen, und lassen

Sie anfangs seine Präsenz innerhalb Ihres Holons einfach nur zu.
- Indem Sie sich so gegenübersitzen, bilden Sie beide einen abgerundeten Raum, der in der Mitte zwischen Ihnen sein Zentrum hat.
- Nun führen Sie seine und Ihre Gestalt in Ihrer Imagination gleichzeitig durch diese Mitte hindurch. Es kommt dadurch zu einer Umstülpung des Raumes. Lassen Sie die Präsenz des umgestülpten Raumes sich ausbreiten – so weit, wie sie möchte –, und spüren Sie ihrer Qualität nach.
- Versuchen Sie, sie so tief wie möglich zu verkörpern.

3.2. Die Erfahrung und Aktivierung des Lendenkanals

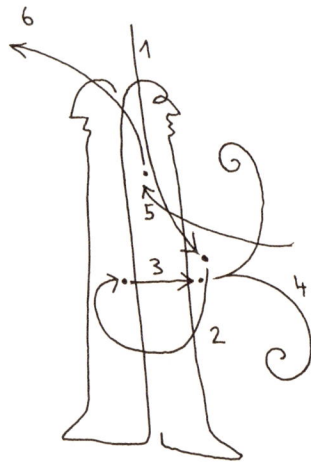

- Sie finden Ihre innere Stille, während Sie stehen, sitzen oder liegen. Sie verbinden sich durch Ihr Kronen-Chakra mit der Qualität des Kosmos.
- *Erste Einatmung:* Sie nehmen den ersten Atemzug aus der Mitte des Universums; er ist mit der Farbe *Weiß* verbunden.

Sie führen ihn den Körper hinunter bis zum Solarplexus-Chakra.
- *Erste Ausatmung:* Beim Ausatmen bekommt der Atem die Farbe *Goldgelb*. Sie führen den Strom der Ausatmung oberhalb des Bauchbereichs nach unten und zwischen den Beinen hindurch bis zu dem Punkt hinter Ihrem Rücken, wo der Lendenkanal beginnt (er befindet sich mitten im Bauchbereich des kosmischen Doppelgängers).
- An diesem Punkt beginnt die *zweite Einatmung*. Der Strom des Atems wird jetzt *grün* gefärbt, um die Regeneration des Lendenkanals anzuregen. Sie führen den Strom der Einatmung vom Beginn bis zum Ausfluss des Lendenkanals, der sich vor Ihrem Körper auf der Höhe zwischen Nabel und Geschlecht befindet.
- An diesem Punkt wird ausgeatmet, und bei der *zweiten Ausatmung* bekommt der Atem die Farbe *Violett*, um an der Umwandlung von Blockaden zu wirken. Der violette Atemstrom soll durch Ihr ganzes Holon geführt und dabei verwirbelt werden.
- *Dritte Einatmung:* Der Strom wird ins Herz eingeatmet und dabei in die Vollkommenheit der Farbe *Weiß* umgewandelt. Dadurch wird die im ganzen Holon verstreute Kraft des Atems wieder gesammelt.
- *Dritte Ausatmung:* Der Impuls wird durch den Hinterkopf zurück in den Kosmos ausgeatmet. Es gibt keine Farbe mehr, sondern eine kristallartige Klarheit, die dem Urraum der Ewigkeit entspricht.

3.3. Die Stärkung des Herzkanals
- Sie finden Ihre Herzmitte. Sie sind dort voll präsent.
- Dann gehen Sie aus der Herzmitte langsam nach hinten, bis Sie in der Herzmitte Ihres kosmischen Doppelgängers angelangt sind.
- Stellen Sie sich ein mandalaförmiges Wurzelwerk vor, das sich aus der Herzmitte Ihres kosmischen Doppelgängers

ausdehnt. Es hält Sie in der Qualität der urbildlichen Liebe verankert, deren Quelle in der Herzmitte Ihres kosmischen Zwillings zu finden ist.
- Aus der Mitte des Wurzelwerks wächst horizontal der Energiekanal hervor, der dem Stamm eines liegenden Baumes gleicht.
- Der Energiekanal wächst durch Ihre Herzmitte nach vorn. Im Bereich vor Ihrer Brust beginnt aus der Mitte heraus sich ein Blütenstängel zu bilden. Er entfaltet eine wundersame Blüte in Form eines Mandalas. Sie verströmt ihren »Duft« durch Ihren Lebensraum hindurch.

3.4. Die Verbindung der drei horizontalen Lichtkanäle

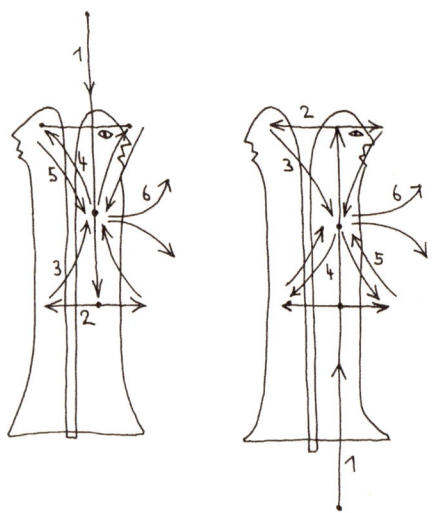

Diese Atemübung wird am besten im Stehen ausgeführt:
- Sie fühlen sich in der inneren Stille verankert und durch die Sphäre Ihres Holons abgerundet.

- *Erste Einatmung:* Sie ziehen den Atem aus der Mitte des Universums vertikal nach unten bis zum Mittelpunkt Ihres Lendenkanals (siehe die Skizze links).
- *Erste Ausatmung:* Bei der Ausatmung schieben Sie den Atem nach hinten und nach vorn durch den Lendenkanal, bis die beiden Chakren an den Enden des Kanals erreicht werden.
- *Zweite Einatmung:* Der Atem wird von den beiden Enden des Lendenkanals gleichzeitig diagonal in die Herzmitte gezogen.
- *Zweite Ausatmung:* Der ausfließende Atemstrom wird gleichzeitig diagonal zu den beiden Enden des Stirnkanals geleitet.
- *Dritte Einatmung:* Von den Chakren an beiden Enden des Stirnkanals wird der Atem demselben Weg folgend zurück in das Herzzentrum gezogen.
- *Dritte Ausatmung:* Aus dem Herzzentrum wird der bereicherte Atem in die Breite des Sie umgebenden Lebens ausgeatmet.
- Sie wiederholen die Übung, indem Sie am Anfang den Atem nicht aus dem Universum, sondern aus der Erdmitte holen. Konsequenterweise ändert sich dadurch die Reihenfolge der Atemsequenzen (siehe die rechte Skizze): Sie atmen zuerst durch den Stirnkanal. Der Lendenkanal folgt mit der zweiten Ausatmung.

3.5. Der achtstrahlige Stern

Diese Übung vermittelt ein Gespür für die Umgestaltung der eigenen Energiesysteme. Dabei wird das unbefriedigende Modell von drei übereinander geschichteten Energiekanälen durch das Modell eines achtstrahligen Sterns ersetzt. Zwei horizontale Strahlen repräsentieren den Herzkanal. Durch vier weitere Strahlen werden die Enden des Stirn- und des Lendenkanals mit der Herzmitte verbunden. Die vertikale Achse steht für die Beziehung zwischen Erde und Himmel innerhalb des persönlichen Holons.

- Am Anfang der Übung steht die Imagination des achtstrahligen Sterns innerhalb Ihres eigenen Holons. Der Stern wird im rechten Winkel zur vorderen Körperfläche aufgebaut. Seine Strahlen reichen fast bis zum Rand Ihres Holons.
- Danach beginnt sich der Stern langsam nach hinten, in Richtung Ihres Rückens, zu drehen. Nehmen Sie wahr, wie das langsame Drehen des Sterns durch Ihre Gefühle beglei-

tet wird, und beobachten Sie, was sich dabei innerlich entwickelt.

4. Das Herz ist die Mitte
Die Übungen zur Unterstützung der neuen Rolle des Herzzentrums werden wegen ihrer Schlüsselbedeutung in einem eigenen Kapitel zusammengefasst. Das Herz stellt ein Holon für sich dar und sollte genauso nach dem Prinzip des kosmischen Kreuzes sowohl in seiner Vertikale als auch in der Horizontale in seine Ganzheit eingebunden werden.

4.1. Die Erdung der Herzkraft
- Stellen Sie sich vor, dass von dem Mandala Ihres Herzzentrums ein winziges goldenes Stück abbricht und durch die wässrigen Schichten, das heißt die emotionalen Schichten, Ihres Bauches langsam nach unten gleitet. Es kommt schließlich auf dem Boden des Beckens, an Ihrem Schambein zur Ruhe.
- Erspüren Sie genau, was geschieht, wenn das Schambein durch das goldene Stückchen berührt wird. Folgen Sie der möglichen Explosion der aufwärts strebenden Gefühle. Lassen Sie Ihr Herz darin baden, um die Kraft der geerdeten Liebe in seine Ganzheit einzubeziehen.

4.2. Holografische Übung zur Erdung der Herzkraft
- Beide Hände werden waagerecht Rücken an Rücken unterhalb des Herzzentrums gehalten.
- Sie stellen sich vor, dass Ihr Herzzentrum in Form einer goldenen Kugel auf der oberen Handfläche liegt.
- Sie führen die beiden Hände, die die Kugel tragen, langsam nach unten, bis Ihr Geschlechtsbereich erreicht wird. Sie bleiben eine Zeit lang mit der goldenen Kugel dort und verbinden sich mit den Potenzialen der elementaren Liebeskräfte.

- Die untere Hand wird weiter dort gehalten, während Sie nun die obere Hand hochführen, bis das Herzzentrum wieder an seinem Platz ist.
- Versuchen Sie, das Kraftfeld der geerdeten Liebe zu erspüren, das sich zwischen der unteren und der oberen Hand aufgebaut hat. Nehmen Sie es in Ihr ganzes Wesen hinein. Atmen Sie mit ihm.
- Um das Herzfeld durch die Polarisierung weiter zu stärken, können Sie die obere Hand abwechselnd auf die Vorderseite und die – auf Ihrem Rücken befindliche – Rückseite des Herzzentrums legen und in der Beziehung zu der unteren Hand wahrnehmen.

4.3. Eine dritte Übung zur Erdung der Herzkraft
- Stellen Sie sich vor, dass in Ihrem Becken ein stiller See liegt. Sein Wasser ist frisch und klar.
- Von Ihrem Herzzentrum aus wachsen feine hängende Wurzeln Richtung See. Sobald sie tief in den See hineinreichen, entwickeln sie dort feine Lichtsprossen, durch die sie im Wasser des Beckens gut verankert werden.
- Welche Qualität des Herzzentrums kann daraus entstehen?

4.4. Die Umwandlung des Holons Kopf
- Sie sind in Ihrer Ganzheit präsent, gut geerdet und in der Mitte des Kopfes zentriert.
- Sie verwandeln die physische Form des Kopfes in eine Lichtkugel. Sie repräsentiert von nun an das Holon Ihres Kopfes.
- Sie stellen sich nun vor, dass Sie das Holon Ihres Kopfes ganz vorsichtig mit den Händen vom Hals nehmen. Sie bringen es ganz langsam nach vorn vor die Brust und stellen es zum Schluss in Ihren Herzraum hinein.
- Sie lassen die Lichtkugel Ihres Kopfes so lange in Ihrer Mitte verweilen, bis sie von der Herzkraft vollständig durchflutet ist.

- Dann lassen Sie die Lichtkugel des Kopfes leicht wie eine Seifenblase aufsteigen, bis sie wieder eins mit dem physischen Kopf wird. Achten Sie darauf, dass die Verwurzelung des Kopfes im Herzzentrum dabei nicht verloren geht.

4.5. Die Herzkraft wird an das kosmische Herz angeschlossen
- Stellen Sie sich vor, dass sich vor Ihrer Herzmitte ein hölzernes Tor mit doppelten Flügeln befindet. Das Tor ist geschlossen.
- Dann sehen Sie, wie die beiden Flügel langsam geöffnet werden und das Licht Ihres Herzens zu strahlen beginnt.
- Die Flügel öffnen sich weiter und weiter, bis sie am Rücken des Herzens zusammenstoßen.
- Aus den vereinten Flügeln entsteht eine starke Wurzel, durch die Ihr Herzzentrum im Herz Ihres kosmischen Zwillings hinter dem Rücken eingepflanzt wird. Ihr Herz strahlt offen nach allen Seiten aus.

5. Die Umstülpung des Raumes
5.1. Eine holografische Übung zur Umstülpung

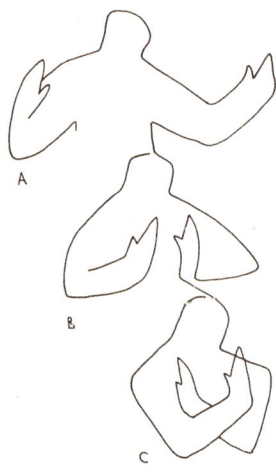

- Sie breiten Ihre Arme zu beiden Seiten aus und stellen sich vor, dass Sie den Raum vor Ihnen an seinen beiden Seiten berühren (A).
- Nun bewegen Sie Ihre Arme ganz langsam horizontal aufeinander zu, bis sie an einem Punkt aufeinander treffen. Die Bewegung entspricht dem »alten« linearen Raum (B).
- Sie bleiben einen Moment lang in dieser Haltung stehen, durch die der sichtbare Aspekt des Ortes symbolisch auf null gebracht wurde.
- Dann fahren Sie mit der horizontalen Bewegung fort, sodass die Arme sich immer mehr zu überschneiden beginnen. Sie machen Ihren Blick »weich« und schauen innerlich durch das »umgekehrte« Fenster, das Ihre sich überschneidenden Arme gebildet haben. Innerlich schauen heißt vor allem, ein Gefühl für die umgekehrte Raumqualität zu gewinnen. Man kann sie erlangen, solange man die ganze

Zeit eins mit seinen Bewegungen und mit dem zu betrachtenden Raum ist (C).

5.2. Sich mit der Umstülpung des Raumes vertraut machen

- *Phase A* – Stellen Sie sich vor, dass die ätherische Essenz Ihres Wesens (nicht Ihr ätherischer Körper!) sich einer Lichtgestalt ähnlich aus dem physischen Körper herauszieht. Sie zieht sich durch den Hinterkopf heraus, um in den Bereich des ätherischen Doppelgängers hinter Ihrem Rücken zu gelangen. Sie macht dabei eine purzelbaumähnliche Bewegung, sodass die ätherische Essenz Ihres Wesens kopfunter im Körper des Doppelgängers landet. Nun ist die Position erreicht, die man mit der ersten Phase der Raumumkehrung vergleichen kann: Der physische Mensch steht noch immer normal auf den Beinen. Seine ätherische Essenz hängt jedoch kopfunter, als ob er an den Füßen vom Himmel herabhängen würde. Bleiben Sie eine Zeit lang ganz ruhig in dieser Position.
- *Phase B* – Die ätherische Essenz Ihres Wesens, das hinter Ihrem Rücken hängt, wird nun in den Raum Ihrer Hüften geführt. Sie wird gleichzeitig spiralartig nach innen gefaltet. Sie beginnt, sich einer Zentrifuge ähnlich nach innen beziehungsweise von vorn nach hinten zu drehen. Durch die Drehbewegungen wird sie gereinigt und zudem immer mehr verkleinert, bis im Kelch Ihrer Hüften nur noch ein winziger Punkt übrig bleibt. Die Phase B stellt die dramatische Umkehrung dar, bei der die Lebendigkeit des Raumes fast verloren geht.
- *Phase C* – Warten Sie geduldig. Wenn Sie spüren, dass aus dem Nichts der Impuls zur neuen Raumqualität entspringt, lassen Sie ihn feierlich durch Ihren Körper aufsteigen, bis der Scheitel erreicht ist. Danach dehnen Sie die neue Qualität durch Ihr ganzes Holon hindurch aus. Versuchen Sie, sie so weit wie möglich zu verkörpern und in Ihr Leben hineinzutragen.

6. *Die Klärung und Umwandlung von Schattenaspekten*
6.1. Die Träne der Gnade

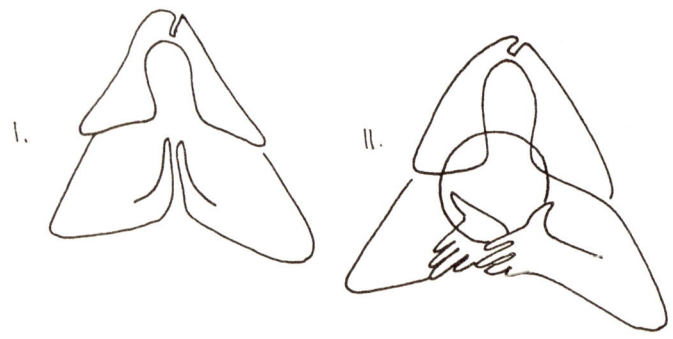

Überlegen Sie zuerst, wohin Sie die Träne der Gnade und Barmherzigkeit lenken möchten. Vielleicht ist sie für einen von Leid heimgesuchten Menschen bestimmt oder für Naturwesen, die an einem Ort mit schweren ökologischen Zerstörungen wohnen, oder für ein Land in politischen Wirren.
- Sie falten die Hände wie zum Gebet vor Ihrer Brust; Ihre Gedanken und Gefühle sind bei Ihrem Vorhaben. Sie tauschen einige Atemzüge mit der göttlichen Jungfrau aus, die Sie überall umgibt.
- Sie öffnen die Hände, als ob Sie ein Buch aufschlagen würden. Durch diese Bewegung entsteht ein Kanal. Dann bitten Sie die göttliche Jungfrau – die Göttin der Gnade –, eine Träne in diesen Kanal zu vergießen.
- Sie fühlen ganz fein hin, um zu erspüren, wann die Qualität der Barmherzigkeit in dem Kanal zu schwingen beginnt. Sie bewegen dann den Kanal ein wenig nach unten, sodass »die Träne« in Bewegung kommt, und lenken sie in Ihrer Vorstellung zu dem vorgesehenen Ziel.
- Sie halten durch Ihr Herz eine feste Verbindung mit der gewählten Person, Wesenheit oder Gegend, um das Ge-

schenk der Gnade auf seinem Weg dorthin zu begleiten. Sie bleiben durch die Schwingungen Ihres geöffneten Herzens dort eine Weile anwesend, um die Wirkung der »Träne der Gnade« zu erspüren.
- Bedanken Sie sich.

6.2. Die Umwandlung der persönlichen Schattenaspekte
- Sie erden sich und visualisieren die Schutzhülle Ihres Holons. Sie sind verbunden und zentriert.
- Sie werden sich der Präsenz Ihres kosmischen Doppelgängers hinter Ihrem Rücken bewusst. Wie ein vergessener Zwilling schwebt Ihr Doppelgänger Rücken an Rücken hinter Ihnen.
- Sie prüfen, ob er nicht mit der schweren Last eines von Ihnen unverarbeiteten Schattenaspekts beladen ist. Es kann sich dabei um einen schon bekannten Aspekt handeln, den Sie sich bewusst vornehmen. Sie können sich aber auch überraschen lassen und für das offen sein, was zur Wandlung bereitsteht.
- Sie lassen den gewählten Schatten des Doppelgängers durch Ihren Körper gleiten, sodass dabei so gut wie jede Körperzelle berührt wird.
- Dann führen Sie den Schatten so weit nach vorn, bis er vor Ihnen schwebt und Sie sein »Gesicht« erkennen. Schauen Sie ihn genau an, beziehungsweise erspüren Sie seine Präsenz. Sie erlauben seinen Kräften, sich frei vor Ihnen zu entfalten, auch wenn sie sich als noch so hässlich erweisen.
- Wenn Sie spüren, dass die Entfaltung dieser Kräfte den Höhepunkt erreicht hat, bitten Sie um die Gnade der Wandlung.
- Danach führen Sie den Schatten kopfunter und nach vorn in den Wirbel der Wandlung. Es kommt zu einer mehrmaligen Umstülpung wie beim Purzelbaumschlagen oder beim Weg durch eine Zentrifuge. Sie können dabei auch noch die Farbe Violett einfließen lassen.

- Im geeigneten Moment wird die Konzentration auf den Wirbel losgelassen. Achten Sie nun darauf, was *in diesem Moment* aus dem Wirbel aufsteigt. Es kann ein Lichtwesen sein, ein Lichtmandala, ein segensreiches Gefühl oder vieles andere. Die Kraft, die vorher im Schatten eingefroren war, wird nun als eine positive Qualität frei und tritt hervor.
- Sie nehmen diese Kraft in Ihr Herz hinein und lassen sie zu einem Teil von Ihnen werden. In dem Fall, dass Sie an der Wandlung der entfremdeten Fragmente der Erdseele gearbeitet haben, wird die erlöste Kraft über die Welt ausgebreitet. Bedanken Sie sich.

6.3. Die Umwandlung der kollektiven Schattenaspekte

Das Ritual verläuft ähnlich wie die Umwandlung des persönlichen Schattens.

- Es wird ein Kreis gebildet und dem göttlichen Licht und der Herzensliebe geweiht.
- Der gewählte und im Voraus besprochene Aspekt des kollektiven Schattens wird dann außerhalb, das heißt »hinter dem Rücken«, des Kreises manifestiert.
- Der Megaschatten wird nun durch den Kraftring des Kreises hindurch in die Mitte gezogen, um dort in seiner wahren Gestalt wahrgenommen zu werden – statt ihn durch den eigenen Körper hindurch in die Mitte des Kreises zu führen, was in diesem Fall zu intensiv wäre. Nun ist die Schattenwesenheit dem Wirbel der Umwandlung ausgesetzt.
- Die gewandelte, positive Kraft wird zum Schluss dem betreffenden Land zurückgegeben.

6.4. Auf zukünftige Ereignisse in der Phase ihrer ätherischen Prägung einwirken

Erinnert sei an das Urbild von Christus, der das kleine Mädchen Maria im Schoß hält. Er repräsentiert den Kern des Uni-

versums, und das Mädchen verkörpert die Weltenseele, durch die der Kern des Universums wirkt, um die Schöpfung zu schützen, zu hüten und voranzutreiben.
- Sie sind in Ihrer Mitte zentriert; Sie sind in Ihrem Holon abgerundet.
- Dann öffnen Sie leicht Ihre Hände und bitten das Kernwesen des Universums, Ihnen das kleine Mädchen hinüberzureichen. Lassen Sie dieses Wesen langsam durch Ihren Körper gleiten, bis die Weltenseele in Ihrem Rückenbereich vollständig anwesend ist.
- Stellen Sie sich den Prozess, an dessen Umwandlung Sie mitwirken möchten, als eine Lichtkugel vor, die in Ihnen schwebt. Die Größe der Kugel wird sich von selbst ergeben. Achten Sie darauf, dass innerhalb der Kugel alle Aspekte vertreten sind – energetisch, gefühlsmäßig, formbezogen –, die zu dem betreffenden Prozess gehören.
- Danach lenken Sie Ihre Aufmerksamkeit erneut zu der Kugel. Sie stellen sich vor, dass die Präsenz der Weltenseele hinter Ihrem Rücken nach und nach in unzählige Wassertropfen versprüht wird, die immer wieder durch die Kugel strömen, um darin Wandlungsprozesse auszulösen. Anhand dieses Durchströmens wird der Inhalt der Kugel auf die Harmonien der kosmischen Ganzheit eingestimmt.
- Sie bedanken sich durch das Zusammenlegen der Hände, wodurch auch die Präsenz der Weltenseele verabschiedet wird.

6.5. Eine dringende Friedensmeditation
- Sie setzen sich, werden still und finden den Ort des Friedens in Ihnen. Sie öffnen Ihr Herz.
- Sie stellen sich vor, dass Sie zwischen Ihren Armen ein durchsichtiges Gefäß halten, das mit klarem Wasser gefüllt ist. Das Gefäß voll Wasser ist identisch mit dem Kraftfeld des Nahen Ostens. Das Feld ist in Jerusalem zentriert und dehnt sich bis zur Grenze zwischen Indien und Pakistan

aus. Es umfasst ganz Europa und auch den nordöstlichen Teil von Afrika.
- Sobald das Wassergefäß mit dem Kraftfeld des Nahen Ostens in Resonanz kommt, kann es darin zu Turbulenzen oder zu anderen Schwierigkeiten kommen.
- Wasser ist intelligent. Es wird Ihnen zeigen, was zu tun ist, um es zu beruhigen und mögliche stürmische Effekte zu harmonisieren. Achten Sie darauf, dass Sie mit Ihrem Herzen den Rand des Wassers stets berühren. Dazu können Sie sich mit Hilfe der Vorstellung verschiedener Methoden bedienen:
  - die Farben Blau (Frieden), Violett (Wandlung) oder Grün (Heilung) in das Wasser mischen,
  - das Gefäß in den eigenen Herzraum nehmen und rhythmisch durch es hindurchatmen,
  - das Gefäß in den Raum der Hüften nehmen, damit es die Kraft Ihrer Verwurzelung erfahren kann,
  - das Gefäß in die Hände des eigenen inneren Kindes geben, damit das Wasser die Berührung des Göttlichen erfahren kann,
  - darüber hinaus können Sie selbst verschiedene andere Möglichkeiten entwickeln und anwenden.
- Sie halten das Wassergefäß eine Weile voll Ruhe und Frieden. Sie spüren, dass das Wasser in Harmonie ist, egal, was draußen in der Welt auch geschieht.
- Schließlich verbreiten Sie diese Qualität über die ganze Erde. Sie stellen sich dazu vor, dass Sie die Erde zwischen Ihren Händen halten, als ob sie ein Ball aus Wasser wäre.
- Um die Meditation abzuschließen, falten Sie die Hände wie zum Gebet, lösen sich vom Kraftfeld des Nahen Ostens und sagen Dank.

6.6. Der innere Urknall
- Finden Sie Ihre Mitte – tief im Kelch Ihrer Hüften, ungefähr dort, wo sich der Lendenkanal befindet. Seien Sie dort in

Ihrer Mitte eine Weile ganz stark, entschieden und präsent. Es ist empfehlenswert, Ihren geistigen Meister oder Ihren Schutzengel oder den Erzengel Michael oder einen anderen geistigen Helfer um Unterstützung zu bitten.
- Wenn der richtige Moment gekommen ist, lassen Sie dort in Ihrer Mitte mit Hilfe Ihrer Imagination einen Urknall entstehen. Wichtig ist dabei, dass es kein feuriger, sondern ein »kalter« Knall ist – als ob ein Stück eines Eisberges abbrechen und ins Polarmeer stürzen würde. Außerdem ist Ihr Urknall nach innen und nicht nach außen gerichtet.
- Als Folge des Urknalls breiten sich vom Punkt Ihrer Mitte reinigende Wellen ringförmig aus. Um ihre reinigende Kraft zu erhöhen, können Sie sich diese konzentrischen Wellenringe in der Farbe Violett vorstellen. Nachdem die Wellenringe dann vom Rand des Holons zurückgeprallt sind, werden sie in die Farbe Weiß getaucht, um die Qualität der Reinheit durch das Holon zu schicken.
- Wenn nötig, wiederholen Sie die Übung mehrmals. Bedanken Sie sich für die geistige Unterstützung.

7. Die sieben Grundsteine der neuen Ethik

Die sieben Aspekte der neuen ethischen Ausrichtung werden durch die sieben Städte aus der Apokalypse vermittelt, wo es frühe christliche Gemeinden gab:
- *Ephesos: Liebe!*
  Folgen Sie in jedem Moment der Stimme des Herzens. Prüfen Sie, ob Sie in der gegebenen Situation tatsächlich die Stimme der ursprünglichen Liebe verkörpern.
- *Smyrna: Keine Angst!*
  Scheuen Sie nie vor dem zurück, was Ihnen Ihr persönliches oder das kollektive Schicksal schickt. Bewahren Sie in jeder Situation den inneren Frieden.
- *Pergamon: Wandle dich!*
  Seien Sie bereit, dem unablässigen Strom der Wandlung zu

folgen. Prüfen Sie, welcher Aspekt von Ihnen oder von Ihrem Schaffen als Nächstes nach einer Veränderung ruft.
- *Thyatira: Sei wahrhaftig!*
Prüfen Sie, ob Sie im gegebenen Moment nicht einen Aspekt der Wahrheit vor Ihnen selbst oder vor den anderen verstecken. Erforschen Sie immer wieder Ihr Herz und Ihren Geist, ob Sie nicht das Opfer eines Selbstbetrugs geworden sind.
- *Sardes: Sei ganz!*
Werden Sie sich immer wieder Ihrer vielschichtigen Ganzheit gefühlsmäßig bewusst. Halten Sie das große Rund Ihres Wesens durch das Bewusstsein umarmt und in Ihrer Mitte verankert.
- *Philadelphia: Sei treu!*
Vergessen Sie nicht, wer Sie sind und welchen Idealen Sie innerlich die Treue geschworen haben. Erinnern Sie sich immer wieder neu an Ihre geistige Bestimmung.
- *Laodicea: Entscheide dich!*
In jeder Situation stehen Ihnen verschiedene Möglichkeiten zur Wahl. Sie sind aufgerufen, Entscheidungen zu treffen. Das Einzige, das Sie in der Epoche der großen Wandlung nicht dürfen, ist, unentschieden zu bleiben.

8. Die gewandelten Elementarwesen
8.1. Die »neuen« Elementarwesen wahrnehmen
Um Elementarwesen wahrzunehmen, gebrauche ich oft eine Übung, bei der ich vom Chakra des Elements Erde ausgehe, das sich zwischen den Knien befindet. Wenn wir Menschen einen schönen Schweif hätten, wie zum Beispiel eine Wölfin, würde dieses Chakra sich am Ende des Schwanzes befinden.
- Sie konzentrieren sich auf das Chakra zwischen den Knien und öffnen sich gleichzeitig für die Kommunikation mit der betreffenden Wesenheit.
- Um die neue Qualität der Elementarwesen wahrzunehmen,

lenken Sie Ihren auf das Chakra zwischen den Knien eingestellten Fokus Ihrer vertikalen Achse entlang nach oben. Der Punkt der Aufmerksamkeit liegt nun irgendwo zwischen Bauch und Herz.
- Von dort ausgehend öffnen Sie sich der Präsenz der unbekannten Wesenheiten.

8.2. Die wohltuende Einwirkung des persönlichen Elementarwesens erfahren
- Sie zentrieren sich in Ihrer Herzmitte. Dann lenken Sie Ihre Aufmerksamkeit entlang der Wirbelsäule nach unten, bis die Spitze des Steißbeins erreicht ist. Danach wird die an der Basis der Wirbelsäule konzentrierte Kraft durch eine rhythmische Bewegung der beiden Hände am Rücken dynamisiert. Die Bewegung ähnelt dem Schwanzwedeln eines Hundes.
- Zwischendurch greifen Sie immer wieder mit beiden Händen nach oben zum Kopf und ziehen die Hände wie einen Kamm entlang der Wirbelsäule nach unten und danach wieder nach oben. Auf diese Weise werden die vom Elementarwesen ausgelösten Impulse im ganzen Körper verbreitet.

8.3. Mit dem persönlichen Helfer in Kontakt kommen
- Sie finden Ihre innere Stille und vergewissern sich, dass Ihr Verstand die Stand-by-Position eingenommen hat.
- Dann berühren Sie Ihre Ohrläppchen. Sie reiben sie am besten eine Weile leicht mit Daumen und Zeigefinger.
- Nun biegen Sie die Zunge für einen Moment nach hinten und öffnen sich für den Raum, der hinter Ihrem Rücken seinen Ursprung findet und von dort nach allen Seiten – auch nach vorn – ausgebreitet wird. Für ein Zwiegespräch ist nun alles vorbereitet.

8.4. Kosmogramm zur Wahrnehmung der gewandelten Wesenheiten des Elements Wasser

Sie treten bei dieser Übung über den Weg der Resonanz in Verbindung:

- Sie visualisieren und spüren Fischschuppen an den Seiten Ihrer Oberschenkel. Dazu stellen Sie sich vor, dass Ihre Füße zu einem Fischschwanz zusammengewachsen sind.
- Ziehen Sie nun Ihren Fischschwanz nach vorn, und lassen Sie ihn dicht am eigenen Körper entlang langsam nach oben gleiten.
- Der Fischschwanz gleitet so weit nach oben, bis seine Flosse die Höhe Ihres Herz-Chakras erreicht. Es sollte sich so anfühlen, als ob Ihre Herzmitte im Kelch des Fischschwanzes gehalten würde.
- Nun haben Sie die Möglichkeit zur Kommunikation mit den gewandelten Wesenheiten des Elements Wasser.

8.5. Das persönliche Elementarwesen wahrnehmen

- Stellen Sie sich vor, dass Sie auf einem Spiegel sitzen. Wenn Sie nach unten blicken, sehen Sie sich selbst – Ihr zweites Ich. Falls Sie die Übung im Liegen machen, stellen Sie sich vor, dass der Spiegel an Ihre Fußsohlen gelehnt ist.
- Wenn Sie bereit sind, lassen Sie das zweite Ich, das Sie im Spiegel sehen, rasch aufstehen, wobei Sie es auf Ihre Schulter emporziehen.
- Umarmen Sie es so, dass Sie die linke Hand auf Ihr Herzzentrum und die rechte auf Ihren Solarplexus legen.
- Wie fühlt sich die Präsenz des Elementarwesens an? Welche Qualität bringt es in das Holon Ihres Wesens? Liebkosen Sie es eine Zeit lang; drücken Sie ihm Ihre Dankbarkeit aus, oder tragen Sie ihm Ihre Bitte vor.

8.6. Die neue Gestalt der eigenen Persönlichkeit erfahren

- Sie finden Ihre innere Stille.
- Den Kontakt mit Ihrer elementaren Essenz finden Sie, in-

dem Sie mit liebevoller Aufmerksamkeit aus dem Sexualbereich langsam in Richtung Herzmitte aufsteigen. Irgendwo zwischen dem Solarplexus und der Herzmitte finden Sie den Punkt, wo Ihr elementarer Aspekt beheimatet ist, seitdem er die gegenwärtigen Wandlungen innerhalb der elementaren Welt mitgemacht hat. Sie bleiben dort eine Zeit lang.
- Ausgehend von Ihrem Kehlkopfbereich beginnen Sie nun, den Wasserkranz zu flechten. Er wird aus mehreren Strängen kristallklaren Wassers geflochten. Er verläuft über das linke Chakra des Wasserelements nach unten bis zur Bauchmitte und über das rechte Chakra des Wasserelements zum Kehlkopf zurück.
- Danach richten Sie Ihre Aufmerksamkeit auf die oben erwähnte Mitte des Kranzes. Sie sind in der Mitte präsent und lassen den Kranz um die Mitte herum rund werden. Sie erlauben, dass seine wässrige Substanz in das Gefühl der geerdeten Liebe übersetzt wird, das die Elementarwesen kennen.
- In der Mitte Ihres Holons entsteht ein kugelartiger wässriger Raum. Daran sind sowohl die Kräfte des Kopfes, des Verstandes, als auch die Qualitäten des Bauches, des Gefühls, angeschlossen. Was auch immer Sie im Alltag tun, Sie sollten lernen, aus diesem neuen Raum der integralen Persönlichkeit heraus zu denken, zu wollen und zu handeln.

9. Die Entdeckung der geistig-emotionalen Ebene

9.1. Sein Herz fragen

Entscheiden Sie sich zuerst, welche Frage Sie stellen wollen, dann beginnen Sie mit der Übung.
- Stellen Sie sich vor, dass sich vor Ihrer Herzmitte ein hölzernes Tor mit doppelten Flügeln befindet. Das Tor ist geschlossen.

- Dann sehen Sie, wie die beiden Flügel langsam geöffnet werden und das Licht Ihres Herzens zu strahlen beginnt.
- Die Flügel öffnen sich weiter und weiter, bis sie am Rücken des Herzens zusammenstoßen.
- Aus den vereinten Flügeln entsteht eine starke Wurzel, durch die Ihr Herzzentrum im Herz Ihres kosmischen Zwillings hinter dem Rücken eingepflanzt wird. Ihr Herz strahlt offen nach allen Seiten aus.
- Sie bleiben im Herzbereich des kosmischen Doppelgängers fest verwurzelt, während Sie sich der Antwort auf Ihre Frage zuwenden.
- Sie formulieren die Antwort so weit, dass Sie sie später konkretisieren können, und Sie bedanken sich.

9.2. Das persönliche Geschenk der Tiere
- Sie laden mit Hilfe Ihrer Imagination ein von Ihnen gewähltes Tier in Ihr Holon ein. Sie lassen es darin schwimmen oder zwitschern oder weiden – oder einfach nur da sein.
- Achten Sie darauf, dass sich die emotionale Qualität, die das Tier verkörpert, durch Ihren gesamten persönlichen Raum ausbreitet – um alle Illusionen, chaotischen Zustände oder schmutzigen Stellen aufzulösen, die in den Nischen Ihrer emotionalen Kraftsphäre zu finden sind. Lassen Sie dies einfach geschehen, und verfolgen Sie es mit Staunen.
- Dann bedanken Sie sich und lassen das Tier frei.

9.3. Die emotionale Erdung der Seele
- Sie knien auf dem Boden.
- Sicher haben Sie schon Pflanzen gesehen, die ihre fast durchsichtigen Wurzeln nicht in der Erde, sondern im Wasser ausbreiten. Sie lassen von den Knien solche durchsichtigen Wurzeln in die Tiefe wachsen. Dabei stellen Sie sich vor, dass die Erde nicht aus fester Gesteinskruste, sondern aus Wasser besteht.

- Sie geben jeder einzelnen der feinen Wurzeln eine andere Farbe des Regenbogens. Sie lassen sie in die wässrige Tiefe der Erde eindringen und ihren Strömungen folgen.
- Zum Schluss stehen Sie auf und ziehen die Wurzeln hoch, ohne sie dabei zerreißen zu lassen. Der Zweck der Übung wird erfüllt, wenn Sie auch im Stehen oder beim Laufen die emotionalen Wurzeln der Seele bewahren können.

9.4. Das überspitzte Yang wandeln
- *Erste Einatmung:* Sie ziehen den Atem aus der Breite des Universums in Ihren Kehlkopfbereich ein – Farbe *Kristallweiß*.
- *Erste Ausatmung:* Der Atem wird bis zum Beckenboden vertikal nach unten ausgeatmet, um die Yang-Säule aufzubauen – Farbe *Goldgelb*.
- *Zweite Einatmung:* Der Atem wird aus der Erdtiefe in das Herzzentrum nach oben gezogen – Farbe *Grün*.
- *Zweite Ausatmung:* Aus dem Herzzentrum wird die Kraft des Yin in den Raum vor Ihnen ausgeatmet – Farbe *Blau*.

Zur Fortsetzung der Übung beginnen Sie wieder mit der »Ersten Einatmung«.

9.5. Sich von der alten Weltstruktur abkoppeln
- Sie sind in Ihrer Herzmitte; Sie versenken sich in die Stille.
- Stellen Sie sich nun vor, dass Ihr Herzzentrum einer goldenen Kugel gleicht. Diese Kugel ist von mehreren Hüllen aus kristallklarem Licht umgeben. Die Hüllen ähneln einem feinen Filtersieb.
- Mit Hilfe der Kraft Ihres Herzens schieben Sie diese siebähnlichen Lichthüllen von allen Seiten durch Ihre Körper- und Energiestrukturen hindurch. Schieben Sie sie durch Ihre Emotionalfelder hindurch. Alle Muster und Kräfte, die der alten Welt angehören, werden damit aus Ihren Zellen und Feldern herausgesiebt.

- Sie bitten darum, dass alle Ihre Bindungen und Abhängigkeiten in Bezug auf die schwindende alte Weltstruktur aus Ihrem Körper herausgezogen werden. All das »alte Gerümpel« bringen Sie auf diese Weise so weit nach außen, dass Sie es schließlich aus Ihrem Holon hinausschieben können.
- Dann sammeln Sie das »Gerümpel« in einer separaten Energiekugel, die von der Sphäre Ihres Holons klar getrennt ist. Sie bedanken sich für die Lehren, die Sie aufgrund der Bindungen, die nun gelöscht werden, erfahren haben. Sie bringen jedoch klar zum Ausdruck, dass Sie ab sofort nichts mehr mit ihnen zu tun haben wollen.
- Dann stellen Sie sich vor, wie diese Kugel aus den Resten der alten Welt mit großer Geschwindigkeit in den in der Ferne gelegenen Bereich der Wandlung geführt wird. Dort löst sie sich in Licht auf.
- Seien Sie sich voller Dank der wahren Gestalt der Ganzheit bewusst.

9.6. Einstimmung auf die neuen geistig-emotionalen Felder

- Im Knien, Stehen oder Liegen stellen Sie sich vor, dass Sie sich so weit nach hinten beugen und die Füße gleichzeitig nach oben ziehen, dass Ihr Hinterkopf von den Fußsohlen berührt wird. Durch die Berührung sind Sie abgerundet, und vom Berührungspunkt aus wird auch die Verbindung mit dem gewünschten geistig-emotionalen Feld möglich.
- Dann lassen Sie das Bild los und atmen die gesuchte Qualität eine Zeit lang in Ihren Körper beziehungsweise in Ihr Holon hinein. Freuen Sie sich der Geschenke.

9.7 Eine Wiederbelebungsmethode

Wenn Sie ein Schwinden der Lebenskräfte in Zusammenhang mit Nahrung, Wohnung oder bestimmten Lebenssituationen feststellen, können Sie sich folgender Methoden bedienen, um die Regeneration anzuregen:
- Sie begeben sich für einen Moment in die Stille. Dann ho-

len Sie das, was nach einer Erneuerung ruft, mit Hilfe der Imagination aus dem Rahmen der Realität heraus.
- Sie bringen das zu Erneuernde (zum Beispiel Nahrung) in den Bereich eines der drei Lichtkanäle. Der Herzkanal empfiehlt sich in allen Fällen. Je nach Bedarf sind auch der Stirn- und der Lendenkanal geeignet. Der Lendenkanal ist sinnvoll, wenn es um einen Mangel an den Urkräften des Lebens geht; der Stirnkanal, wenn es des geistigen Segens bedarf. Die drei Kanäle stellen die Brücke dar, die die unendlich vitalen Kräfte der Geistseele mit der Alltagsrealität verbindet.
- Beispiel Nahrung: Wenn die Mahlzeit vor Ihnen auf dem Tisch steht, schließen Sie kurz die Augen und bitten um die Reinigung und Wiederbelebung des Essens. In Ihrer Vorstellung nehmen Sie die Essenz der Mahlzeit kurz in Ihren Mund, um sie in den Segensbereich des darüber verlaufenden Stirnkanals zu bringen. Danach senken Sie sie in den Herzraum, um sie zu regenerieren, und anschließend noch tiefer bis ins Becken, um sie durch den Lendenkanal mit den Urkräften des Lebens zu stärken. Dann vereinen Sie die Essenz der Nahrung wieder mit der Mahlzeit vor Ihnen auf dem Teller und sagen Dank.

Die Übung kann je nach den Erfordernissen des Augenblicks angepasst und beliebig umgestaltet werden. Seien Sie erfinderisch. Wichtig ist nur, das Prinzip zu beachten, dass äußere Vitalität durch die eigenen geistig-seelischen Kräfte hervorgebracht wird.

9.8. Wenn alles nichts hilft

Es kann Situationen geben, in denen Ihnen keine der hier vorgeschlagenen Übungen Hilfe bringt. Es bleibt stets die eine wundervolle Möglichkeit übrig: Gehen Sie auf die Knie, verbinden Sie sich mit dem Lichtfunken in Ihrer Herzmitte, und bitten Sie. Bleiben Sie der Mutter treu, die wir Erde nennen.

Nachwort

Zwei Monate nach Abgabe des Manuskripts sind zwar eine zu kurze Zeit, um wesentliche Veränderungen im weiteren Verlauf der beschriebenen Wandlungsprozesse festzustellen und auf sie einzugehen. Aber ich kann dennoch bestätigen, dass ein Thema jetzt neu aufgegriffen und vertieft wurde, das ich im Buch mehrmals angesprochen habe. Es handelt sich um die Gegenkräfte. Mir wurde bewusst, dass es dabei nicht nur um Kräfte geht, die dem Wandlungsprozess entgegenwirken, sondern auch um Kräfte, die an ihrer Erlösung nun brennend interessiert sind.
Im Kapitel über den »reißenden Strom der großen Reinigung« habe ich darüber berichtet, welche listigen Strategien die Gegenkräfte entwickelt haben, um ihr Überleben trotz des sich wandelnden Weltgebäudes zu sichern. Sie zetteln Kriege an, um »Demokratie und Freiheit« zu fördern. Oder sie setzen sich energisch »für den Frieden« ein, um den Menschen ihre guten Absichten vorzutäuschen und ihre Übermacht auf der weltlichen Ebene zu untermauern. Beispiele dafür können im Weltgeschehen um uns herum beobachtet werden.
Wie dargestellt, geht es bei den Gegenkräften nicht nur um gigantische Anhäufungen von als negativ bewerteten emotionalen Kräften, die die Menschen aussenden, indem sie ihr Leben von Furcht, Hoffnungslosigkeit, Falschheit oder anderen destruktiven Gefühlen und Gedanken prägen lassen. Da verschiedene machtorientierte Individuen oder Gruppierungen in der Vergangenheit mit diesen geballten destruktiven Kräften oft kommuniziert und sie in ihre selbstsüchtigen Aktionen eingespannt haben – und dies vermutlich auch in der Gegenwart tun –, haben sich die Gegenkräfte eine Intelligenz aneignen können. Sie ermöglicht es ihnen heutzutage, eigene Ziele zu verfolgen und selbst für das eigene Überleben zu

kämpfen. Während der letzten zwei Monate wurde mir auf eine alarmierende Weise nahe gebracht, dass der Megaschatten der Gegenkräfte außerdem durch Scharen von Seelen bewohnt wird, denen es bewusst oder unbewusst gelungen ist, nach dem Tod dem Pfad der Entkörperung, der zur Reinigung und Wiederaufnahme in die geistige Welt führt, auszuweichen. Ich möchte betonen, dass es sich dabei nicht nur um Seelenhüllen handelt, die Menschen im Astralbereich der Erde hinterlassen haben, nachdem sie auf dramatische oder erschütternde Weise zu Tode gekommen sind. Es geht in unserem Fall um einen bewussten Versuch, die göttlich vorbestimmten Seelenwege zu umgehen und sich nach dem Tod weiter in einer relativen Nähe zur materialisierten Welt aufzuhalten.

Diese Seelen sind davon überzeugt, dass sie gar nicht gestorben sind. Sie meinen, die eigentlichen Meister und Weltenlenker zu sein, und sie versuchen, Einzelpersonen oder gar das Weltgeschehen durch ihre »Botschaften« und »Inspirationen« zu steuern. Ihre Wirkung in der Welt wird durch die unlogischen Wendungen auf dem Pfad des Weltgeschehens erkennbar – oder sie wird im persönlichen Bereich sichtbar, wenn sich geistige Extrempositionen verschiedenster Art zeigen, die oft in aggressiver Weise vertreten werden.

Da das Thema der Gegenkräfte so widerwärtig und unangenehm ist, geht es mir genauso wie den meisten Menschen guten Willens: Ich möchte nichts davon hören. Die Erfahrungen und Botschaften der letzten zwei Jahre sind jedoch dazu angetan, meine Aufmerksamkeit genau in diese ungeliebte Richtung zu lenken. Es scheint, als ob zurzeit von der Weltenseele die kosmische Gelegenheit angeboten würde, die Erlösung der im Buch erwähnten Schattenaspekte der Menschheit und des Planeten voranzutreiben.

Um mein Interesse für diese Aufgabe zu wecken, ist mir in den letzten Wochen mehrmals eine pechschwarze Göttin erschienen. Es wurde mir ihre Bereitschaft signalisiert, ihr

Reich des Schattens dem Wandlungsvorgang zu unterziehen, wenn die Menschen ihren Teil im Erlösungsprozess leisten würden. Ich habe die schwarze Gestalt als eine Repräsentantin des weiblichen Aspekts der Gegenkräfte wahrgenommen – desjenigen Aspekts, der die Beziehung zum Göttlichen nie verloren hat. Im Unterschied zum kriegerischen und gnadenlosen Charakter des männlichen Aspekts der Gegenkräfte kennt der weibliche das Prinzip der Wandlung. Durch die Umkehrungen auf dem Pfad der Wandlung ist letztendlich die Erlösung möglich.

Wie im Buch immer wieder betont, können die Ziele der Wandlung erreicht werden – obwohl die Aufgabe überwältigend groß zu sein scheint, wenn man sie als eine persönliche Herausforderung betrachtet. Wenn die Probleme im Bereich des menschlichen Mikrokosmos angesprochen werden und eine Heilung eingeleitet wird, setzt jedoch ein unaufhaltsamer Heilungsprozess auch auf der Ebene des planetaren Holons ein.

Es gibt im persönlichen Holon zudem ein Schattenphänomen, das dem Problem der verirrten Seelen in der Astralwelt (Gefühlswelt der Erde) gleicht. Es handelt sich um Seelenanteile aus vergangenen Leben, die in verschiedenen Schockzuständen, die wir auf unserem Pfad zur Freiheit erleben mussten, »eingefroren« sind. Sie sind in ihrem negativ bewerteten Zustand erstarrt und dadurch aus unserer geistigen Entwicklung ausgeschieden. Sie beeinflussen unsere gegenwärtigen Stimmungen und Entscheidungen aus dem Abgrund des Unbewussten heraus. Ähnlich wie bei den anderen persönlichen Schatten kann der individuelle Aufstieg auf die sich neu vorbereitende Ebene des Seins nur gelingen, wenn diese schwarzen Flecken auf dem strahlenden Gewand unserer Seele erlöst werden. Zu diesem Zweck wurde mir eine Übung zuteil, die sich auf die Potenziale des kürzlich erweiterten Herzkanals stützt. Da es sich in unserem Fall um die Arbeit an der geistig-seelischen Ebene handelt, stellen die persönlichen Kräfte des Herzens den einzig möglichen Weg der Erlösung dar. Man sollte vor der Berührung mit der Finsternis nicht zurückscheuen, sondern sich geschützt fühlen, da im Grunde an der Erlösung der entfremdeten Teile der Weltenseele mitgearbeitet wird.

- Begeben Sie sich in die innere Stille, erden Sie sich, stärken Sie Ihre Schutzhülle und zentrieren Sie sich.
- Werden Sie sich Ihres Herzkanals bewusst, der die drei Aspekte des Herz-Chakras horizontal verbindet: das kosmische Herz hinter den Schultern, das Herz-Chakra selbst und die Chakras der Ausgießung vor der Brust.
- Erschaffen Sie eine Lichtsphäre am Ende des Herzkanals vor Ihrer Brust. Dann entscheiden Sie, ob Sie an der Erlösung der eigenen verdunkelten Seelenanteile arbeiten möchten oder an einem entfremdeten Fraktal eines Ortes oder an einem verdunkelten Bruchstück der Weltenseele.
- Sammeln Sie hinter Ihrem Rücken die Gefühle, Situationen oder Symbole, die zu dem entfremdeten Aspekt der seelischen Substanz gehören, an dessen Erlösung gearbeitet wird. Sie können sich auch ganz einfach dem öffnen, das gerade zur Wandlung ansteht.
- Erlauben Sie der zu erlösenden Kraft, die Sie hinter dem Rücken gesammelt haben, sich durch den Herzkanal in die vorbereitete Lichtsphäre zu bewegen. Begleiten Sie diese Passage mit der Bitte um Verzeihung und Erlösung.
- Wenn der Durchgang der dunklen Seelensubstanz beendet ist oder abgebrochen werden soll, schließen Sie hinten den Herzkanal und leeren Sie ihn vorn vollständig in die Lichtsphäre aus.
- Stellen Sie sich danach vor, dass Sie die Lichtsphäre in die Hände nehmen und *sie dabei vom Herzkanal abkoppeln.*
- Regen Sie nun mit Hilfe der Imagination Wandlungsprozesse innerhalb der Lichtsphäre an. Sie können dazu Farben benutzen, zum Beispiel Violett, oder mit einem

Wasserwirbel arbeiten und einen Tanz der Schwingungen darin anregen usw.
- Wenn die Wandlung abgeschlossen ist, rufen Sie die kosmischen Boten herbei, die Engel. Bitten Sie sie, dass sie die Lichtsphäre dorthin tragen, wo die darin enthaltene Seelensubstanz ihren angemessenen Platz finden kann.
- Bedanken Sie sich; erfahren Sie das Glück der Befreiung.

Šempas, am 9. Juli 2003   Marko Pogačnik

Literatur

Bücher von Marko Pogačnik:
- *Die Erde heilen. Das Modell Türnich.* Diederichs, München 2001.
- *Die Erde wandelt sich. Erdveränderungen aus geomantischer Sicht.* Knaur, München 2001.
- *Die Landschaft der Göttin. Heilungsprojekte in bedrohten Regionen Europas.* Diederichs, München 1997.
- *Die Tochter der Erde. Die Wiedergeburt des göttlichen Weiblichen.* AT Verlag, Aarau 2002.
- *Elementarwesen. Die Gefühlsebene der Erde.* Knaur, München 2000.
- *Erdsysteme und Christuskraft. Ein Evangelium für das Menschwerden.* Knaur, München 2001.
- *Geheimnis Venedig. Modell einer vollkommenen Stadt.* Diederichs, München 1997.
- *Schule der Geomantie.* Knaur, München 2000.
- *Wege der Erdheilung.* Knaur, München 2001.

Außerdem wurde erwähnt: Ajra Miška, *Von der Ewigkeit berührt*, Edition Ecorna, Ottersberg 2001.

Hinweis
Weiterführende Übungen und Informationen zu den laufenden Prozessen der Erdwandlung können Sie auf meiner Internetseite unter »Earth Changes« finden:
www.ljudmila.org/pogacnik/ oder: www.pogacnikmarko.org
– oder in der Kolumne zur Erdwandlung, die ich regelmäßig für die Geomantiezeitschrift »Hagia Chora« schreibe (www.geomantie.net).